BEIHEFTE ZUR
ZEITSCHRIFT FÜR ROMANISCHE PHILOLOGIE

BEGRÜNDET VON GUSTAV GRÖBER
FORTGEFÜHRT VON WALTHER VON WARTBURG
HERAUSGEGEBEN VON KURT BALDINGER

131. Heft

MANFRED HÖFLER

———

Zur Integration der neulateinischen Kompositionsweise im Französischen

dargestellt an den Bildungen
auf *-(o)manie, -(o)mane*

MAX NIEMEYER VERLAG TÜBINGEN
1972

Als Habilitationsschrift auf Empfehlung der Philosophischen Fakultät
der Universität Heidelberg
gedruckt mit Unterstützung der Deutschen Forschungsgemeinschaft.

ISBN 3-484-52036-1

© Max Niemeyer Verlag Tübingen 1972
Alle Rechte vorbehalten. Printed in Germany
Herstellung: Bücherdruck Helms KG, Tübingen
Einband von Heinr. Koch Tübingen

VORWORT

Das Manuskript der vorliegenden Untersuchung war im wesentlichen bereits im Herbst 1968 abgeschlossen. Zwar wurde seither insbesondere der wortgeschichtliche Teil beträchtlich erweitert, doch blieb der Gesamtaufbau der Arbeit weitgehend unverändert. Eine ausführliche Diskussion der jüngsten Literatur aus dem Bereich der französischen und allgemeinen Wortbildungslehre, die oft nur bibliographisch nachgetragen werden konnte, wird daher in anderem Rahmen erfolgen müssen.

Die Erstellung des hier untersuchten Ableitungsinventars wurde durch zahlreiche Beiträge von Kollegen und Mitarbeitern in Heidelberg und Düsseldorf entscheidend gefördert. Ihnen allen gilt mein Dank ebenso wie meinem verehrten Lehrer Kurt Baldinger, nicht zuletzt für die Aufnahme der Arbeit in die Reihe der Beihefte zur Zeitschrift für romanische Philologie. Dank schulde ich auch der Deutschen Forschungsgemeinschaft, die mir durch Reisebeihilfen drei Kurzaufenthalte an der Bibliothèque Nationale ermöglichte und die Drucklegung dieser Arbeit finanziell unterstützte, dem Max Niemeyer Verlag für die entgegenkommende verlegerische Betreuung, Barbara von Gemmingen-Obstfelder für die unermüdliche Hilfe bei der Erschließung neuer Materialien und der Gestaltung des endgültigen Manuskripts sowie Wolfgang Rettig und Klaus Dieter Schneider, die nicht nur die mühsame Arbeit des Korrekturlesens übernommen, sondern darüber hinaus durch ihre Diskussionsbeiträge in Lehrveranstaltungen und im engeren Kreise wertvolle Anregungen für die vorliegende Fassung beigesteuert haben.

Düsseldorf, im Juli 1972   Manfred Höfler

INHALTSVERZEICHNIS

EINLEITUNG I

ERSTER TEIL

BILDUNGEN AUF -(O)MANIE, -(O)MANE
IM FRANZÖSISCHEN

1. Stand der bisherigen Forschung 5
2. Die ältesten Belege im Französischen 6
3. Bildungen in der Fachsprache der Medizin 16
4. Bildungen im Titel von Traktaten und Gedichten 35
5. Bildungen im Titel von Theaterstücken 42
6. Bildungen mit Ethnika 47
7. Bildungen in verschiedenen Bereichen seit der 2. Hälfte
   des 18. Jhs 51
8. Von Vincent de Gournay bis Paul Bourget 60
9. Fr. *décalcomanie* 'procédé par lequel on décalque des images
   peintes sur du papier' 67
10. Bildungen in der Zeitungssprache des 19. Jhs 78
11. Bildungen im 20. Jh. 86

ZWEITER TEIL

ZUR INTEGRATION DER NEULATEINISCHEN
KOMPOSITIONSWEISE IM FRANZÖSISCHEN

1. Zur Problemstellung 93
2. Synchronie und Diachronie in der Wortbildungslehre 95
3. Die neulateinische Kompositionsweise als Wortbildungsmittel
   des Französischen 100
4. Zum Verhältnis von Zusammensetzung und Ableitung 109

5. Von der neulateinischen zur französischen Wortbildungsgrundlage   114

6. Das Problem des Bindevokals 125

7. Lexikalisierung der Bildungen auf *-(o)manie* und das Verhältnis
   langue – parole im Rahmen der Wortbildungslehre 136

8. Zur Semantik von fr. *-(o)manie* 142

ANHANG

INVENTAR DER BILDUNGEN
AUF -(O)MANIE, (O)MANE   149

LITERATURVERZEICHNIS 157

VIII

EINLEITUNG

Ausgangspunkt der vorliegenden Untersuchung ist die historische Darstellung der französischen Bildungen auf *-(o)manie* und *-(o)mane*. Ein solcher Versuch einer möglichst vollständigen Materialerfassung mag zunächst als sprachwissenschaftliches Kuriosum erscheinen. Eine Miszelle, ähnlich den zahlreichen kleineren Beiträgen zu Wortbildungselementen wie fr., e. *-rama*[1], e. *-mobile*[2] oder dem in den letzten Jahren zum internationalen Modepräfix gewordenen *mini-*[3], würde wohl noch auf allgemeines Verständnis stoßen.

---

[1] Ö. Södergård, De panorama à discorama. Quelques notules sur l'emploi d'un suffixe: »-rama«, NphM 60, 1959, 348–353 (s. dazu noch FrMod 30, 1962, 319f.); A. Doppagne, Parler en rama ..., Vie et Langage 1959, 517–524, 568–575 (dazu zahlreiche Ergänzungen in Vie et Langage 1961ff., zusammengestellt und erneut ergänzt durch Georges Bühler, Inventaire des »rama«, Vie et Langage 1965, 276–277; 1967, 355–356; s. noch ib. 1968, 597–598; ib. 1970, 476–477); Ö. Södergård, Nouveaux emplois du suffixe *-rama*, FrMod 31, 1963, 219–222; Lange-Kowal, Panorama – Crédirama. Bemerkungen zum Suffix -rama und -orama, Lebende Sprachen 10, 1965, 70–71; ders., Nochmals zum Suffix -rama, -orama, ib. 11, 1966, 170; J. Giraud, Du panorama au cinéma total, Vie et Langage 1967, 388–396; R. Le Bidois, »Rama«, suffixe envahissant, in: ders., Les mots trompeurs ou le délire verbal, Paris 1970, 49–51. Zu *-rama* s. auch Br 9,1212, Galliot 268, GiraudCin 27, GilbertAspects 49f., LiChing 74, Etiemble 151ff., GuilbertAv 298, Lebende Sprachen 11, 1966, 121, P. Guiraud, Les mots savants, Paris 1968, 111, FEW 18,91a s. v. *panorama* sowie GilbertNouv. – Zum Englischen s. besonders John Lotz, The Suffix '*-rama*', American Speech 29, 1954, 156–158; Fernand Mossé, Honoré de Balzac and the Suffix '-rama', ib. 30, 1955, 77–79; William M. Ryan, A Plethorama, ib. 36, 1961, 230–233; vgl. auch Carstensen 61, P. Wendelken, Muttersprache 77, 1967, 295, K. Wächtler, FestsMarchand 234 n12 sowie MarchandCat 213f.

[2] R. O. [Ruth Odell], Progeny of 'automobile', American Speech 23, 1948, 209; Bernice Kauffman, Types of Mobiles, ib. 25, 1950, 311; Fritz Preuss, *-mobile*, Die Neueren Sprachen 1959, 480–482; Ruth I. Aldrich, »-mobile«, American Speech 39, 1964, 77–79; zu entsprechenden Bildungen im Französischen vgl. etwa Thérive 1, 47.

[3] Richard Fenzl, Der Minirock und die Folgen, Idioma 4, 1967, 145–151; A. R. [André Rigaud], Le préfixe »mini«, Vie et Langage 1967, 420; Günther Haensch, Epidemia de »minimanía« en España, Español actual n° 11, Madrid (OFINES), febrero 1968, 1; Helge Nordahl, Mini-réflexions, Vie et Langage 1968, 155–161 (s. auch noch ib. 118 und 597f.); A. R., mini – mini – mini ..., Vie et Langage 1969, 59–60; ders., Voulez-vous du mini?, ib. 179–180; Luiza Seche, Elementul de compunere *mini-*, Studii şi materiale privitoare la forma-

Eine ausführliche Darstellung indes scheint jeden der Thematik angemessenen Rahmen von vornherein zu sprengen. Wenn wir dennoch die Geschichte dieser Bildungen nicht nur als Ausgangspunkt unserer Betrachtungen, sondern auch als zentrales Thema des gesamten ersten Teils der vorliegenden Untersuchung gewählt haben, so erscheinen dazu einige Worte der Erläuterung am Platze.

Die Entstehung von Suffixen aus ursprünglich autonomen Lexemen ist eine der Wortbildungslehre allgemein vertraute Erscheinung[4]. Wenn daher auch Meyer-Lübke schreibt: »Die Grenze zwischen Zusammensetzung und Suffixbildung ist im historischen Latein schon und daher erst recht im Romanischen eine ganz scharfe, nur die Adverbialbildung auf -ment zeigt den Übergang von der syntaktischen Fügung über die Zusammensetzung zur Suffixbildung«[5], so kann es heute doch wohl als unbestritten gelten, daß zwischen Zusammensetzung und Ableitung nur fließende Grenzen bestehen[6]. Da der im traditionellen Sinne verstandene Übergang von der Zusammensetzung zur suffixalen Ableitung sich im Falle der Bildungen mit -(o)manie und -(o)mane in ein und derselben Sprache, nämlich dem Französischen vollzogen hat, erscheint uns dieses Beispiel für eine solche Untersuchung be-

rea cuvintelor în limba română, vol. V, Bucureşti 1969, 71–81; R. Le Bidois, »Mini«, le préfixe qui monte ..., in: ders., Les mots trompeurs ou le délire verbal, Paris 1970, 45–49. Zu mini- s. auch Carstensen 51f., W. Wilss, Beiträge zur Linguistik und Informationsverarbeitung, Heft 8, 1966, 35, P. Wendelken, Muttersprache 77, 1967, 291, W. Runkewitz, BRPh 6, 1967, 365, J. Klare, ib. 7, 1968, 178f., Vie et Langage 1970, 443f. (s. auch ib. 393 zu maxi-), Wilhelm Kesselring, Grundlagen der französischen Sprachgeschichte, Band I: Die französische Sprache im 20. Jahrhundert, Tübingen 1970, 42f., M. Höfler, ZRPh 86, 1970, 544 n31, RobSuppl, GilbertNouv sowie MarchandCat 130. – Inzwischen wird eine Tübinger Dissertation über Moderne Praefigierungen im Französischen, Italienischen, Englischen und Deutschen (Typ anti – mini) als in Arbeit befindlich angekündigt; s. Romanistisches Jahrbuch 18, 1967, 19.

[4] »die Suffixe sind zum großen Teil nachweisbar ursprünglich selbständige Wörter gewesen und manchmal haben sie in verschiedenen Sprachen derselben Gruppe verschiedene Stufen der Eingliederung erreicht«, WartburgEinf 88; s. auch Henzen 33, 186–193, 202–210; MarchandCat 210; DuboisSuff 71.

[5] MLFrGr 2,4. Ebenso noch E. Buyssens: »L'opposition entre mot composé et mot dérivé est nette«, BuyssensMots 7.

[6] »Der Ausgangspunkt eines Suffixes liegt also oft bei der Zusammensetzung zweier selbständiger Wörter. Zwischen Ableitung und Zusammensetzung besteht demnach, historisch genommen, keine feste Grenze ... Zusammensetzung und Ableitung stehen dann zueinander in einem Verhältnis historischer Kontinuität«, WartburgEinf 89. – Vgl. auch zu dem uns im besonderen interessierenden Fall der Bildungen mit Elementen griechischen Ursprungs A. Martinet anläßlich télé- (télévision, téléguidé): »On a là une situation linguistique particulière qui ne s'identifie ni avec la composition proprement dite, ni, de façon générale, avec la dérivation qui suppose la composition d'éléments de statut différent«, MartinetElém 135. – Zur Problematik einer Abgrenzung zwischen Zusammensetzung und Ableitung s. auch DuboisSuff 2f. sowie kritisch dazu Rohrer 15f.

sonders geeignet, um so mehr als eine Beschränkung auf diesen einen Bildungstypus es uns erlaubt, eine relative Vollständigkeit des Materials – wenigstens für die ersten zwei Jahrhunderte seines Bestehens – anzustreben und so die Entstehung eines Wortbildungsmusters innerhalb des Französischen und seine weitere morphosyntaktische und semantische Geschichte bis in die Details zu verfolgen, wie es bisher für kein französisches Wortbildungselement geschehen ist.

Zwar erschienen gerade in den letzten zwanzig Jahren einige umfangreichere Arbeiten zur Geschichte einzelner Präfixe und Suffixe[7], dennoch schreibt Pierre Guiraud zu dieser Frage noch immer mit vollem Recht: »Mais de telles études sont rares et il nous manque un inventaire exhaustif de tous les dérivés classés d'après les différents affixes, datés, définis en termes de sens, style, origine dialectale, sociale, etc.«[8]. Mag auch das Bemühen um exhaustive Erfassung ein praktisch unerreichbares, ja selbst theoretisch fragwürdiges Ziel darstellen, so kann doch die Notwendigkeit ausführlicher und im Rahmen des Möglichen Vollständigkeit anstrebender Inventare nicht bezweifelt werden. Den unmittelbaren Nutzen solcher Inventare haben wir in anderem Zusammenhang aufzuzeigen versucht[9]. Vielleicht kann die vorliegende Untersuchung zur Erstellung weiterer Inventare anregen und damit die Grundlage schaffen für eine neue historische Wortbildungslehre des Französischen, wie sie sich längst als dringliches Desideratum erwiesen hat[10].

Die französischen Bildungen auf -(o)manie können indes nicht isoliert betrachtet werden, sie reihen sich vielmehr ein in den komplexen Bereich der französischen Bildungen nach griechisch-lateinischem Muster, denen innerhalb der neufranzösischen Wortbildung eine zentrale Stellung zukommt, über die selbst ihre vollständige Mißachtung in den Wortbildungslehren von Meyer-Lübke[11] und Nyrop nicht hinwegtäuschen kann[12]. Ihre Bedeutung

---

[7] Vgl. dazu die bibliographischen Nachträge in MLPiel sowie unsere Ergänzungen in ZRPh 83, 1967, 109f. + n6.

[8] P. Guiraud, Structures étymologiques du lexique français, Paris 1967, 9.

[9] Zur Bedeutung von Ableitungsinventaren für die historische Wortbildungslehre. Fr. satinette → e. leatherette, Romanistisches Jahrbuch 20, 1969, 25–36.

[10] Für das Spanische liegt inzwischen ein ausführliches Inventar der Verb-Objekt-Zusammensetzungen vor: Paul M. Lloyd, Verb-Complement Compounds in Spanish, Tübingen 1968; s. dazu jetzt auch unsere Besprechung in ZRPh 85, 1969, 480–483. Zum Schwedischen vgl. Ragnhild Söderbergh, Suffixet -mässig i svenskan. En historisk-semantisk ordbildningsstudie, Stockholm-Lund 1964; s. dazu auch W. Seibicke, Muttersprache 76, 1966, 88–90.

[11] Vgl. etwa MLFrGr 2, § 252 zu O. Dittrich. – Zur einseitigen Bevorzugung und nahezu ausschließlichen Berücksichtigung der erbwörtlichen Wortbildung durch Meyer-Lübke s. auch H. Marchand, Archiv 190, 1954, 221.

[12] Noch in neuerer Zeit hat Christian Rohrer in seiner Untersuchung zur Wortzusammensetzung im modernen Französisch diese Zusammensetzungen ausdrücklich als einem Subsystem des Französischen angehörige Bildungen aus seiner Betrachtung ausgeschlossen. System oder Subsystem – wir werden auf diese Frage

für die Wortbildung des Französischen ebenso wie der übrigen europäischen Sprachen wurde erst in jüngerer Zeit angemessen beurteilt[13], ohne daß die vor allem bei Anna Granville Hatcher, Hans Marchand und Jean Dubois sich findenden Ansätze die ganze Problematik dieser Bildungsweise erfassen. Der Darstellung von Dubois kommt das Verdienst zu, die Diskussion über diese Fragen in Gang gebracht zu haben. Eine überzeugende Lösung der sich dabei ergebenden Probleme freilich konnte Dubois nicht geben. Zentrale Fragen wie die der Abgrenzung von Zusammensetzung und Ableitung bleiben weiterhin offen, so daß Johannes Klare in seiner Besprechung zu Recht schreibt: »Die Kriterien Martinets lösen damit das komplexe Problem der Differenzierung von Ableitung und Zusammensetzung letztlich ebensowenig wie Dubois' Versuch. Hier bleibt für die zukünftige Forschung noch manches zu tun«[14]. Die systematische historische Untersuchung eines Elements der Kompositionsweise nach griechisch-lateinischem Muster erscheint uns geeignet, die morphosyntaktischen Probleme dieses bisher zu Unrecht vernachlässigten Bereichs der französischen Wortbildung klarer zu fassen.

Der doppelten Zielsetzung entspricht die Gliederung der vorliegenden Untersuchung. Der erste Teil ist der Versuch einer historischen Darstellung der französischen Bildungen mit -(o)manie und -(o)mane aufgrund des gesamten uns bekannten Wortmaterials. Im zweiten Teil sollen anhand des dargestellten Materials die verschiedenen Entwicklungsstufen von der griechischen Komposition mit dem Substantiv μανία bis zu den jüngsten Bildungen der französischen Gegenwartssprache und damit die fortschreitende Integration dieser Bildungsweise innerhalb des Französischen in ihrem chronologischen Ablauf aufgezeigt werden. Die Einordnung der französischen Bildungen auf -(o)manie und -(o)mane in den Gesamtrahmen des neulateinischen Kompositionstypus soll uns dabei ermöglichen, gleichzeitig einen allgemeinen Beitrag zur französischen Wortbildungslehre im Grenzbereich zwischen Zusammensetzung und Ableitung zu leisten.

---

 näher eingehen müssen –, unbestreitbar dürfte bleiben, daß diese Bildungsweise innerhalb des Französischen zu großer Bedeutung gelangt ist.

[13] »Plus importante encore est la présence dans la langue commune d'un grand nombre de termes formés avec des affixes savants qui ont transformé les conditions d'emploi des éléments d'origine grecque; ceux-ci sont plus largement utilisés hors de l'aire strictement scientifique. Serait-il possible d'étudier le système des affixes en reléguant, comme A. Darmesteter pouvait le faire en 1877, les suffixes grecs dans un emploi marginal?«, DuboisSuff 98.

[14] J. Klare, BRPh 5, 1966, 169–180, Zitat S. 178.

ERSTER TEIL

BILDUNGEN AUF -(O)MANIE, -(O)MANE IM FRANZÖSISCHEN

1. Stand der bisherigen Forschung

Zur Geschichte der uns beschäftigenden Wortbildungselemente schreibt Kr. Nyrop im Kapitel »Suffixes de formation française« seiner historischen französischen Wortbildungslehre:

> OMANE et OMANIE, suffixes peu employés, tirés de mots comme *anglomane, bibliomane* et *anglomanie, bibliomanie.* C'est sur leur patron qu'on a formé *blasonomane* (Bourget, *Complications sentimentales*, p. 40), *éthéromane, morphinomane, opiomane,* et *jourdainomanie* (*L'Européen*, 1904, janvier)[1]

und im gleichen Jahr schreibt Dauzat:

> Il n'y a guère que deux séries importantes de composés à citer. L'une est la formation avec *manie,* (*mane* pour les noms de sujets), qui tend à devenir un véritable suffixe. Les ancêtres sont le désuet *bureaumanie* de Gournay et l'*anglomanie* créée, semble-t-il, par d'Alembert. Nous avons eu ensuite la *mélomanie,* la *décalcomanie,* plus récemment l'*éthéromanie,* la *morphinomanie,* avec les noms de sujets correspondants en *-mane.* Peu importe que le radical n'ait rien de commun avec le grec[2].

Eine chronologische Präzisierung hierzu gibt P. Zumthor im FEW-Artikel MANIA:

> 3. Frm. *-manie* 'élément de composition servant à former des mots désignant le goût immodéré de qn pour qch.' (dp. 1754, FrMod 19,209), *-mane* 'élément de composition servant à former des mots désignant qn qui a un goût immodéré pour qch.' (dp. env. 1780)[2]).
> Fin 18e siècle fr. *manie* fut utilisé dans la formation de divers mots composés et devint une sorte de suffixe, encore très vivant.
> 2) Le plus ancien composé de ce type est *anglomanie, -mane.* Sur ces mots v. Br 6,1328[3].

Im Gegensatz zu Nyrop kann G. v. Proschwitz aufgrund seines reichhalti-

---

[1] Nyrop, Bd. III, § 416. In der 2. Auflage von 1936 zitiert Nyrop noch *centenairomanie, grévomanie* sowie *voltairomanie* (»créé par Desfontaines en 1738«).

[2] A. Dauzat, La langue française d'aujourd'hui, Paris 1908, 71.

[3] FEW 6/I,201f. Ähnlich auch BW s. v. *manie,* wo *anglomane* jetzt, im Anschluß an Proschwitz, StNeoph 36, 1964, 317, auf 1765 datiert wird.

gen Materials zur Frage der Vitalität dieser beiden Moneme im 18. Jh. sagen:

> Les auteurs du XVIIIᵉ siècle font aux suffixes -mane et -manie un sort brillant[4].

Zur Bedeutung dieser Bildungsweise im heutigen Französisch lesen wir sodann bei J. Dubois:

> -manie et -mane appartiennent à la psychiatrie, mais la vulgarisation de ces deux éléments entraînent [sic] de nombreuses formations ironiques dans la langue commune: verbomanie (Lalande, 1951), nymphomane (P. L., juill. 1954), absinthomanie (L. M., oct. 1909), mythomanie (L. M., déc. [lies: nov.] 1908), septentriomanie (L. M., sept. 1915, folie de deux [lies: ceux] pour qui la lumière vient du Nord de l'Europe) sont parmi les plus récemment enregistrés[5].

Es wurde bereits darauf hingewiesen, daß diese Bildungen in der Französischen Wortbildungslehre von Meyer-Lübke nicht erwähnt werden. Dagegen erscheinen sie – ohne weitere chronologische Präzisierung – im Rahmen der Behandlung der »Composition grecque« bei Gohin und Brunot, die beide zwischen griechischen Zusammensetzungen (z. B. bibliomanie, mélomanie) und hybriden Bildungen (mariageomanie, admiromane) unterscheiden[6].

2. Die ältesten Belege im Französischen

In der griechischen Wortbildung spielt das Mittel der Zusammensetzung und insbesondere das der Nominalkomposition eine bedeutende Rolle[1]. So finden wir auch zahlreiche Zusammensetzungen mit dem Substantiv μανία wie etwa χοροιμανία, παιδομανία, θεομανία, οἰστρομανία, ἐρωτομανία u. a.[2], von denen einzelne Bildungen ebenso wie mania selbst auch in die spät-

---

[4] Proschwitz 101; s. auch Zastrow 404ff. Zur Verwendung dieser beiden Wortbildungselemente in der politischen Sprache des 19. Jhs s. DuboisVoc 169f.

[5] DuboisSuff 70. Die zitierten Beispiele gehören fast alle dem fachsprachlichen Bereich an und lassen somit die erwähnte Verbreitung dieser Bildungsweise in der Allgemeinsprache weitgehend unbelegt. Dieser Fall zeigt erneut die Problematik einer Untersuchung zur Wortbildung, die sich auf Wörterbuchmaterialien beschränkt; s. dazu auch unsere Kritik in ZRPh 83, 1967, 440f. sowie hier 136ff.

[6] Gohin 286ff.; Br 6,1327f. Ähnlich schon DarmC 223f., DarmN 248; DG, Traité §278ff. Zur Beurteilung von »hybriden« Bildungen wie admiromane ebenso wie zu Fällen vom Typus dramomanie, die allgemein zu den griechischen Zusammensetzungen gezählt werden, s. Teil II der vorliegenden Untersuchung, speziell S. 105 n18.

[1] S. dazu Albert Debrunner, Griechische Wortbildungslehre, Heidelberg 1917; zur Nominalkomposition s. besonders Ferdinand Sommer, Zur Geschichte der griechischen Nominalkomposita (Abh. d. Bayer. Ak. d. Wiss., phil.-hist. Kl., NF H. 27), München 1948.

[2] Eine umfangreiche Liste dieser Bildungen findet man im Rückläufigen Wörterbuch der griechischen Sprache. Im Auftrage der Wiener Akademie der Wissenschaften unter Leitung ihres ordentlichen Mitgliedes Paul Kretschmer ausgearbeitet von Ernst Locker, Göttingen 1944 (²1963) sowie bei C. D. Buck – W.

lateinische Fachsprache der Mediziner entlehnt wurden[3]. Dagegen sind uns für Neubildungen innerhalb des Lateinischen keine Belege bekannt[4]. Einen neuen Aufschwung erfuhr diese Bildungsweise erst im Zeitalter der Renaissance, das uns zugleich die ersten französischen Belege liefert. Gleich der erste Beleg bei Rabelais veranlaßt uns zu einem ausführlicheren Exkurs. FEW 7,572a bezeugt die folgenden Formen:

> Mfr. nfr. *papimane* 'zélé partisan du pape' (1552, Rab; D'Aubigné; Cotgr 1611; seit Boiste 1803), adj. (seit LaFont, s. Trév 1743); *papimanie* f. 'zèle excessif pour le pape; pays imaginaire habité par le pape' (seit 1567).

Sehen wir uns dazu zunächst etwas näher bei Rabelais um. Spitzer[5] weist *papimanie* schon im Prolog zum Dritten Buch (1546) nach, wo er dem Wort die Bedeutung 'Seligkeit wie sie der Papst mir verheißen kann' gibt, wenn auch aus der Textstelle (*Je renonce ma part de Papimanie, si je vous happe*) diese Bedeutung nicht eindeutig hervorgeht[6]. Klarer tritt uns die Bedeutung dieser Bildung erst im Vierten Buch (1552) entgegen. Gleich zu Beginn des 45. Kapitels lesen wir:

> Au lendemain matin rencontrasmes l'isle des Papefigues, les quelz jadis estoient riches et libres, et les nommoit on Guaillardetz. Pour lors estoient paouvres, malheureux et subjectz aux *Papimanes*. L'occasion avoit esté telle. Un jour de feste annuelle à bastons, les Bourguemaistre, Syndicz et gros Rabiz Guaillardetz, estoient allés passer temps, et veoir la feste en *Papimanie*, isle prochaine[7].

Liegt in *papimane* noch eine etymologisch sofort verständliche Bildung zur Bezeichnung der glühenden Verehrer des Papstes vor[8], so ist *Papimanie* bereits ein beredtes Beispiel Rabelaisscher Vorliebe für wortspielerische Effekte. Wie aus den Belegen deutlich hervorgeht, verwendet Rabelais das zu

---

Petersen, A Reverse Index of Greek Nouns and Adjectives, arranged by terminations with brief historical introductions, Chicago s. d. [1945].

[3] Vgl. etwa *metromania*, ThesLL. Dagegen enthält das auf der Grundlage des Georges aufgebaute Verzeichnis von Gradenwitz, Laterculi vocum latinarum, voces latinas et a fronte et a tergo ordinandas curavit Otto Gradenwitz, Leipzig 1904, keine lateinischen Formen auf -*mania*.

[4] Zur Nominalkomposition im Lateinischen s. jetzt besonders Françoise Bader, La formation des composés nominaux du latin (Annales Littéraires de l'Université de Besançon, vol. 46), Paris 1962. Damit gilt nur noch in eingeschränktem Maße die Bemerkung Väänänens: »Une étude sur les composés en latin est à faire«, V. Väänänen, Introduction au latin vulgaire, Paris 1963, 96 n1.

[5] Leo Spitzer, Die Wortbildung als stilistisches Mittel exemplifiziert an Rabelais, Halle a. S. 1910, 66.

[6] Vgl. dazu auch Huguet, der darin eine Anspielung auf die Wendung *ma part de paradis* sieht.

[7] Vgl. ähnlich IV,48 (*la benoiste isle des Papimanes*), IV,51 (*en Papimanie*), IV, 54 (*Car oncques ne veiz Christians meilleurs que ces bons Papimanes*).

[8] Vgl. auch den Personennamen *Xenomanes* (so etwa IV,29ff.) als scherzhafte Bildung zu gr. ξένος, s. FEW 14,653a + n1. – Freilich ist bereits bei diesen Bildungen bewußter Anklang an *Brahmane* (bei Rabelais in der Form *Brachmanes*), *Arimane* u. a. nicht ausgeschlossen.

papimane gebildete *Papimanie* als geographische Bezeichnung einer fabulösen, von den Verehrern des Papstes bewohnten Insel[9] in Analogie zu ähnlichen geographischen Termini auf *-manie* (vgl. neben *Germanie, Angermanie, Birmanie, Caramanie, Tasmanie* u. a. besonders auch Fälle wie *Turcomanie* und *Septimanie*), so daß diese Form etwa auch in den deutschen Rabelaisübersetzungen allgemein zu Recht mit *Papimanien* wiedergegeben wird, wenngleich dadurch infolge der mangelnden Homonymie der deutschen Entsprechungen der beiden französischen Ausgänge *-manie* das von Rabelais erzielte Wortspiel zwangsläufig verlorengegangen ist.

Daß diese hier angedeutete und von Spitzer offensichtlich nicht erkannte Bildungsweise keineswegs vereinzelt geblieben ist, soll im folgenden gezeigt werden. Wie so oft hat Rabelais auch mit diesem spielerischen Sprachgebrauch zahlreiche Nachfolger gefunden. So erschien 1736 anonym ein *Calendrier des fous* mit der Ortsangabe »A *Stultomanie,* chez Mathurin Petit-Maître, imprimeur et libraire-juré des Petites-Maisons, dans la rue des Ecervelés, à l'enseigne de la Femme sans tête, l'an depuis qu'il y a des fous«, 1742 von Nicolas Ragot de Grandval *Le Pot de chambre cassé,* tragédie pour rire ou comédie pour pleurer, représentée pour la première fois à *Ridiculomanie,* capitale du grand royaume de Bavardise, ... A *Ridiculomanie,* chez Georges l'Admirateur, 1751 ein burleskes Gedicht *Le Nouvel an* mit der Angabe »A *Brochuromanie*[10], l'an du déluge des almanachs«, 1753 ein *Eloge de Mr. F. A. de Voltaire* in »*Veromanie,* chez Clairvoyant«, wenig später von André-Charles Cailleau *Les Philosophes manqués,* comédie nouvelle en 1 acte et en prose, A *Criticomanie*[11], chez La Satyre, 1760 und *La Tragédie de Zulime,* en 5 actes et en vers, petite pièce nouvelle d'un grand auteur, A *Satyricomanie,* chez Sévère Mordant, 1762, gegen Ende des 18. Jhs *La France foutue,* tragédie lubrique et royaliste, mit dem Zusatz »A Barbe-en-con, en *Foutro-manie*[12], l'an des fouteurs 5796«[13], und auch der

---

9 Die im FEW angegebene Definition 'pays imaginaire habité par le pape' wird durch keine Belege bestätigt. Daß sie zumindest für Rabelais unzutreffend ist, zeigt die folgende Bemerkung von Homenaz, dem Bischof der »Papimanes«: »C'est l'idée de celluy Dieu de bien en terre, la venue duquel nous attendons devotement, et lequel esperons une foys veoir en ce pays. O l'heureuse et desirée et tant attendue journée!«, Rabelais IV,50.

10 Zu appellativischem *brochuromanie* s. hier 79, 84.

11 Zu appellativischem *criticomanie* s. hier 51 n1.

12 Zu appellativischem *foutromanie* s. hier 41f.

13 Zu *Veromanie* s. Weller 2,135; alle übrigen Titel bei Barbier und BN. – Zu ähnlichen Fantasienamen des Druckorts vgl. Weller 2 passim sowie Supplément aux Supercheries littéraires dévoilées et au Dictionnaire des ouvrages anonymes de J.-M. Querard et A.-E. Barbier par G. Brunet, Paris s. d., Varia, S. II–VIII, wo unter anderen die Namen *Frivolipolis* (S. II), *Salomonopolis* (S. VII) erwähnt werden; ebenso etwa *Badinopolis* (1741, ib. Sp. 297), *Manuelopolis* (1793, Barbier s. v. *Bon ménage*), *Cocunopolis* (1796, Barbier s. v. *Amours de Mars*) u. a. m. S. noch zahlreiche Bildungen dieser Art (*Merdiana. A Merdianopolis,* 1816; *Anagrammeana. A Anagrammatopolis* u. a.) bei A.-F. Aude, Bibliographie

1796 erschienene *Le Néologiste Français ou Vocabulaire portatif des mots les plus nouveaux de la langue Française* enthält zwei Stichwörter *Francomanie* mit den Bedeutungen 'Frankreich' und 'Die Frankreichische Sucht. Das Bestreben es den modernen Franzosen nachzumachen'[14], die die beiden Aspekte des Ausgangs *-manie* widerspiegeln[15].

Ist *Papimanie* bei Rabelais somit trotz der unmittelbaren Beziehung zu *papimane* primär als geographische Bezeichnung aufzufassen[16], so läßt sich die etymologisch zu erwartende Bedeutung 'zèle excessif pour le pape' eindeutig erstmals 1567 nachweisen. In diesem Jahr erschien das Pamphlet *La Papimanie de France*[17], wo es u. a. heißt:

> Ce seroit chose incroyable à nostre posterité, que de la maladie estrange, qui a regné & regne encores à presēt en ce Royaume, blasõnee par aucuns, La *Papimanie*, sinon que plus de six cents ans au parauāt elle eust esté predite par l'Escriture Sainte.
> Ceste Papimanie est vne passion de cerueau, qui rend les malades si fort espris d'vne admiration de la Papauté, qu'à la fin ils en deuinnent [sic] insensez: de sorte que quelque impieté, outrecuidance, cruauté, ou auarice que lon y voye toutesfois lon est tellement hebeté, qu'à la fin de stupide admirateur, on en deuient sot idolatre. De ceste maladie sont suruenus au monde vniuersel tant de maux & de miseres, qu'il est impossible à l'esprit humain de les comprendre[18].
> Pour maintenir la Papauté, les belles & nobles villes de ce royaume sõt assiegees, prises d'assaut, saccagees, pillees, desmātellees & destruites, pour ce mesme effect, vne infinité d'hõnestes familles sont desollees, infinies femmes deuenues vefues, infinis enfans orfelins: plusieurs destruits & reduits à vne extreme poureté. Sont-ce point là des effects de *Papimanie* fort estranges, & du tout in-

---

critique et raisonnée des ana français et étrangers, Paris 1910; ebenso *Scatopolis*, SVSuppl 1894 (dort noch weitere Bildungen auf *-opolis* wie *Hyménopolis* [= Paris], *Porcopolis* [= Chicago, Cincinnati], *Sotopolis* und *Steelopolis*). Vgl. auch bei La Fontaine *ratopolis* 'capitale fabuleuse du peuple rat' (1678), s. FEW 10, 123b; ebenso *Lettre d'un rat calotin à Citron Barbet ... A Ratopolis*, 1727 (Barbier). Vgl. auch noch die Form *Ballomanipolis*, s. dazu hier 58 n52. – Zu it. *-opoli* (*Bambinopoli, Paneropoli* [= Mailand], *Grissinopoli* [= Turin], *Travettopoli* [= Rom], *Filmopoli* [= Hollywood] s. B. Migliorini, Lingua Nostra 2, 1940, 14 sowie Junker 29; zu e. *-opolis* s. Nicholson 50f. sowie HansenMakk 59.

[14] S. auch Frey 206.
[15] Dagegen wird den Formen *gallicomanie, gallomanie* im gleichen *Néologiste* nur die Bedeutung 'übertriebene Liebe zu französischen Sitten, Sprache und Gebräuchen' zugeschrieben. Zu diesem s. hier 50 n18.
[16] So etwa auch in der erstmals 1570 erschienenen Idolopéie, c'est-à-dire, fiction ou feintise de image: en laquelle est introduite une image parlante, ainsi qu'une créature vivante et raisonnable, aux idolomanes espars sous le climat et papimanie de Rome (zit. nach Weller 2,4).
[17] La Papimanie de France. Auec vne copie d'vne certaine Bulle Papale, qui semble preiudiciable à la Couronne de France, 1567. Wir zitieren im folgenden nach dem Abdruck in Recueil de toutes les choses memorables aduenues, tant de par le Roy, que de par Monseigneur le Prince de Condé, Gentils-hommes & autres de sa compaignie, depuis le vingt huitieme d'Octobre, Mil cinq cents Soixante sept, iusques à present. Auec le discours des guerres ciuiles du pais de Flandres, 1568. A Anvers, M. D. LXVIII, 153–171.
[18] Op. cit. 153.

9

croyables à nostre posterité, qu'il faille, pour celebrer le seruice de ceste idole Romaine, faire vn si cruel sacrifice de la vie & des biens des poures suiets du Roy?[19]

Sont-ce point là des impietez assez euidentes pour en faire hayr & detester la race, sinon qu'il y eust au cerueau des hommes vne *Papimanie* si estrange, qu'ils en deuienent abrutis?[20]

Die chronologischen Angaben des FEW lassen auf große Vitalität dieser ältesten französischen Bildungen schließen. Doch darf dabei nicht übersehen werden, daß zahlreiche Belege in der Folgezeit lediglich Reminiszenzen an Rabelais darstellen[21], wie auch die Mehrzahl der Wörterbücher bis in die jüngste Zeit noch ausdrücklich auf Rabelais verweist. Ebenso ist auch der folgende moderne Textbeleg deutlich als Archaismus charakterisiert:

la Flandre est bigote, bigote à l'espagnole, c'est-à-dire ténébreusement. Non que le haut clergé flamand soit nécessairement le réceptacle de *papimanes* restés médiévaux[22].

Ein zuverlässigeres Indiz für die Vitalität dieser Bildungen liefern neu hinzukommende Ableitungen, die allerdings auf das 16. und 17. Jh. beschränkt bleiben. Hatte schon Rabelais selbst vereinzelt die Form *papimanicque*[23] gebraucht, so tritt im 17. Jh. eine weitere Adjektivableitung hinzu. Gui Patin, dessen Briefwechsel eine detaillierte lexikologische und stilistische Untersuchung verdienen würde, bildet mit dem von ihm reichlich verwendeten Suffix *-esque*[24] die Form *papimanesque*, die freilich nicht über den Status einer Augenblicksbildung hinausgelangt zu sein scheint[25].

---

[19] Ib. 154.

[20] Ib. 157. In gleicher Bedeutung dann auch bei Gui Patin (1667): »si cette ordonnance est gardée, il ne se fera plus tant de Moines, ni de Moinesses, le nombre des soldats du Pape diminuëra, & il n'y aura plus d'orénavant tant de corps & d'ames dévoüez à la *Papimanie*«, Patin 3,222; s. noch Li, wo ein weiterer Beleg aus Patins Briefen zitiert wird. – Vgl. auch G. Mabru, La Papimanie, dédiée à Mgr de Poitiers, Paris 1861 sowie ders., Les Papimanes, dédiés à Mgr de Poitiers, Paris 1861 (BN).

[21] Die von Rabelais geprägte Bedeutung 'pays imaginaire habité par des admirateurs fanatiques du pape' hat das Wort auch noch bei Marnix (s. Hu) und bei La Fontaine (s. Trév 1743), der ausdrücklich auf Rabelais Bezug nimmt. Ebenso findet sich *papimane* im Anschluß an Rabelais bei Marnix (s. Hu) sowie bei D'Aubigné und La Fontaine (s. FEW l. c.).

[22] Le Canard enchaîné, 10. 7. 1968.

[23] »leurs bassins tous pleins de monnoye *papimanicque*«, Rabelais IV, 51. Ebenso *papimanique* bei Marnix, s. Hu.

[24] Vgl. etwa neben schon damals geläufigen Formen wie *arabesque* (s. dazu ZRPh 83, 1967, 46) und *barbaresque* (so etwa 1633, Patin 4,41) Bildungen wie *bezoardesque* (1633, Patin 4,41; s. auch DatLex s. v.), *charlatanesque* (1646, Patin 4,206; s. noch FEW 2,607a), *librairesque* (1661, Patin 2,280) und *mazarinesque* (1649, Patin 1,69; ib. 5,29; 1661, ib. 2,282; ib. 2,294; 1663, ib. 5,247; s. noch FEW 6/I,564b).

[25] 1662 »je ne serois point marri de la guerre en Italie, si elle pouvoit aider à réformer ce Jupiter Carolinus, & toute sa sequele *Papimanesque*«, Patin 5, 227.

Den burlesken Wortschöpfungen *papimane* und *papimanie* schließen sich
weitere Bildungen auf *-(o)manie* im ausgehenden 16. Jh. an. Im Jahre
1580 erschien von Jean Bodin *De la Demonomanie des Sorciers*, ein Traktat über die Hexenprozesse seiner Zeit, dessen Bedeutung schon aus der großen Zahl von Neuauflagen[26] und Übersetzungen[27] ersichtlich ist. In der
nicht paginierten Préface erläutert Bodin selbst den Titel seines Werkes:

> Et parce qu'il y en auoit qui trouuoyēt le cas estrãge, quasi incroyable. Ie me
> suis aduisé de faire ce traicté que i'ay intitulé, DEMONOMANIE DES SORCIERS,
> pour la rage qu'ils ont de courir apres les Diables pour seruir d'aduertissement
> à tous ceux qui le verront, afin de faire cognoistre au doigt & à lœil, qu'il
> n'y a crimes qui soyent à beaucoup pres si execrables que c'estuy-cy, ou qui
> merittent peines plus griefues.

Die Bedeutung des Wortes bei Bodin ist also 'folle croyance aux démons'[28],
eine Bedeutung, die noch DG für nfr. *démonomanie* angibt[29], die jedoch in
neufranzösischer Zeit rasch vor anderen Bedeutungen zurückweichen mußte[30].
Bodins vielgelesener Traktat wurde in der Folgezeit zum Prototyp der Dä-
monologie und sein Titel übertragen zur generellen Bezeichnung eines solchen Traktats. Entsprechend lautet der Artikel *demonomanie* bei Fur 1690:

> *Demonomanie.* s. f. Connoissance des Demons, Traité de leur nature & de leurs
> effets. Bodin a fait un Livre fameux de la *Demonomanie*[31].

---

[26] So etwa 1581, 1587, 1598, 1693, s. BN.

[27] De Magorum demonomania libri IV, Basileae 1581; De Magorum daemonomania
seu detestando lamiarum ac magorum cum Satana commercio, libri IV, Franco-
furti 1590. – Demonomania de gli stregoni, cioè furori et malie de' demoni, col
mezo de gli huomini, divisi in libri IIII di Gio. Bodino, ... tradotta dal kr Her-
cole Cato, Venetia 1589 (ebenso 1592; zit. nach BN). – Vom aussgelasnen wüti-
gen Teuffelsheer (Übers. Joh. Fischart), Straßburg 1591.

[28] In dieser Bedeutung schon gr. δαιμονομανία. – Hierher gehört auch der von
GdfC und Hu zitierte Beleg aus dem erstmals 1581 erschienenen Cabinet du
roy de France, für den diese Wörterbücher zu Unrecht die Bedeutung 'état d'une
personne qui se croit possédée du diable' geben.

[29] Das Wörterbuch der Académie verzeichnet diese Bedeutung erstmals in der 8.
Auflage von 1932–5!

[30] So fehlt diese Bedeutung auch in den Wörterbüchern von Furetière bis Littré,
während Richelet noch mit 'culte insensé des démons' definiert. – Das Wort
fehlt im FEW. Da wir systematisch auf die Angaben des FEW verweisen, werden wir im folgenden darauf verzichten, das Fehlen eines Wortes im FEW in
jedem Einzelfall ausdrücklich zu vermerken.

[31] Ähnlich Trév 1704–1771, Ac (seit 1762), Mozin, Littré u. a. Vgl. noch bei Voltaire (Zadig): »Je lui apprendrai, dit le docteur, les huit parties d'oraison, la
dialectique, l'astrologie, la *démonomanie*; ce que c'est que la substance et l'acci-
dent, l'abstrait et le concret«, Voltaire, Œuvres complètes, Edition conforme à
l'édition de Beuchot, précédée de la vie de Voltaire par Condorcet, t. 21, Paris
1879, 47, das Littré nicht ganz zutreffend als Beispiel seiner Definition 'titre
de livres traitant des démons et de la possession' zitiert. Zu dem gleichfalls bei
Littré angeführten Beleg aus G. Naudé s. hier 20 n26.

Im 18. Jh. taucht das Wort im Französischen ein zweites Mal auf, diesmal als medizinisch-fachsprachlicher Terminus mit der Bedeutung 'aliénation mentale, dans laquelle on se croit possédé du démon', s. dazu hier 20.

Etwa um die gleiche Zeit wie Bodins *Demonomanie* lassen sich im Französischen einige weitere Formen auf -*(o)manie* nachweisen. FEW 4,540a bezeugt mfr. *idolomanie* 'folie de ceux qui adorent des idoles' aus Simon Goularts 1584 veröffentlichter Übersetzung von Caspar Peucers erstmals 1553 in lateinischer Sprache erschienenem *Commentarius de praecipuis divinationum generibus*:

> de la vint l'accroissement des *idolomanies*, & la richesse des temples[32].

Ein Vergleich mit dem lateinischen Original führt zunächst zu einem überraschenden Ergebnis. Die entsprechende Stelle lautet in der Ausgabe von 1553:

> sequutum ut creuerint in dies singulos magis magisq̄; *superstitiones*, & locupleta sint templa[33].

Fr. *idolomanie* scheint also ohne lateinisches Vorbild geprägt zu sein. Betrachten wir jedoch etwas genauer den Text des Originals, so lesen wir auf der vorangehenden Seite

> recuperasse amissam uirium integritatem reperiemus, diabolo restitutione sanitatis stabiliente ἐιδολωμανίαμ [sic][34],

was von Goulart wiedergegeben wurde mit

> Par la restitution de santé le diable a donné pied ferme à l'idolatrie[35].

Fr. *idolomanie* ist somit keine französische Neuschöpfung, sondern eine Art Nachklang der von Peucer verwendeten Form ἐιδολωμανία, die selbst auf schon im Griechischen vereinzelt bezeugtes εἰδωλομανία zurückgeht[36].

Im gleichen Jahr wie *idolomanie* (1584) läßt sich auch die Form *andromane* nachweisen. Doch zeigt die Stelle bei Guillaume Bouchet (»telles filles estans appelees par les Grecs ... *Andromanes*, c'est à dire, enrageans d'avoir le masle«, Hu s. v.), daß wir es hier, im Gegensatz zur Darstellung bei GdfC,

---

[32] Les Devins, ou Commentaire des principales sortes de devinations ... escrit en latin par M. Gaspar Peucer, par S. G. S., Lyon 1584, 51.

[33] Commentarius de praecipuis divinationum generibus ... autore Casparo Peucero, Wittebergae 1553, 37rᵒ.

[34] Ib. 36vᵒ.

[35] Ed. 1584, 51.

[36] Ebenso im Gelehrtenlatein *idolomania*, so etwa 1564 (Kopenhagen) »*idolomanias* Antichristi destruxit & abolevit, & veram doctrinam propagavit«, zit. nach J. Ch. Wolf, Monumenta typographica 1, Hamburg 1740, 74. Zu vereinzeltem fr. *idolomane* (1570) s. hier 9 n16. – Fr. *idolomanie* 'manie des idoles; fureur superstitieuse de n'adorer que des idoles' findet sich vereinzelt auch in Wörterbüchern des 19. Jhs (Raym 1836 – Land 1850); ebenso *idolomane* 'celui qui a la manie de n'adorer que des idoles' (Raym 1836 – Land 1850).

noch nicht mit einem eigentlich französischen Lehnwort, sondern lediglich einer formalen Französierung von gr. ἀνδρομανής zu tun haben, während ein tatsächlich französisches Wort *andromane* erst im 19. Jh. bezeugt ist[37].

Aus gr. ἱππομανία entlehnt ist das bei Cholières belegte *hippomanie* 'amour sodomique pour les chevaux' (1587, s. Hu), das jedoch zunächst nur vereinzelt blieb und erst im 18. Jh. in neuer Bedeutung im Französischen häufiger wurde[38].

Dagegen liegt kein griechisches Vorbild für das gleichfalls bei Cholières bezeugte *astromanie* 'goût excessif pour l'astrologie, astrologie ridicule' (1587)[39] vor, das Huguet zu allgemein mit 'astrologie' definiert. Der erste der bei Huguet zitierten Belege läßt *astromanie* als vereinzelte ironische Wortschöpfung Cholières im Anschluß an *astronomie* und *astrologie* erkennen.

Eine weitere Form auf *-(o)manie* läßt sich bei Philippe de Marnix (1540–1598) nachweisen. Aus seinem erstmals 1599 veröffentlichten *Tableau des différends de la Religion* bezeugt Huguet *œstromanie* in der Bedeutung 'transport de fureur ou de passion', in der Hippokrates schon gr. οἰστρομανία verwendete. Wiederum bleibt diese Entlehnung gegen Ende des 16. Jhs vereinzelt, und erst zu Beginn des 19. Jhs wird das Wort erneut, diesmal in der spezifischen Bedeutung 'fureur amoureuse' ins Französische aufgenommen[40].

Zwei weitere Bildungen schließen sich zu Beginn des 17. Jhs an. 1618 erschien der Traktat *La jésuitomanie, ou les actes de la dispute de Lectoure*[41], und 1626 veröffentlichte André Valladier seine *Tyrannomanie estrangere*[42], nachdem er schon 1618 ein *Factum, ou Prolegomene de la Tyrannomanie*[43] vorangeschickt hatte. Nach all diesen vereinzelten Augenblicksbildungen müssen wir bis zur Mitte des gleichen Jahrhunderts warten, ehe neue Formen dieses Kompositionstyps im Französischen auftreten. Mit dem erstmals 1654 bei dem bereits weiter oben genannten Gui Patin belegten *biblio-*

---

[37] S. dazu hier 18 n14.

[38] S. dazu hier 62.

[39] Im gleichen Text auch *astromanique* und *astromaniser*, s. Hu s. v. – Nach Br 12, 553 wäre *astromanie* dann auch im 19. Jh. bei Raymond gebucht, doch findet sich bei Raym 1836 lediglich die Form *astromancie*.

[40] S. dazu hier 18.

[41] Montauban 1618 (zit. nach Cioranescu XVII, n° 58694).

[42] Tyrannomanie estrangere, ou Pleinte libellee au Roy pour la Conservation des Saincts Decrets; des Concordats de France, & de la Nation Germanique; de l'Authorité, & Majesté du Roy; des droicts du Royaume, & des sainctes Libertez de l'Eglise Gallicane. Par Messire André Valladier, Paris 1626. Cioranescu XVII zitiert eine erste Ausgabe dieser Schrift von 1615, die jedoch nicht ermittelt werden konnte.

[43] Factum, ou Prolegomene de la Tyrannomanie. De Reuerend Pere en Dieu Meßire André Valladier. Contre Lazare de Selue, le gros Coulas Pansesy, dict Maghin, & aultres leurs complices persecuteurs de l'Abbaye de Sainct Arnoul, & de tout l'Ordre Ecclesiastique, s. l. 1618. – Dann auch 1648 La Tyrannomanie jesuitique, par A. Du Voyer (Weller 2,14).

manie[44], das sich im Gegensatz zu den bisher behandelten Formen in seiner ursprünglichen Bedeutung 'passion excessive pour les livres'[45] bis heute zu halten vermochte, haben wir zugleich das erste Wort, das für die weitere Geschichte dieses Wortbildungstypus von Bedeutung gewesen sein dürfte. Nach DDM und DatLex wäre auch das entsprechende *bibliomane* 'celui qui est atteint de la bibliomanie' eine Wortschöpfung Patins, doch läßt sich diese Form bei Patin nicht nachweisen, so daß als Erstbeleg die von Arveiller beigebrachte Stelle aus den Ménagiana von 1715 gelten muß[46]. Hinzu kommt gegen Ende des 18. Jhs die Adjektivableitung *bibliomaniaque* 'qui tient de la bibliomanie', die Littré erstmals bei Courier de Méré (1772–1825) in der Verbindung *fureur bibliomaniaque* nachweist[47].

---

[44] Belege von 1654 und 1721 bei DatLex; in den Wörterbüchern seit Fur 1708.

[45] Zu der daneben im 19. Jh. vereinzelt bezeugten Bedeutung 'science du livre' s. hier 72 n20.

[46] S. DatLex. In den Wörterbüchern erstmals Enc 1751, Trév seit 1752.

[47] Eine semantische Differenzierung zwischen *-(o)mane* und *-(o)maniaque*, wie sie sich im Verhältnis von *bibliomane* s. adj. '(celui) qui est atteint de bibliomanie' und *bibliomaniaque* adj. 'qui tient de la bibliomanie (meist in Verbindung mit *fureur, passion, hystérie* u. ä.) zeigt, läßt sich nur in Ansätzen nachweisen. Vgl. etwa in unseren Materialien *nymphomane* '(personne) atteinte de nymphomanie' neben (*fureur*) *nymphomaniaque* (hier 18) oder die Unterscheidung Littrés zwischen *monomane* '(celui) qui est atteint de quelque monomanie' und *monomaniaque* 'qui a rapport à la monomanie', die jedoch nicht durch die Texte bestätigt wird (s. hier 22f.), weshalb schon Bescherelle und Larousse zu Recht differenzieren zwischen *monomane* '(celui) qui est atteint de monomanie' und *monomaniaque* '(celui) qui est atteint de monomanie; se dit en parlant des choses, des affections, des maladies'. Im Gegensatz zur Darstellung mancher Wörterbücher (vgl. etwa LarI: »*monomane* ou *monomaniaque* adj. Qui est atteint de monomanie: *Fou monomaniaque.* – Substantiv.: *Un monomaniaque.* // Se dit de diverses affections compliquées de monomanie: *Hystérie monomaniaque*«) bleibt die Synonymie von *-(o)mane* und *-(o)maniaque* jedoch auf die erste der beiden Bedeutungen beschränkt, während für die umgekehrte Verwendungsweise *fureur* + *-(o)mane* keine Belege nachweisbar sind. Dabei scheint die Variante auf *-(o)maniaque* vor allem im medizinischen Bereich geläufig (vgl. etwa schon 1771 *métromaniaque* '(femme) affectée de métromanie', hier 18 n13, 1772 *érotomaniaque* '(celui) qui est affecté d'érotomanie', hier 17 n9, 1814 *démonomaniaque* 'celui qui se croit possédé du démon', hier 21 n27, u. a.), woraus sich wohl auch die ausdrucksstärkere Funktion dieser Bildungsweise bei ihrer vereinzelten Verwendung in der Allgemeinsprache erklärt (vgl. etwa zu *anglomaniaque* Proschwitz 324 [1779; Fér 1787] sowie DatLex [1818: »*anglomaniaque*, plus énergique qu'*anglomane*«]). In medizinisch-fachsprachlichen Texten werden häufig beide Varianten nebeneinander ohne erkennbaren Bedeutungsunterschied verwendet; vgl. etwa 1818: »la nymphomane et le satyrisiaque sont victimes d'un désordre physique; l'*érotomaniaque* est le jouet de son imagination. ... Dans l'érotomanie, les yeux sont vifs, animés, le regard passionné, les propos tendres, les actions expansives, mais les *érotomanes* ne sortent jamais des bornes de la décence«, E. Esquirol, Des maladies mentales considérées sous les rapports médical, hygiénique et médico-légal, t. II, Paris 1838, 33; »Comme tous les monomaniaques, les *érotomanes* sont nuit et jour poursuivis par les mêmes idées«, ib. 34.

14

Eine Wortschöpfung Patins scheint auch vorzuliegen in *pérégrinomanie* 'manie de voyager', das sich in zwei Briefen Patins vom 21.9.1655 und 6. 10.1656 nachweisen läßt:

> Il y a cinq ans que je refusai d'aller en Suéde à de beaucoup meilleurs conditions. Je suis guéri de la *Peregrinomanie* & de la *Philargyrie,* ou plûtot je n'en ai jamais été malade[48]
> Quand je considere le chemin que cette Reine a fait depuis deux ans sans celui qu'elle fera, je me souviens d'un conte d'un certain Italien, qui étoit malade de la *Peregrinomanie,* ou maladie de voyager, familiere aux Allemands[49].

Diese Form wird von Trév 1743 aus Patin übernommen[50] und findet sich auch noch bei Boiste und Mozin, verschwindet jedoch in der 2. Hälfte des 19. Jhs aus den Wörterbüchern und fehlt bei Littré ebenso wie bei Larousse[51]. Auch hier stehen neben *pérégrinomanie* die entsprechenden Bildungen *pérégrinomane* '(celui) qui a la manie des voyages' (Raym 1824-Besch), *pérégrinomaniaque* 'id.; qui tient à la *pérégrinomanie*' (Raym 1836-Besch)[52] und *pérégrinomanique* 'qui tient à la *pérégrinomanie*' (Land 1836-Besch), doch scheinen diese Formen, ebenso wie das von Patin allein verwendete *pérégrinomanie,* im 19. Jh. nur in einigen kompilatorischen Wörterbüchern belegt zu sein[53].

Als Wortschöpfung Ménages gilt allgemein nfr. *tulipomanie* 'goût maniaque pour les tulipes' (seit Mén 1694, FEW 19,189a)[54]. In seinem posthum erschienenen etymologischen Wörterbuch des Französischen heißt es dazu:

> Dans ma jeunesse, j'ay vu vendre tel oignon de Tulipe trois cens pistoles: tant la *Tulipomanie* étoit grande. Mais cette manie est passée, il y a déja longtems[55].

Wiederum kommt, ähnlich wie im Fall von *pérégrinomane,* im 19. Jh. ent-

---

[48] Patin 1,263.
[49] Ib. 1,273.
[50] S. auch FEW 8,234a.
[51] Noch gebucht bei SVSuppl 1894, der das als selten gekennzeichnete Wort mit 'Wanderlust' wiedergibt.
[52] S. noch FEW 8, 234a.
[53] S. dazu noch hier 140ff. – Mit der gleichen Bedeutung sind in den Wörterbüchern des 19. Jhs auch *xénomane* 'celui qui a la manie de voyager' (Boiste 1803– Moz 1859) und *xénomanie* 'manie de voyager' (AcC 1836–Moz 1859) verzeichnet; s. dazu FEW 14,653a + n1, wo auf den schon bei Rabelais bezeugten Eigennamen *Xenomanes* (»Xenomanes le grand voyageur et traverseur des voies perilleuses«, Rab IV, 1) hingewiesen wird. – Zu *xénomanie* 'passion maniaque pour les étrangers' s. hier 50 n16.
[54] Noch bei Littré, der es wie die meisten Wörterbücher des 19. Jhs ausdrücklich als Wortschöpfung Ménages kennzeichnet (s. auch Fur 1702 und Trév s. v. *tulipe*), und Larousse (zuletzt Lar 1949), jedoch weder bei Robert noch Lar 1964 gebucht.
[55] Mén 1694 s. v. *tulipe.* – Nach BattAl s. v. *tulipomanìa* herrschte diese Manie in Holland um 1634.

sprechendes *tulipomane* 'amateur passionné de tulipes' (seit 1842)[56] hinzu, doch sind beide Formen außerhalb der Wörterbücher nur vereinzelt nachweisbar[57].

Im wesentlichen auf die Wörterbücher beschränkt bleibt auch die Form *gastromanie* 'friandise, passion pour la bonne chère, soin de contenter son ventre', die Trév 1721 bei Gabriel Naudé (1600–1653) bezeugt. Von Trévoux hat sich diese Bildung über die Wörterbücher des 19. Jhs (Boiste, Raymond, Mozin u. a.) bis Larousse (noch Lar 1948) gehalten, fehlt jedoch bei Littré und DG[58]. Auch hier kommt im 19. Jh. entsprechendes *gastromane* '(celui) qui a la passion pour la bonne chère' hinzu (erstmals Raym 1824)[59], ohne daß es außerhalb der Wörterbücher zu größerer Vitalität gelangt wäre[60].

3. Bildungen in der Fachsprache der Medizin

Sind uns bisher nur vereinzelte, vielfach nur kurzlebige Wortprägungen begegnet, so lassen sich nun, vor allem seit dem ausgehenden 17. Jh., zahlreiche französische Formen in der Fachsprache der Medizin und Pathologie nachweisen, die ja schon die Domäne der griechischen Zusammensetzungen mit μανία war. Den ältesten, zunächst freilich gleichfalls vereinzelt gebliebenen Beleg für dieses Muster liefert fr. *erotomanie* 'délire amoureux, désordre mental, caractérisé par la prédominance des idées sexuelles'. Während Jean Liebaut 1585 in seinem *Thresor* ausführlich die *fureur uterine* behandelte[1], finden wir bei Jacques Ferrand zu Beginn des 17. Jhs als französischen Terminus zunächst nur das allgemeinere *melancholie erotique*:

> Les Medecins, qui parlent de l'amour, comme maladie, l'appellent *Melancholie Erotique,* les Arabes, Iliscus, les Grecs ερωτομανίαν, c'est à dire, folie d'amour; …[2]

---

[56] AcC 1842, Moz 1842. Nach FEW l. c. seit Besch 1845.

[57] Zu *tulipomanie* s. Baudelaire, Petits Poëmes en Prose, éd. critique par Robert Kopp, Paris 1969, 257; zu *tulipomane* s. LiS. Vgl. auch die englischen Belege für *tulipomania* und *tulipomaniac* bei OxfDict.

[58] S. noch hier 85 n79.

[59] Ebenso Moz 1826, Boiste 1829, Besch 1845, Lar 1872–1948.

[60] Vgl. immerhin einen modernen Textbeleg in Vie et Langage 1970, 214. – Nach Charles Normand, La bourgeoisie française au XVIIe siècle, Paris 1908, 42 wäre auch *archomanie* 'fureur des offices' ein Wort des 17. Jhs, doch fehlen hierfür Belege.

[1] Thresor des remedes secrets pour les maladies des femmes. Pris du Latin, & faict François, Paris 1585, 459. – FEW 3,911b und 14,89a bezeugen fr. *fureur utérine* erst seit Fur 1690.

[2] Traicté de l'essence et guerison de l'amour, ou de la melancholie erotique. Par M. Iacques Ferrand Agenois, A Tolose, 1610, 32f.

16

Ähnlich heißt es auch in Ferrands 1623 in Paris erschienener Schrift *De la Maladie d'Amour, ou Melancholie Erotique*:

> Toutes les maladies, selon nostre Galien, prennent leur nom de la partie malade, comme la pleuresie & peripneumonie ... ou finalemēt de la cause efficiente, comme nostre Melancholie erotique, ou amoureuse, que quelques Medecins nomment ἐρωτομανίαν, c'est à dire rage d'amour, ou folie amoureuse;...[3]

Neben *Melancholie Erotique ou amoureuse*[4] verwendet Ferrand nun aber auch Wendungen wie *Melancholie ou Manie Erotique*[5], und an einer einzigen Stelle erscheint auch die französische Form *érotomanie*. Im Kapitel XII (Si la fureur vterine est vne espece de Melancholie Erotique?) heißt es:

> *Melancholia* & *Amor:* par ce dernier nous pouuons entendre la satyriase & fureur vterine, de laquelle par consequent nous rapporterons les signes & les remedes conioinctement auec ceux de la Melancholie Erotique & *Erotomanie*, vous renuoyāt pour le surplus au chap. 10. du liure 2. des maladies des femmes de Mercatus ...[6]

Doch bleibt dieser Beleg zunächst völlig vereinzelt, und erst im 18. Jh. bürgert sich *érotomanie* endgültig im französischen Wortschatz ein. Im *Lexicon medicum græco-latinum Bartholomæi Castelli* erscheint nlt. *erotomania* erst in der Leipziger Ausgabe von 1713, von wo es dann in *Stephani Blancardi Lexicon medicum renovatum* (Lugdunum Batavorum 1756) übernommen wurde[7]. Im Französischen finden wir das Wort nach dem isolierten Beleg von 1623 erstmals wieder in einem fachsprachlichen Wörterbuch von 1741[8], dann allgemein seit Trév 1752[9] mit der vorübergehend bezeugten Nebenform *éroticomanie* (Lavoisien 1793-Lar 1870)[10].

---

[3] Op. cit. 14.

[4] So etwa auch ib. 34.

[5] So z. B. ib. 83, 192.

[6] Ib. 79.

[7] Vgl. auch noch D. Michaelis Alberti Introductio in universam medicinam tam theoreticam quam practicam, Halæ Magdeburgicæ 1718, 412 (»Caput IV: De erotomania et furore uterino«) sowie Heintze, J. Chr. praes. G. Detharding, De erotomania, von der Krankheit, da man verliebt ist, Rostock 1719, zit. nach Heinrich Laehr, Die Literatur der Psychiatrie, Neurologie und Psychologie von 1459–1799, Berlin 1900, Bd. II, 153.

[8] Elie Col de Vilars, Dictionnaire françois-latin des termes de médecine et de chirurgie, avec leur définition, leur division, & leur etymologie, Paris 1741 s. v.

[9] Bisheriger Erstbeleg nach FEW 3, 240b; nach DDM ¹1964 erst seit Enc 1755 (ebenso RobPt), nach DDM ²1968 jetzt 1741, Villars. – Daneben *érotomane* '(celui) qui est affecté d'érotomanie' (nach FEW l. c. seit Besch 1849, nach DDM seit Land 1836, ebenso schon 1818: »L'*érotomane*, toute entière à son amour«, DSM 23,256 s. v. *hystérie*) und in gleicher Bedeutung *érotomaniaque* (nach FEW gleichfalls seit Besch 1849, jedoch schon 1772 »les *érotomaniaques* désirent dans le silence, soupirent dans le secret, ont un respect singulier pour leur maîtresse«, Nouveau dictionnaire universel et raisonné de médecine, de chirurgie, et de l'art vétérinaire, par une Société de Médecins, Paris 1772, t. II, 575; ebenso ib. 576).

[10] Ebenso Capuron 1810, Nysten 1814 u. a. sowie noch SVSuppl 1894.

Als weitere Bezeichnung der *fureur utérine* erscheint nun auch fr. *nympho-manie* (seit Trév 1721)[11], zu dem dann die Ableitungen *nymphomane* '(femme) affectée de nymphomanie' (seit 1812)[12] und *nymphomaniaque* adj. 'qui a trait à la nymphomanie' (seit AcC 1838, s. FEW 7,258b) ge-bildet werden. Weitgehend synonyme Bezeichnungen zu *nymphomanie* sind *métromanie* 'fureur utérine' (1761–Lar 1874)[13], *andromanie* 'amour insensé pour les hommes, fureur utérine' (Lavoisien 1793–Lar 1866)[14], *œstro-manie* 'fureur amoureuse' (Boiste 1803–Lar 1874, FEW 7,329b)[15], *hystéro-*

---

11 Nach DDM und RobPt seit Trév 1732. FEW 7,258b, wo das Wort erst seit Trév 1771 nachgewiesen wird, vermutet zu Recht Entlehnung von fr. *nympho-manie* aus einem schon im Neulatein der Mediziner gebildeten *nymphomania*, gibt für dieses jedoch keine Belege. Der älteste uns bekannte Beleg für diese Form findet sich bei Daniel Sennert, Practicæ medicinæ liber quartus, Lugduni 1633, 319: »Pars verò primariò affecta est vterus, & quidem ea eius pars, in qua veneris appetitus præcipuè viget, quam cum nŏnulli Nympham nominent, inde etiam *Nymphomania* à nonnullis hic affectus appellatur; quæ pars etiam mani-festè in furore vterino intumescit & incalescit. Verum notandum, primò Nymphas propriè dictas non esse sedem appetitus venerei, sed Clitoridem. Quia tamen veteribus Anatomicis Clitoridis nomine Nympha accepta fuit, vt ex Galeno, II. *de vsu part. cap. 3.* patet, etiam *Nymphomania* à nonnullis, vt dictum, hic af-fectus appellatur«. Ähnlich dann bei Antoine Menjot, Febrium malignarum his-toria et curatio, Parisiis 1660, 291: »Eiusmodi furor à membro principaliter af-fecto, scilicet vtero, vterinus, Græcis μητρομανία dicitur. Sunt qui νυμφομανίαν vocitent; sed impropriè, ... attamen *Nymphomaniæ* vocabulum admitti potest, eo sensu quo veteres Anatomici Clitoridem Nymphæ nomine donabant«. Vgl. noch DSM 1819 s. v. *nymphomanie,* wo u. a. die folgenden Werke zitiert wer-den: Lochner, Dissertatio. De nymphomaniâ historia medica, Altdorfii 1684; Crausius (Rudolphus-Guilielmus), Dissertatio de nymphomaniâ, Ienæ 1691. Ebenso auch in Steph. Blancardi Med. Doct. Lexicon Medicum, Græco-Lati-num, Amstelodami 1679 s. v.

12 »la *nymphomane* ne suit que l'impulsion de la nature«, J. Capuron, Traité des maladies des femmes, depuis la puberté jusqu'à l'âge critique inclusivement, Pa-ris 1812, 78. Dann auch 1815 in DSM 13,186 s. v. *érotomanie,* DSM 14,592 s. v. *femme* sowie als eigenes Stichwort DSM 1819, s. FEW 7,258b; in den all-gemeinsprachlichen Wörterbüchern seit Boiste 1829.

13 J. Astruc, Traité des maladies des femmes, Paris 1761–1765 enthält im Band 2 (1761), 339–394 einen lateinisch verfaßten Abschnitt *De Furore uterino, seu* Μητρομανία. Die französische Entsprechung findet sich in der Table des Ma-tières, ib. 410: »*Métromanie* ou Fureur utérine, 339«. Fr. *métromanie* dann auch 1771, La Nymphomanie ou Traité de la fureur utérine, par M. D. T. de Bien-ville, Amsterdam 1771, 24. Ebenso *métromaniaque* '(femme) affectée de métro-manie', ib. 49, 101, 148, 153. FEW 6/II,62b bezeugt nfr. *métromanie* erst Vap [lies Cap] 1810–Lar 1874.–Daneben vereinzelt die Varianten *métramanie* (Boiste 1812–LandC 1853 s. v. *métromanie*), *métramane* (Raym 1836–DictDict 1837).

14 In den allgemeinsprachlichen Wörterbüchern erstmals Boiste 1803. Daneben *andromane* 'femme affectée d'andromanie' (DictDict 1837–Lar 1866; bei Raym 1836 irrtümlich s. m.). – Zu vereinzeltem *andromane* im 16. Jh. s. hier 12f.

15 Von Lar 1874 als »peu usité« gekennzeichnet, als fachsprachlicher Terminus jedoch noch bei Garnier-Delamare notiert; ebenso auch noch Lar 1963. Dazu nfr. *œstromane* 'personne affectée d'œstromanie' (Raym 1824–Lar 1874, FEW

manie 'nymphomanie, fureur utérine' (Boiste 1803–Lar 1873)[16], *utéromanie* 'fureur utérine' (seit 1818)[17] und vereinzelt bezeugtes *clitorimanie* 'id.'[18]. Der *andromanie* der Frauen entspricht die männliche *gynécomanie* 'amour excessif pour les femmes' (1809–Lar 1878, auch LiS)[19], die zwar auch 1814 im medizinischen Fachwörterbuch von Nysten notiert ist[20], jedoch von keinem der übrigen Wörterbücher als fachsprachlicher Terminus gekennzeichnet wird[21], so daß eine Grenze zwischen Fachsprache und Allgemeinsprache hier nur schwer zu ziehen ist[22].

Sehen wir von dem vereinzelten Beleg für fr. *érotomanie* aus dem 17. Jh. ab, so ist als älteste französische Bezeichnung in diesem Bereich *typhomanie* zu nennen. Das schon bei Hippokrates bezeugte τυφομανία setzt sich im Neulatein der Mediziner als *typhomania* fort[23] und erscheint im Französischen als *typhomanie* 'coma vigil, délire avec insomnie' erstmals bei Corn 1694, s. FEW 13/II,460b[24]. Dazu die Ableitung *typhomane* 'personne atteinte de typhomanie' (seit Raym 1824).

7, 329b), *œstromanique* 'relatif à l'œstromanie' (Raym 1836–Land 1850), *œstromaniaque* 'id.' (Moz 1842). – Zu vereinzeltem mfr. *œstromanie* 'transport de fureur ou de passion' (1599) s. hier 13.

[16] »on dit plus souvent *nymphomanie*« LarI. – Dazu nfr. *hystéromane* 'femme affectée de nymphomanie' (Raym 1824–Lar 1873; »on dit plus souvent *nymphomane*« LarI). – Im Gelehrtenlatein läßt sich *hysteromania* schon im 17. Jh. nachweisen; vgl. etwa Friderici, De hysteromania. Jen. 1666 und Leichner, De hysteromania. Erford. 1671 (beide zitiert nach J.B. Friedrich, Systematische Literatur der ärztlichen und gerichtlichen Psychologie, Berlin 1833, 273).

[17] DSM 23,255 s.v. *hystérie*; ebenso 1819, DSM 36,561 s.v. *nymphomanie*; dann auch DictMédS 1830. S. dazu noch Henri-Louis Bayard, Essai médico-légal sur l'utéromanie (nymphomanie), Thèse Médec. Paris 1836, wo auch entsprechendes *utéromane* (ib. 19) verwendet wird.

[18] Traité des maladies des femmes et de l'hygiène spéciale de leur sexe, par Colombat, de l'Isère, Paris 1838–1843, 1018 n1. In neuer Bedeutung ('chez les femmes, activité onanistique dont la trop grande fréquence est pathologique') jetzt *clitoromanie*, s. LarSuppl 1969. – Im Deutschen findet sich als Synonym zu *Nymphomanie* und *Metromanie* noch *Ovariomanie*, s. Das Große Duden-Lexikon in acht Bänden, Mannheim 1964 s.v. sowie Haring-Leicke (»Begriff der älteren Psychiatrie«).

[19] J.B. Morin, Dictionnaire étymologique des mots françois dérivés du grec, 2de éd., Paris 1809 s.v. Ebenso Moz 1811 sowie Boiste 1812, wo *gynécomancie* verschrieben ist. Daneben *gynécomane* '(celui) qui aime excessivement les femmes' (Moz 1811–Besch 1845).

[20] Dagegen fehlt das Wort wieder bei Nysten 1824 und NystL.

[21] Bezeichnenderweise fehlt im 1819 erschienenen Artikel *nymphomanie* des DSM (36,561) zu nlt. *gynaicomania* die französische Entsprechung, obwohl in allen anderen Fällen (*nymphomanie, utéromanie, métromanie, érotomanie, andromanie*) jeweils die französische und die lateinische Form genannt werden. S. auch DictMéd 1821 s.v. *gynécomanès*.

[22] S. dazu hier 32.

[23] Vgl. etwa »*Typhomania* (quae & *Typhonia*) est delirus Lethargus, uel lethargicum delirium«, Lexicon medicum graecolatinum. Bartholomaei Castelli Messanensis studio, Venetiis 1607 s.v.

[24] Bei Rich erstmals 1709 in der Graphie *tiphomanie*. Zur gleichen Zeit wie fr.

Zu den ältesten medizinischen Termini auf -(o)manie im Französischen zählt auch *démonomanie*, das sich nun gegen Mitte des 18. Jhs in neuer Bedeutung nachweisen läßt[25]: nfr. *démonomanie* 'aliénation mentale, dans laquelle on se croit possédé du démon' (seit Enc 1754, DG)[26], daneben die Ableitung *démonomane* 'celui, celle qui se croit possédé du démon' (seit 1812)[27]. Gleichfalls noch im 18. Jh. bezeugt ist nfr. *nostomanie* 'souffrance

---

typhomania taucht auch e. *typhomania* auf (seit 1693, OxfDict). – Vgl. auch Lazari Riverii Praxis medica cum theoria, Editio nova, Lugduni 1663, 10 (»Hunc affectuum Gal. medium constituit inter phrenitidem & lethargum, & *typhomaniam* appellat«), wo noch 1682 in der französischen Übersetzung (La pratique de medecine avec la theorie, de Lazare Riviere, traduite nouvellement en François par M. F. Deboze, 2 vol., Lyon 1682) nur die lateinische Form zitiert wird (»Galien établit cette maladie entre la phrenesie & la lethargie, & l'appelle *Typhomania*«, I, 54).

[25] Auch hier hat sich die Bedeutungsverschiebung bereits früher im Neulatein vollzogen. So zitiert etwa DSM 1814: Westphal (Jean Gaspard), Pathologia dæmoniaca; id est, observationes circa dæmonomanias et morbos convulsivos, Lipsiæ 1707. Dagegen ist der folgende, gleichfalls bei DSM genannte Titel sicher an die bei Bodin bezeugte Verwendungsweise von *démonomanie* (s. hier 11) anzuschließen: Pistor (Jean), Dæmonomania Pistoriana: magica et cabalistica morborum curandorum ratio ex lacunis judaicis ac gentiliis hausta, post christianis propinata; cum antidoto prophylactico Jacobi Heilbronneri, Lavingæ 1601. Ähnlich auch La démonomanie de Loudun, qui montre la véritable possession des religieuses ursulines et autres séculières, La Flèche 1634 (zit. nach Cioranescu XVII, n° 33939).

[26] Lar 1960 definiert das als Terminus der Psychiatrie gekennzeichnete *démonomanie* mit 'délire systématisé d'ordre religieux, causé par la crainte de l'enfer et la peur du diable'. – Zu der bei Robert verzeichneten Bedeutung 'ensemble des thèmes diaboliques, infernaux, dans les troubles mentaux (délires, psychoses)' vgl. »Idée qu'on doit se former des prétendus possédés du démon. Une croyance aveugle dans la *démonomanie* ou les prestiges du démon, doit peu étonner dans les écrits de Wierus, publiés vers le milieu du dix-septième siècle [lies 16e s.]«, Ph. Pinel, Traité médico-philosophique sur l'aliénation mentale, ou la manie, Paris an IX, 245f. – Littré zitiert für die medizinische Bedeutung von *démonomanie* schon einen Beleg von 1625, doch lautet der vollständige Text aus Gabriel Naudé, Apologie pour tous les grands personnages qui ont esté faussement soupçonnez de magie, Paris 1625, 127: »L'on pourroit faire encore le mesme iugement de beaucoup d'autres ... & principalemēt de ce premier homme de la France Iean Bodin, qui apres auoir par vne merueilleuse viuacité d'esprit accōpagnee d'vn iugemēt solide, traicté toutes les choses diuines, naturelles & ciuiles, se fust peut-estre mescogneu pour homme, & eust esté pris infailliblement de nous pour quelque intelligence, s'il n'eust laissé des marques & vestiges de son humanité dans cette *Demonomanie*, qui a esté fort biē iugee par le defunct Serenissime Roy de la grāde Bretagne ...«. *Démonomanie* als Titel von Bodins Werk (s. dazu hier 11) ist daher als Beleg ebenso auszuscheiden wie etwa die folgende Stelle aus einem Brief Patins von 1668: »Delrio n'en a que trop dit, de même que Bodin dans sa *Démonomanie* quoi qu'il n'y crût pas lui-même & qu'il soit mort Juif«, Patin 3, 284. Zu dem Beleg aus *Le Cabinet du roy de France* (1581) s. hier 11 n28. – Zu vereinzeltem *cacodémonomanie* (1814) s. DSM 8,295 s. v. *démonomanie*.

[27] »Les vrais extatiques et *démonomanes* appartiennent donc aux Petites-maisons«,

causée par le regret du pays natal' (Lavoisien[28] 1793–LittréG 1907, FEW 7, 196a)[29] als vorübergehendes fachsprachlich-medizinisches Synonym von *nostalgie*[30]. Wohl auch noch ins ausgehende 18. Jh. zurückreichen dürften die folgenden Bildungen, die alle bereits bei Boiste 1803 verzeichnet sind: nfr. *fullomanie* 'maladie des plantes qui poussent trop de feuilles'[31] (Boiste 1803–Land 1850; daneben die etymologisch korrektere Schreibung *phyllomanie*, gleichfalls seit 1803)[32], *opsomane* '(celui) qui aime à la folie un aliment' (seit Boiste 1803, auch Capuron 1806–1810)[33] und *épimane* 'insensé furieux' (Boiste 1803–Land 1850, auch Capuron 1810)[34]. Im medizinischen Wörterbuch von

---

DSM 1,327 s. v. *aliéné*. In den allgemeinsprachlichen Wörterbüchern mit eigenem Stichwort erstmals bei Raym 1824 und Boiste 1829; s. auch noch RPh 28,145. In gleicher Bedeutung auch *démonomaniaque* (so etwa 1814, DSM 8, 297 s. v. *démonomanie*; s. auch Raym 1836 s. v. *démonomane*).

[28] Im FEW verdruckt Lavoisier.

[29] S. dazu noch Sava Petrowitch, De la nostomanie, Thèse Médec. Paris 1866, wo auch entsprechendes *nostomane* (ib. 33) verwendet wird.

[30] Im Gelehrtenlatein schon 1688 bei dem elsässischen Arzt Joh. Hofer *nostomania* neben gleichbedeutendem *nostalgia*, s. W.-D. Stempel, Das Heimweh und seine Bezeichnung im Romanischen, Archiv 199, 1963, 353–374, speziell 354f. + n10. Ebenso nlt. *philopatridomania* (1688, ibid.), das im 19. Jh. französiert auftritt als *philopatridomanie* 'nostalgie, amour excessif de sa patrie' (Capuron 1810–Besch 1845) mit der wohl unter Einfluß von fr. *patrie* entstandenen graphischen Variante *philopatriedomanie* (Boiste 1812–1829); dazu *philopatridomanique* 'qui a rapport à la philopatridomanie' (Raym 1836), *philopatridomaniaque* '(celui) qui est affecté de philopatridomanie; qui a rapport à la philopatridomanie' (Besch 1845–LandC 1853). Land 1836–1850 verzeichnet *philopatrimanie, philopatrimanique*.

[31] Daneben gleichbedeutend *fullotomie*.

[32] »*fullomanie* s. f. (botan.) ..... Ainsi, pour suivre l'étymologie, il faudroit écrire *phyllomanie*«, J. B. Morin, Dictionnaire étymologique des mots françois dérivés du grec, Paris 1803 (ähnlich Capuron 1806). Als eigenes Stichwort findet sich die Form *phyllomanie* dann erstmals 1809 in der 2. Auflage von Morins Wörterbuch sowie bei Moz 1812 und Boiste 1812; Boiste 1823 verzeichnet daneben die Variante *phullomanie*. – Trotz der Aufnahme dieser Bildung in das medizinische Wörterbuch von Capuron gehört *phyllomanie* nicht eigentlich der medizinischen als vielmehr der botanischen Fachsprache an. – Ähnlich später auch *pétalomanie* 'tendance de certaines parties des fleurs à prendre l'aspect d'une corolle' (LandC 1853–Lar 1874).

[33] Nach DSM 1819 ist nlt. *opsomanes* schon 1607 im Lexicon medicum graecolatinum von Castelli bezeugt, doch ist das Wort weder dort (Barth. Castelli Lexicon medicum græcolatinum, Venetiis 1607) noch in den späteren Auflagen von 1626, 1628 und 1651 auffindbar. Erst in der Neubearbeitung von 1682 heißt es: »*opsomanes*, ὀψομανὴς, dicitur, qui aliquo cibi genere ad insaniam usq; delectatur. Linden. Ex. XVI. § 161«, Castellus renovatus: Hoc est, Lexicon medicum, quondam à Barth. Castello Messanensi inchoatum, Norimbergæ 1682 s. v. – Fr. *opsomanie* 'goût excessif pour une espèce d'aliment' läßt sich entgegen dem üblichen chronologischen Verhältnis von *-manie* und *-mane* nicht vor Besch 1845 nachweisen.

[34] Von Nysten 1814 als »inusité« gekennzeichnet; noch gegen Ende des 19. Jhs

Capuron kommt noch hinzu nfr. *musicomanie* 'folie maniaque qui a pour objet la musique' (Capuron 1810–Lar 1874, FEW 6/III, 265a)[35], dessen gleichbedeutende Variante *musomanie* von Capuron 1810 bis Besch 1845 aufgeführt wird; erstmals 1811 gebucht ist *exoticomanie* 'passion des remèdes exotiques' (1811–LandC 1853)[36].

Vor allem aber seit Beginn des 19. Jhs wird dieser Kompositionstypus mit griechischem, vereinzelt auch lateinischem Wortstamm für Neubildungen innerhalb der medizinischen Fachterminologie herangezogen. Eine Sonderstellung nimmt dabei das von dem bedeutenden Mediziner Jean-Etienne-Dominique Esquirol (1772–1840) gebildete *monomanie* 'espèce d'aliénation mentale, dans laquelle une seule idée semble absorber toutes les facultés de l'intelligence' ein, für das uns Belege seit Nysten 1814 bekannt sind[37]. Wie sehr gerade dieses Wort sich im Französischen fest etabliert hat, zeigt nicht nur seine Aufnahme bereits in die 6. Auflage des Akademiewörterbuchs von 1835 sowie der damit verbundene rasche Übergang aus der medizinischen Fachsprache in die Allgemeinsprache[38], sondern auch die neben den üblichen Ableitungen *monomane* s. 'personne atteinte de monomanie' (seit Boiste 1829, FEW 6/III,82b), adj. 'atteint de monomanie' (seit 1831,

---

zwei Belege bei Huysm. Dazu vereinzelt *épimanie* 'folie furieuse' (Raym 1824–Land 1850).

[35] Dagegen sind uns Belege für *musicomane* nur in allgemeinsprachlicher Verwendung bekannt, s. dazu hier 55 n31.

[36] L. Hanin, Vocabulaire médical, ou Recueil et définition de tous les termes employés en médecine par les auteurs anciens et modernes, Paris 1811. Ebenso DictMéd 1821 und DictMéd 1823. Vereinzelt auch *pharmacomanie* 'Arzneiverschreibungssucht' in den zweisprachigen fr.-d. Wörterbüchern von Mozin (1812–1842) und SV; zu jüngerem *pharmacomanie* 'toxicomanie qui s'applique aux médicaments' s. hier 35 n108. – Ebenso nur bei Moz (1826–1842) und SV bezeugt ist *chrysomanie* 'avarice; Goldsucht, Goldhunger'.

[37] Ebenso im gleichen Jahr DSM 8,283 s. v. *démence*; 8,307 s. v. *démonomanie*. Vgl. auch 1819 »Cette double considération m'a fait proposer le mot *monomanie*, formé de μονος, seul, et de μανία, manie, exprimant le caractère essentiel de la mélancolie. Cette dénomination a été généralement accueillie, et est adoptée aujourd'hui par un grand nombre de médecins«, Esquirol in DSM 32,148 s. v. *mélancolie*; »Il y a plus de quinze ans que j'ai proposé d'imposer à la folie partielle le nom de *monomanie*; ce mot, exprimant le signe le plus remarquable de ce genre de folie, convient à tous les délires partiels, gais ou tristes, calmes ou furieux, et est devenu un terme générique«, Esquirol, Note sur la monomanie-homicide, in: J.-C. Hoffbauer, Médecine légale relative aux aliénés et aux sourds-muets, ou les lois appliquées aux désordres de l'intelligence. Traduit de l'Allemand sur la dernière édition par A.-M. Chambeyron, avec des Notes par MM. Esquirol et Itard, Paris 1827, 311. – Nach FEW 6/III, 82b ist nfr. *monomanie* seit 1823 belegt (ebenso BW), während DDM das Wort weniger präzise auf Anfang 19. Jh. datiert.

[38] Zu allgemeinsprachlichem *monomanie* 'dada, marotte' s. auch Matoré 105. Zum Übergang von fr. *monomanie* aus der Fachsprache in die Allgemeinsprache s. noch hier 143 n2.

FEW l. c.), *monomaniaque* (seit 1816)[39], s. 'personne atteinte de monomanie' (seit 1815)[40], adj. 'qui a rapport à la monomanie' (seit 1833)[41] vereinzelt bezeugte Neubildung *se monomaniser* 'devenir monomane' (1883, Huysm, FEW l. c.)[42].

Als Wortschöpfungen Esquirols gelten auch nfr. *théomanie* 'manie, folie dans laquelle on se croit Dieu ou inspiré de Dieu' (seit 1814)[43] und *lypémanie* 'mélancolie ou délire dépressif' (seit 1819)[44], welches das ältere, von Benjamin Rush 1812 vorgeschlagene[45] und aus dem Englischen ins Französische

[39] »Ceux dont les cheveux sont blonds, qui ont les yeux bleus, un tempérament lymphatique, deviennent maniaques, *monomaniaques*«, DSM 16,175 s. v. *folie*. Nach FEW l. c. in dieser Bedeutung seit AcC 1840.

[40] »Comme tous les *monomaniaques* ou mélancoliques, les érotomaniaques sont, nuit et jour, poursuivis par les mêmes idées«, DSM 13,186 s. v. *érotomanie*. Ebenso 1819 »La physionomie des *monomaniaques* est animée«, DSM 34, 115 s. v. *monomanie*. Nach FEW l. c. seit AcC 1840.

[41] «le résultat d'une influence étrangère, exercée sur la disposition *monomaniaque* de certains esprits faibles«, Annales d'hygiène publique et de médecine légale 10, 1833, 402; ebenso 1838 »démence *monomaniaque*«, E. Esquirol, Des maladies mentales considérées sous les rapports médical, hygiénique et médico-légal, tome second, Paris 1838, 238.

[42] Huysmans verwendet reflexives *se monomaniser*, nicht intransitives *monomaniser*, wie das FEW im Anschluß an Cressot irrtümlich angibt.

[43] DSM 8, 295 s. v. *démonomanie*, wo auf den sieben Jahre später erschienenen Artikel *théomanie* verwiesen wird. – Dazu *théomaniaque* '(celui) qui est atteint de théomanie' (seit AcC 1842) sowie mit gleicher Bedeutung vereinzelt auch *théomane* (in den Wörterbüchern AcC 1842–Besch 1845, ebenso schon 1838: »Parmi les monomaniaques, les uns se croient des dieux, prétendent être en communication avec le ciel, assurent qu'ils ont une mission céleste; ils se donnent pour prophètes, pour devins: on les a appelés *théomanes*«, E. Esquirol, Des maladies mentales ..., tome second, Paris 1838, 7).

[44] »La seconde espèce correspond à la mélancolie vraie, à la mélancolie des anciens, à la *tristimanie* de Rush. Si je ne craignais d'être accusé de néologisme, je voudrais donner à cette seconde espèce le nom de *lypémanie*, formé de λυπεω, *tristitiam infero, anxium reddo*; et de μανία, manie. Nous allons traiter de celle-ci dans cet article, en lui conservant le nom de mélancolie, en attendant que l'usage ait consacré celui de *lypémanie*«, Esquirol in DSM 32,150f. s. v. *mélancolie*. Ein eigenes Stichwort *lypémanie* fehlt noch in dem 1818 erschienenen Band des DSM und findet sich erst bei DictMéd 1822 Suppl und DictMéd 1823. – Dazu *lypémaniaque* '(celui) qui est atteint de lypémanie' (seit 1819: »il est très-peu de *lypémaniaques* dont le délire ne s'exaspère pas tous les deux jours«, DSM 32,167 s. v. *mélancolie*; »Les *lypémaniaques* (les mélancoliques) sont en proie à des idées tristes«, DSM 34,115 s. v. *monomanie*). Ebenso *lypémaniaque* 'qui se rapporte à la lypémanie' (seit 1838, Annales d'hygiène publique et de médecine légale 20, 1838, 471; s. auch LandC 1853, Lar 1878 sowie RPh 44,208) und *lypémane* '(celui) qui est atteint de lypémanie' (LarISuppl–Lar 1949); vereinzelt auch *lypémanique* 'qui se rapporte à la lypémanie' (Raym 1836–Land 1850).

[45] »I wish I could substitute a better term than hypochondriasis, for the lowest grade of derangement. ... Perhaps the term TRISTIMANIA might be used to express this form of madness when erroneous opinions respecting a man's person, affairs, or condition, are the subjects of his distress«, Benjamin Rush, Medical

übernommene *tristimanie* 'monomanie avec tristesse'[46] ersetzen sollte[47]. Ebenso 1812 von Rush gebildet[48] wurde das als Gegensatz zu *tristimanie* vorübergehend auch ins Französische übernommene *aménomanie* 'délire gai, monomanie joyeuse', das im Französischen erstmals 1819 nachgewiesen werden kann[49]. Drei weitere Formen dieses Kompositionstypus verdanken wir André Mattheys 1816 erschienenen *Nouvelles recherches sur les maladies de l'esprit*[50]. So die Neubildung *klopémanie* 'penchant irrésistible à commettre des vols' (seit 1816)[51], die in der Folgezeit jedoch vor dem im Französischen

---

Inquiries and Observations, upon the Diseases of the Mind, Philadelphia 1812, Faksimile-Nachdruck New York 1962, 75.

[46] Nach FEW 13/II,302b seit AcC 1836, jedoch schon 1819 »Rush, dans ses Recherches sur l'*insanity*, divise la mélancolie en mélancolie triste, qu'il appelle *tristimanie*, et en mélancolie gaie, à laquelle il donne le nom d'*aménomanie*. Si ces deux mots sont contraires aux principes de la technologie, ils n'en consacrent pas moins les résultats d'une observation constante«, Esquirol in DSM 32,150 s. v. *mélancolie*. Als eigenes Stichwort erst bei DictMéd 1823. Dazu *tristimane* 'atteint de tristimanie' (AcC 1836–Lar 1923, FEW l. c.).

[47] S. dazu die vorangehenden Anmerkungen 44 und 46.

[48] »I object likewise to the term melancholia, when used, as it is by Dr. Cullen, to express partial madness from external causes. ... Perhaps it would be more proper to call it AMENOMANIA, from the errors that constitute it, being generally attended with pleasure, or the absence of distress«, Rush, op. cit. 76. Zwei weitere Wortschöpfungen Rushs, die jedoch keine Aufnahme ins Französische fanden, sind e. *phrenimania* 'mixture of mania and phrenitis' und *synochomania* 'mixture of mania and common fever', Rush, op. cit. 166f.

[49] S. oben Anm. 46. Als eigenes Stichwort dann bei DictMéd 1822 Suppl und Dict Méd 1823. – Hatte Esquirol bereits 1819 das mit lateinischem Stamm gebildete *tristimanie* durch *lypémanie* ersetzt, so schlug acht Jahre später A.-M. Chambeyron für *aménomanie* den Neologismus *chæromanie* vor: »Rush avait adopté les noms de *tristimanie* et d'*amœnomanie*. Cet assemblage de mots grecs et latins ayant choqué M. Esquirol, il a substitué au premier le mot *lypémanie*; c'est avec la plus grande réserve que je propose de remplacer le second par le mot *chæromanie*«, J.-C. Hoffbauer, Médecine légale relative aux aliénés et aux sourds-muets, ou les lois appliquées aux désordres de l'intelligence. Traduit de l'Allemand sur la dernière édition par A.-M. Chambeyron, avec des Notes par MM. Esquirol et Itard, Paris 1827, XII n1. Ebenso vereinzelt *chæromaniaque* 'atteint de chæromanie', ib. XII. Vgl. dazu noch bei Marc: »On a consacré plus particulièrement à la monomanie avec prédominance d'idées gaies, le mot *chacromanie* [sic] (Chambeyron, o. c.). Mais il me semble qu'il peut aussi bien s'appliquer à la manie qu'à la monomanie .... Or, pour donner à l'expression dont il s'agit une plus grande justesse d'acception, ne faudrait-il pas la modifier de manière à conserver le mot *chacromanie* [sic] pour la manie avec prédominance d'hilarité, et de désigner par celui de *chacromonomanie* [sic], la monomanie où dominent des idées et des images gaies?«, C. C. H. Marc, De la folie, considérée dans ses rapports avec les questions médico-judiciaires, Paris 1840, I,212 n1. – In neuerer Zeit mit ähnlicher Bedeutung *chéromanie* sowie als Synonym dazu *habromanie*, beide LarSuppl 1969.

[50] André Matthey, Nouvelles recherches sur les maladies de l'esprit, précédées de considérations sur les difficultés de l'art de guérir, Paris-Genève 1816.

[51] »*Klopémanie*. Penchant à dérober sans nécessité, sans y être porté par le besoin pressant de la misère«, Matthey, op. cit. 146. Ebenso dann 1818, DSM s. v.

erstmals 1840 bei Charles-Chrétien-Henri Marc (1771–1841) bezeugten gleichbedeutenden *kleptomanie*[52] zurückweichen mußte, die vereinzelte Wortschöpfung *tigridomanie* 'fureur sans délire'[53] sowie *pathomanie* 'désordre des sentiments affectueux ou des penchants naturels' (1816–Lar 1874)[54]. Im folgenden Jahr tritt bei F. E. Foderé mit *damnomanie* 'délire de damnation' (1817)[55] eine weitere Bezeichnung dieses Typus hinzu. Pierre

---

(s. auch noch FrMod 23, 140). Daneben auch die Form *clopémanie*, so etwa bei Littré; s. dazu FrMod 18,138. Gleichfalls schon 1816 bei Matthey (op. cit. 246 n1) bezeugt ist die Ableitung *klopémane* 'personne atteinte de klopémanie', wofür in jüngerer Zeit die Graphie *clopémane* (1886, FrMod 18,138) auftritt. Daneben vereinzelt *klopémanique* 'qui a rapport à la klopémanie' (Raym 1836– MozS 1859). – Während *clopémanie* im FEW nicht verzeichnet ist, erwähnt FEW 2,773b ein mit lt. CLEPERE gebildetes *clépomanie* (seit Lar 1873), das jedoch unauffindbar ist und für *clopémanie* verlesen und entsprechend irrtümlich etymologisiert sein dürfte. Ebenso ist in der Table des DSM *klepomanie* wohl verdruckt für das im Wörterbuch selbst verzeichnete *klopémanie*.

52 »De la monomanie du vol, ou *kleptomanie*«, C. C. H. Marc, De la folie, considérée dans ses rapports avec les questions médico-judiciaires, Paris 1840, t. II, 247; »ce que nous appellerons la *kleptomanie* ... Ou, avec M. Matthey (Nouvelles Recherches sur les maladies de l'esprit. Paris 1816), la *klopémanie*«, ib. 253 + n1. Sodann in den Wörterbüchern erstmals bei NystL 1858, ebenso auch Li 1867, während DDM und BW das Wort erst 1872 bei Maxime du Camp bezeugen, wo allerdings die Schreibung *cleptomanie* vorliegt; s. dazu LiS sowie FrMod 23,140. Nach FEW 2,773b seit Lar 1873. Als Wortschöpfer gilt allgemein Marc (vgl. etwa Paul Juquelier et Jean Vinchon, L'histoire de la kleptomanie, Revue de psychiatrie et de psychologie expérimentale 18, 1914, 47–64, speziell 50), doch ist entsprechendes e. *kleptomania* nach OxfDict bereits 1830 in der Form *cleptomania* bezeugt. – Zu fr. *kleptomane*, das gleichfalls 1872 bei Maxime du Camp bezeugt sein soll, s. DDM sowie FrMod 18,138, wo allerdings Belege fehlen. BW datiert *cleptomane* und *kleptomane* auf Ende 19. Jh., während FEW l. c. das Wort seit LarT nachweist; ebenso schon LarI. Daneben auch *kleptomaniaque* 'celui qui est atteint de kleptomanie', so etwa 1875, DESM 61,187 s. v. *monomanie* sowie 'relatif à la kleptomanie', vgl. etwa Journal de psychologie normale et pathologique 2, 1905, 426. – Zu it. *clepsimania* s. BattAl.

53 »En disant fureur sans délire, furor non delirans, ou *tigridomanie*, si l'on veut me passer ce mot, n'exprimerons-nous pas mieux cette espèce de désordre, ou plutôt ce renversement de la disposition naturelle, qui porte l'homme à aimer ses semblables et à leur faire du bien?«, A. Matthey, op. cit. 117.

54 »J'ai cru nécessaire .... de les faire connoître par des noms particuliers, et j'ai réuni sous le titre générique de *Pathomanie*, ces diverses espèces de lésions, bien distinctes de celles que certains nosologistes ont compris sous le nom de *Pathètici*«, A. Matthey, op. cit. 137; s. auch ib. 146. Dann auch 1821 im DSM s. v. *vésanies*, während FEW 8,14a das Wort erstmals bei AcC 1836 bezeugt. Dazu *pathomane* 'atteint de pathomanie', nach FEW l. c. nur bei Moz 1842, jedoch gleichfalls schon 1816 von Matthey verwendet: »le mélancolique *pathomane* n'éprouve plus ces émotions«, A. Matthey, op. cit. 249.

55 »L'histoire de toutes les sectes religieuses présente des hommes qui, effrayés de l'avenir, soumettent leurs corps et leur esprit aux tortures les plus cruelles et les plus inconcevables: c'est la *damnomanie*, maladie qui a pour analogue la folie de certaines gens, dont j'ai vu plusieurs exemples, qui se persuadent avoir la

Rayer verdanken wir die Form *œnomanie* 'delirium tremens' (seit 1819)[56], wofür der deutsche Arzt Christoph Wilhelm Hufeland (1762–1836) 1819 den Terminus *Dipsomanie* vorschlug[57], der sehr rasch auch im Französischen Aufnahme fand. Daher nfr. *dipsomanie* 'impulsion morbide à boire des liquides alcooliques' (seit Nysten 1824)[58]. Als weitere Bildungen dieser Zeit sind zu nennen *chorémanie* 'chorée, danse de Saint-Guy' (DictMéd 1823–Lar 1869)[59], *syphilomanie* 'monomanie qui consiste à croire qu'on est en proie à

syphilis, et n'avoir jamais pu en guérir complètement«, F. E. Foderé, Traité du délire, appliqué à la médecine, à la morale et à la législation, t. I, Paris 1817, 361. Zu *damnomanie* s. noch Porot s. v. *damnation*. Bei Foderé findet sich auch die vereinzelte Bildung *magi-manie*, vgl. F. E. Foderé, Essai théorique et pratique de pneumatologie humaine, ou Recherches sur la nature, les causes et le traitement des flatuosités et de diverses vésanies, telles que l'extase, le somnambulisme, la magi-manie, et autres qui ont pour phénomène principal l'insensibilité, et qui ne peuvent s'expliquer par les simples connaissances de l'organisme, divisé en deux parties, Strasbourg 1829.

56 »L'usage ayant déjà consacré les mots *Erotomanie*, *Théomanie*, etc., j'ai pensé qu'on pouvait désigner, par celui d'*Œnomanie*, une lésion particulière des fonctions intellectuelles, produite par l'abus du vin et des liqueurs spiritueuses«, Pierre Rayer, Mémoire sur le delirium tremens, Paris 1819, 7. Dazu *œnomane* 'personne atteinte d'œnomanie', so erstmals 1825: »Notre auteur [scil. Brühl-Cramer, 1819] appelle cet état *trunck-sucht*, expression qui, selon le docteur Stoëber, répond à-peu-près au mot *œnomanie*, proposé par notre collègue M. Rayer: c'est la *dipsomanie* du professeur Hufeland. Les *œnomanes* de Brühl-Cramer sont nombreux«, Mémoire sur la folie des ivrognes, ou sur le délire tremblant. Par le docteur Léveillé, in: Mémoires de l'Académie Royale de Médecine, tome premier, Paris 1828 [Lu en Séance le 22 février 1825], 181–220, Zitat 215. Nach Raoul Leroy, La dipsomanie (Extrait du Bulletin Médical de 1902), Auxerre 1903, 1 wäre *œnomanie* bereits 1817 von dem italienischen Mediziner Salvatori gebildet worden: »Le mot de *dipsomanie* fut employé pour la première fois en 1819 par Hufeland à l'occasion de la préface d'un livre de Bruhl-Cramer qui décrivait sous le nom de *Trunksucht* (fureur de boire) une impulsion insurmontable et paroxystique observée chez quelques alcoolisés. Deux ans auparavant, un médecin italien, établi à Moscou, Salvatori avait déjà signalé ce fait sous le nom d'*oinomanie*. En France, Stœber le premier parla de cette affection (1824) qu'il considéra comme une forme du *delirium tremens*«. Doch fehlen hierfür Belege.

57 S. die vorangehende Anmerkung.

58 Ebenso DictMédS 1830. Nach DDM und RobPt erst seit Li 1864. – Dazu *dipsomane* '(celui) qui est atteint de dipsomanie', so etwa schon 1825 in dem weiter oben (Anm. 56) erwähnten Beitrag von Léveillé (»Ceux qui m'auraient pu paraître *dipsomanes*, selon le professeur Hufeland, n'étaient que des ivrognes«, a.a.O. 220), in den Wörterbüchern seit Lar 1870, sowie gleichbedeutendes *dipsomaniaque* (seit Lar 1922). Vgl. auch 1893: »L'éthéromanie procédait chez de R... par accès: c'était un *dipsomane* ou plutôt un *pnéomane* [zu gr. πνεῖν 'respirer'] de l'éther«, Ernest Chambard, Les morphinomanes. Étude clinique, médicolégale et thérapeutique, Paris 1893, 140.

59 Daneben auch die Form *choréomanie*, so etwa bei Nysten 1824 s. v. *chorée* und DictMédS 1830 s. v. sowie vereinzelt schon 1810 *choro-manie*: »Le récit de Plater et celui d'Hortius, sont parfaitement analogues. L'un et l'autre considèrent la maladie comme une *choro-manie*; l'un et l'autre aussi se proposent de guérir

l'infection syphilitique' (seit DictMéd 1823)[60] und *hydromanie* 'délire avec penchant à se noyer' (seit Nysten 1824)[61]. Neben die *monomanie* Esquirols tritt nun vorübergehend die *polymanie* 'délire général' (1827)[62] sowie, etwas vitaler, die *oligomanie* 'folie maniaque qui n'atteint qu'un petit nombre d'idées' (Raym 1836–Lar 1874)[63], während als gelegentliches Synonym von *chorémanie* bzw. *chorée* die Bildung *orchestromanie* 'chorée, danse involontaire morbide' (DictMédS 1830–Land 1850)[64] hinzukommt. Bei C.C.H. Marc fanden wir bereits den Erstbeleg für fr. *kleptomanie* (1840); schon sieben

---

de la Danse de St. Guy en faisant danser à outrance ceux qui en sont attaqués«, E. M. Bouteille, Traité de la chorée, ou danse de St. Guy, Paris 1810, 6. Der zuletzt genannte Titel korrigiert auch das bisherige Erstdatum des in der medizinischen Fachsprache üblicheren *chorée* (nach DDM und RobPt seit 1827).

[60] Daneben *siphilomanie* (Land 1836–1850 s. v. *syphilomanie*), *syphilimanie* (seit MozS 1859) und *syphiliomanie* (seit Lar 1875), in den Wörterbüchern seit MozS 1859 auch in der Bedeutung 'manie des médecins qui voient dans toute maladie les effets de la syphilis'. In dieser Verwendungsweise schon 1821 *syphilimane*, DSM 54,163 s. v. *syphilitique*: »Enfin, quelques praticiens l'étendent à des lésions tout à fait étrangères à la maladie vénérienne: ceux-là ne peuvent voir une affection morbifique résister aux moyens ordinaires sans l'accuser d'être syphilitique. C'est ainsi que quelques-uns accusent le scrofule, le cancer, la phthisie, l'asthme, le rhumatisme, etc., rebelles, d'être syphilitiques. Le plus grand argument de ces *syphilimanes*, c'est que parfois ces affections ont cédé au mercûre«. In den Wörterbüchern seit MozS 1859 und Lar 1875 *syphili(o)mane, syphilomane* 'personne atteinte de syphilimanie'.

[61] Ebenso DictMédS 1830. Seit Littré auch in der Bedeutung 'polydipsie, soif excessive'. Dazu *hydromane* 'personne atteinte d'hydromanie' (Moz 1842) und *hydromanique* 'relatif à l'hydromanie' (Raym 1836–Land 1850).

[62] »Les *fous* forment la seconde classe des aliénés. On divise la folie en *manie* ou en *démence*, suivant que les facultés sont exaltées ou affaiblies. La manie se subdivise en *polymanie*, ou délire général, et en *monomanie*, ou délire partiel«, A.-M. Chambeyron in: J.-C. Hoffbauer, Médecine légale relative aux aliénés et aux sourds-muets, Paris 1827, Xf. Ebenso *polymaniaque* 'celui qui est atteint de polymanie' (1827, ib. XI: »La tête du *polymaniaque*, ou maniaque proprement dit, offre souvent une conformation excellente, et ses traits une régularité remarquable«) sowie vereinzelt in der Bedeutung 'qui appartient à la polymanie' (»délire oligomaniaque et *polymaniaque*«, De la monomanie au point de vue psychologique et légal, par M. le Dr Delasiauve. Extrait des Annales médico-psychologiques, Paris 1853, 4). Zu *polymanie* vgl. noch 1840: »Chez un très-grand nombre de maniaques, le délire est général, les idées sont sans fixité, mais sans qu'on puisse y remarquer la prédominance d'une pensée quelconque (*polymanie*). Chez les uns, le délire est gai (chacromanie)«, Marc, op. cit. I,212.

[63] Dazu *oligomaniaque* '(celui) qui est affecté d'oligomanie; qui appartient à l'oligomanie' (AcC 1840–Lar 1874), *oligomanique* 'relatif à l'oligomanie' (Raym 1836–Land 1850). Zur zuletzt genannten Bedeutung s. noch den Beleg von 1853 in der vorangehenden Anmerkung.

[64] »s'est dit quelquefois pour *chorée*«, Lar 1874; dagegen noch bei SVSuppl 1894 als Neologismus verzeichnet. Dazu *orchestromanique* 'qui a rapport à l'orchestromanie' (Land 1836–MozS 1859). Daneben die Varianten *orchestramanie* (DictDict 1837–Moz 1842), *orchestramanique* (DictDict 1837) und *orchestramaniaque* (Moz 1842).

Jahre früher bezeugt ist beim gleichen Autor *pyromanie* 'monomanie incendiaire' (seit 1833)[65], das auf ein schon im 18. Jh. nachweisbares nlt. *pyroma-*
nia[66] zurückgeht, während im Fall von *aidoiomanie* 'fureur génitale' (1840)
Marc selbst seine Autorschaft betont[67]. In den einzelnen Auflagen verschiedener kompilatorischer und Fachwörterbücher kommen in der Folgezeit
zahlreiche weitere Bildungen dieses Typus hinzu: *chiromanie* 'onanisme'
(seit Raym 1836)[68], *embryomanie* 'système des *embryomanes*' (Raym 1836–
Land 1850)[69], *morphomanie* 'agitation, vision pendant le sommeil' (Raym
1836–Moz 1842)[70], *méthyomanie* 'délire accompagné d'une soif continuelle;
habitude de boire des liqueurs enivrantes' (AcC 1840–Lar 1874[71]; seit LandC
1853 auch die Form *méthomanie*[72], ebenso NystL 1855, s. FEW l. c.), *enthéo-*

---

65 »La propension à l'embrasement, au brûlement, et que nous exprimerons doré-
navant par le mot *pyromanie*, considérée comme une suite d'une perversion de
l'entendement, peut atteindre un degré d'intensité tel, chez certains aliénés,
qu'ils choisissent le feu comme moyen de se détruire«, Considérations médico-
légales sur la monomanie et particulièrement sur la monomanie incendiaire,
Annales d'hygiène publique et de médecine légale 10, 1833, 391f. Vgl. dazu
auch E. Esquirol, Des maladies mentales considérées sous les rapports médical,
hygiénique et médico-légal, tome second, Paris 1838, 84: »Monomanie incendiaire (*Pyromanie* de Marc)«. Nach DDM und RobPt ist *pyromanie* erst seit
Lar 1878 bezeugt; s. jedoch noch einen Beleg von 1872 bei Maxime du Camp,
LiS s. v. *cleptomanie*; ebenso schon NystL 1858, FrMod 39, 157. Das entsprechend gebildete *pyromane* 'incendiaire par pyromanie' (nach DDM seit Lar
1890; dort s. v. *pyromanie*, als eigenes Stichwort dann bei SVSuppl 1894) läßt
sich gleichfalls schon 1833 bei Marc (a.a.O. 450) nachweisen. – Vgl. auch noch
ib. 446 die vereinzelte Bildung *photomanie*: »Osiander cherche à expliquer cette
pyromanie, et même cette *photomanie*, par la prédominance du sang veineux
sur le sang artériel«; zu jüngerem *photomane* 'celui qui aime passionnément
la lumière' s. Rheims.
66 Vgl. etwa Christianus Jacobus Hinze, De pyromania. Pars II, Gryphiswaldiæ
1742; Hans Bernhard Ludwig Lembke, De pyromania. Pars IV, Gryphiswaldiæ
1745; Christianus Stephanus Scheffel, [Pr.] de pyrosophia Dei et pyromania
hominum, Gryphiswaldiæ 1754; id., [Pr.] de causa praxeos ex pyromania dam-
nosæ, Gryphiswaldiæ 1756 (zit. nach IndexSurgeon).
67 »Mais, bien qu'au premier abord il paraisse facile de distinguer l'érotomanie de
l'*aidoiomanie* ou fureur génitale, il n'en est pas moins vrai que dans des cas
fort rares l'érotomanie peut se compliquer à la longue d'*aidoiomanie*, comme
il peut arriver aussi qu'à celle-ci se lient des idées d'érotomanie. – J'ai cru
pouvoir, pour les besoins de mon texte, créer le mot *aidoiomanie*, composé de
αἰδοῖον [sic], *pudenda*, parties honteuses, et de μανία, *manie*, afin d'exprimer à
la fois la nymphomanie et le satyriasis. On pourrait aussi l'appeler, avec Buisson
... *fureur génitale*«, Marc, op. cit. II,184 + n1 (s. auch ib. I,259).
68 Dazu *chiromane* 'celui qui est enclin à l'onanisme' (Raym 1836–Land 1850).
69 Zu *embryomane* 'partisan de l'embryoctonie' (Raym 1836–Land 1850; zur Bedeutung s. noch LandC 1853).
70 Dazu *morphomane* 'personne atteinte de *morphomanie*' (Moz 1842).
71 Nach FEW 6/II,61a erstmals Besch 1845.
72 Vgl. schon 1835 nlt. *methomania* im folgenden Titel: Josephus Max, De methomania, Pestini 1835 (zit. nach IndexSurgeon).

manie 'folie religieuse' (Moz 1842–Lar 1870, ebenso LandC 1853), *hématomanie* 'manie de saigner' (LandC 1853–MozS 1859)[73], *nosomanie* 'hyponcondrie, crainte exagérée des maladies' (seit NystL 1855)[74], *gamomanie* 'monomanie du mariage' (seit NystL 1858[75]; s. auch Li 1865) und *mégalomanie* 'délire, folie des grandeurs' (seit NystL 1865)[76]. Daß diese Kompositionsweise in der Fachsprache der Medizin aber auch weiterhin und noch bis ins 20. Jh. durchaus geläufig blieb, zeigen Bildungen wie *onomatomanie* 'sorte d'obsession dans laquelle un nom ou un mot occupe spécialement l'esprit du malade' (seit 1885, s. Garnier-Delamare, Lar 1890), *sitiomanie* 'besoin irrésistible de manger' (seit 1885, s. Garnier-Delamare), *trichotillomanie* 'geste automatique qui consiste à s'arracher les cheveux et les poils' (seit 1889, s. Garnier-Delamare, LarI), *arithmomanie* 'manie du calcul; hypermnésie des calcula-

---

[73] Dazu *hématomane* 'médecin qui a la manie de saigner ses malades' (LandC 1853–MozS 1859). Vgl. ähnlich d. *Tomoman* 'Wundarzt, der für Schnittoperationen schwärmt', Joh. Christ. Aug. Heyse, Allgemeines verdeutschendes und erklärendes Fremdwörterbuch, Berlin [14]1889 s. v., *Tomomanie* 'krankhaftes Streben nach operativen Eingriffen', Haring-Leicke. Zu fr. *tomomanie* in abweichender Bedeutung s. hier 31 n88.

[74] Nach FEW 7,194a seit 1873. Dazu *nosomane* und *nosomaniaque*, die Lar 1878 beide mit '(celui) qui est atteint de nosomanie; qui se rapporte à la nosomanie' definiert; s. dazu jedoch hier 14 n47. Fr. *nosomane* 'celui qui est atteint de nosomanie' schon 1875, DESM 61,179 s. v. *monomanie*.

[75] »*gamomanie*, et non *gaménomanie*«, NystL 1858. Zur Form *gaménomanie* vgl. schon 1857 Legrand du Saulle, Observation d'un cas de gaménomanie ou monomanie du mariage, Annales médico-psychologiques, troisième série, troisième, Paris 1857, 152–156, speziell 152: »En employant ce mot *gaménomanie*, nous ne prétendons pas nous donner le mince plaisir de créer un néologisme, et nous ne voulons pas plus essayer de le faire accepter dans la science, déjà trop surchargée de son volumineux bagage d'appellations diverses empruntées aux langues mortes ou vivantes; mais nous hasardons l'expression *gaménomanie* parce qu'elle nous est utile«. Dazu auch *gaménomaniaque* 'celui qui est atteint de *gaménomanie*' (1857, ib. 156: »chez notre *gaménomaniaque* l'appareil sexuel est peut-être légèrement atrophié«).

[76] Nach BW, RobPt und FEW 6/I, 641a seit 1873 (LittréR), während DDM weniger präzise auf Ende 19. Jh. datiert. Dazu *mégalomane* '(celui) qui est atteint de mégalomanie' (nach RobPt seit 1896, FEW l.c. seit 1900, jedoch schon 1882: »grand nombre d'aliénés *mégalomanes*«, Ach. Foville, Note sur la mégalomanie ou lypémanie partielle avec prédominance du délire des grandeurs, Extrait des Annales médico-psychologiques, t. VII, janvier 1882, 4; »un *mégalomane* type«, ib. 7), *mégalomaniaque* '(celui) qui est atteint de mégalomanie' (SVSuppl 1894; s. auch LarMens mars 1909) und 'qui appartient à la mégalomanie' (seit 1905, s. E. Dupré, La mythomanie, Paris 1905, 18; vgl. dann auch M. Ameline, Bouffonnerie mégalomaniaque du début de la paralysie générale, Saint-Amand 1908). Daneben auch allgemeinsprachlich *mégalomanie* 'ambition, orgueil démesurés; goût du colossal', *mégalomane* '(celui) qui est d'un orgueil excessif, d'une ambition injustifiée', s. RobPt. – Moz 1842 verzeichnet noch *philtromanie* 'ivresse amoureuse produite par quelque philtre', *philtromane* 'personne atteinte de *philtromanie*' als medizinische Termini, doch werden diese Bildungen durch keines der uns zugänglichen Wörterbücher bestätigt. Vgl. allerdings Friderici, Dissertatio de maniâ ex philtro, Ienæ 1670 (zit. nach DSM 1820 s. v. *philtre*).

teurs prodiges' (seit 1892)[77], *oniomanie* 'impulsion morbide à faire des achats' (seit 1892)[78], *krouomanie* 'impulsion qui pousse certains névropathes à se cogner la tête' (seit 1893)[79], *clastomanie* 'impulsion qui pousse certains dégénérés à briser tous les objets' (seit 1893)[80], *trichomanie* 'manie qui consiste à se passer constamment la main dans les cheveux' (seit Garnier-Delamare 1900)[81], *dromomanie* 'impulsion morbide à marcher' (seit Garnier-Delamare 1900)[82], *cubomanie* 'impulsion morbide vers le jeu' (seit Garnier-Delamare 1900), *hiéromanie* 'délire sacré, folie mystique' (seit LarI)[82a], *mythomanie* 'tendance pathologique au mensonge et à la création de fables' (seit 1905)[83], *bruxomanie* 'manie de grincer des dents' (seit 1907)[84], *oreximanie* 'exagération morbide de l'appétit, besoin fréquent et impérieux de nourriture'

---

[77] »l'*arithmomanie* est caractérisée par le besoin invincible de faire diverses opérations d'arithmétique, ou d'exécuter un certain nombre de fois, toujours le même, les actes les plus divers«, Paul Blocq - J. Onanoff, Séméiologie et diagnostic des maladies nerveuses, Paris 1892, 41. Ebenso bei Charcot-Magnan, De l'onomatomanie, Paris 1893, 16 und oft. In den Wörterbüchern dann seit LarI. Dazu *arithmomane* 'celui qui a la manie du calcul' (LarI) und *arithmomaniaque* (Raymond Queneau, Entretiens avec Georges Charbonnier, Paris 1962, 56).

[78] Blocq-Onanoff, op. cit. 506. In den Wörterbüchern dann seit LarI.

[79] »Certains de ces mouvements coordonnés sont rhythmiques et simples, comme le *balancement*, la *rotation de la tête*, l'action de se frapper, de se cogner, pour laquelle Roubinowitch propose la dénomination de *Krouomanie*«, Julien Noir, Étude sur les tics, Thèse Médec. Paris 1893, 31 (Noir zitiert eine Arbeit von Roubinowitch von 1892). Ebenso *krouomane* 'celui qui est atteint de krouomanie', ib. 39. S. noch Garnier-Delamare s. v. *crouomanie*.

[80] J. Noir, op. cit. 57; s. noch Garnier-Delamare.

[81] Nach FEW 13/I,314b seit Lar 1904.

[82] Dazu *dromomane* 'atteint de dromomanie', so etwa 1905: »un de nos malades ... fut successivement ou alternativement *dromomane*, dipsomane, kleptomane«, Roger Dupouy, De la kleptomanie, Journal de psychologie normale et pathologique 2, 1905, 404–426, Zit. 406 n2. Vgl. noch ib. 407 n3: »C'est ainsi qu'au cours d'un accès combiné de *dromokleptomanie*, D..., valet de chambre, s'enfuit à pied à Meaux, demi-nu, en plein hiver, après avoir fait main basse sur 3.000 francs en espèces et sur des bijoux, et qu'il jeta le tout dans la neige«. Zu *dromomanie* s. noch Garnier-Delamare.

[82a] Dazu *hiéromane* 'personne atteinte d'hiéromanie' (LarI–Lar 1930).

[83] Ernest Dupré, La mythomanie. Etude psychologique et médico-légale du mensonge et de la fabulation morbides, Paris 1905, 5: »J'essaierai de vous exposer, dans une étude d'ensemble, l'histoire de la *Mythomanie*. Définition. – Je vous propose ce néologisme pour désigner, dans un vocable général, de construction légitime et de sens clair, (μῦθος, récit imaginaire, fable), la *tendance pathologique, plus ou moins volontaire et consciente, au mensonge et à la création de fables imaginaires*«. Ebenso *mythomane* '(celui) qui est atteint de mythomanie' (seit 1905, ib. 10 und oft) und *mythomaniaque* 'relatif à la mythomanie' (seit 1905, ib. 33f.). Zu *mythomanie* und *mythomane* s. noch DDM sowie LarMens nov. 1908, mars 1911. FEW 6/III, 322b bezeugt beide Formen erst seit Lar 1923.

[84] »Terme incorrect. V. *brycomanie*«, Garnier-Delamare.

(seit Lar 1907)[85], *verbomanie* 'tendances aux manifestations verbales excessives' (seit 1912)[86], *glossomanie* 'préoccupation hypocondriaque que présentent certains sujets, de l'état de leur langue qu'ils examinent à tout instant' (seit 1920, s. Garnier-Delamare)[87] und *phagomanie* 'état psychique caractérisé par l'exagération de l'appétit et l'impuissance à résister au désir de manger' (seit 1932, s. Garnier-Delamare)[88].

[85] S. auch LarMens oct. 1908. Dazu *oreximane* '(celui) qui est atteint d'oreximanie' (Lar 1907–1923).

[86] Ossip-Lourié, Le langage et la verbomanie. Essai de psychologie morbide, Paris 1912, 61: »Cette constatation nous semble être personnelle, ainsi que le terme de *verbomanie*«. Im gleichen Werk gebraucht Ossip-Lourié auch häufig die Personalbezeichnung *verbomane*. In die Wörterbücher wurde *verbomanie* erst in jüngster Zeit aufgenommen, so daß noch RobPt das Wort als Neologismus bezeichnet. S. auch DuboisSuff 70. – Ossip-Lourié unterscheidet von der *verbomanie* die Form der *graphomanie*: 1912 »C'est également à dessein que nous nous sommes borné au langage articulé, laissant de côté les lettres et les arts où la verbomanie (qui prendrait ici le nom de *graphomanie*) offrirait un champ riche et inexploré. Nous comptons, plus tard, consacrer une étude spéciale à la graphomanie«, op. cit. 62n. Die angekündigte Arbeit erschien später unter dem Titel La graphomanie. Essai de psychologie morbide, Paris 1920 (dort auch *graphomane*, s. hier 53 n112). Vgl. auch noch *satyrographomanie* bei A. Cabanès, Le Cabinet secret de l'Histoire, 4e série, 3e édition, Paris 1900, 260 + n1, wo es in dem Abschnitt »La prétendue folie du Marquis de Sade« heißt: »Enfermé pendant la plus grande partie de sa vie dans des prisons d'Etat, il occupa ses loisirs à écrire. – On pourrait dire que ce fut de la *satyrographomanie* plutôt que de la véritable érotomanie«. S. dazu auch E. Dühren, Der Marquis de Sade und seine Zeit, Berlin ³1901, 452 n2. Als weitere Komposita mit *Graphomanie* finden sich im Deutschen *Pornographomanie* 'zwanghaftes Bedürfnis, Briefe mit obszönem Inhalt zu schreiben' (Haring-Leicke) sowie *Erotographomanie* 'krankhafter Trieb, (anonyme) Liebesbriefe zu schreiben' (Haring-Leicke) bzw. »Drang, erotische Vorstellungen schriftlich oder zeichnerisch festzuhalten, z. B. obszöne Bilder oder Worte an Mauern oder Wände zu kritzeln. Der *Erotographomane* sollte darauf achten …« (Peter Neugebauers Lexikon der Erotik, in: Stern Magazin, 4. 8. 1968, 142). – Zu älterem *graphomanie* in der Allgemeinsprache s. noch hier 53.

[87] In anderer Bedeutung allgemeinsprachlich schon zu Beginn des 19. Jhs *glossomanie* 'manie de bavarder' (Boiste 1800–Besch 1887), *glossomane* 'bavard' (Moz 1842).

[88] Vgl. außerdem noch die folgenden in den Fachwörterbüchern von Garnier-Delamare und Porot verzeichneten Bildungen, die wohl zum größten Teil erst in diesem Jahrhundert geprägt wurden: *algomanie*, *asthénomanie*, *brycomanie* (vgl. *bruxomanie*, hier 30), *clinomanie*, *collectionnomanie* (s. noch hier 76), *copromanie*, *dacnomanie* (daneben bei Garnier-Delamare ⁹1927 noch *dacnomomanie*), *dikémanie*, *donromanie*, *hypomanie*, *onychotillomanie*, *péotillomanie*, *potomanie* (dazu *potomane*, LarSuppl 1969), *schizomanie*, *scribomanie* (s. noch hier 32 n90), *titillomanie*, *trichorrhexomanie*, *zoomanie*. Zahlreiche dieser fachsprachlichen Termini werden auch von Lar 1960–64 gebucht; LarSuppl 1969 verzeichnet außerdem noch *chéromanie*, *habromanie* (zu beiden s. hier 24 n49), *ablutiomanie* (als Entsprechung im Deutschen *Ablutomanie*, Haring-Leicke), *planomanie* sowie *tomomanie* 'recherche des interventions chirurgicales, motivée par l'hypocondrie' (zu d. *Tomoman, -ie* in abweichender Bedeutung s. hier 29 n73).

Wie wir bereits gesehen haben, ist eine Reihe dieser Bildungen sekundär aus der Fachsprache der Medizin in die Allgemeinsprache übergegangen, verbunden mit einer Bedeutungsabschwächung von 'folie délirante' zu 'goût, habitude portés jusqu'à l'excès' entsprechend der Bedeutungsabschwächung des Simplex *manie* (zu diesem s. FEW 6/I, 201f.)[89], während in anderen Fällen die nichtmedizinische Bedeutung vor dem Fachterminus bezeugt ist[90], so daß vielfach jeweils unabhängige Neubildung vorzuliegen scheint[91]. Eine sichere Entscheidung zwischen medizinischer Fachsprache und Allgemeinsprache ist nicht immer leicht zu treffen, da die Angaben der Wörterbücher in dieser Hinsicht nicht immer zuverlässig sind[92].

Bevor wir die Fachsprache der Medizin verlassen, wenden wir uns noch einem Bereich zu, der seit dem ausgehenden 19. Jh. zu zahlreichen Neubildungen führte, der Sucht nach Rauschgiften und Narkotika. Als generelle Bezeichnungen dieser Drogensucht finden wir *narcomanie* 'penchant morbide pour les narcotiques' (seit Lar 1890)[93] und *toxicomanie* 'habitude morbide d'absorber des doses croissantes de substances toxiques' (seit 1909)[94] sowie

---

Vgl. auch noch sp. *celomanía* med. 'krankhafte Eifersucht', Slabý-Grossmann. Zu weiteren Formen im Deutschen (*Autophonomanie, Mikromanie, Phonomanie, Poriomanie* u. a.) s. Haring-Leicke; zum Englischen s. vor allem Oscar E. Nybakken, Greek and Latin in Scientific Terminology, Iowa State College Press, Ames, Iowa, 1959, wo u. a. noch die folgenden Formen bezeugt sind: *androphonomania* (op. cit. 151), *hydrodipsomania* (ib. 160), *callomania* (ib. 173), *coprolalomania* (ib. 178), *acromania* (ib. 184), *egomania* (ib. 184), *ecomania* (ib. 191) und *sitomania* (ib. 210).

[89] Vgl. etwa das weiter oben erwähnte *mégalomanie*, hier 29 n76.

[90] Vgl. etwa *musicomanie, scribomanie, graphomanie*. Während *scribomanie* als allgemeinsprachliche Bildung bereits gegen Ende des 18. Jhs bezeugt ist (s. hier 53), wird es als medizinischer Fachterminus in der Bedeutung 'besoin irrésistible d'écrire des mots sans suite que l'on observe dans certaines formes d'aliénation mentale' als Synonym von *graphorrhée* erstmals bei LarI gebucht.

[91] Daher werden Fälle wie *musicomanie, scribomanie* u. a., im Gegensatz etwa zu *mégalomanie*, in der vorliegenden Untersuchung an zwei Stellen behandelt. Vgl. auch Fälle wie *collection(n)omanie* (hier 31 n88 und 76). Dagegen liegt im Fall von *métromanie* (hier 18 und 42f.) lediglich Homonymie zweier etymologisch zu trennender Bezeichnungen vor. Zu *romanomanie* s. hier 50 n20.

[92] Vgl. etwa zu *gynécomanie* hier 19.

[93] Nach FEW 7,16b seit Lar 1907. Dazu vereinzelt *narcomane* 'celui qui a un penchant morbide pour les narcotiques' (1964), BlochRunk 174.

[94] Louis Viel, La toxicomanie, in: La Presse médicale, 15 déc. 1909, 900f.; vgl. besonders ib. 900 n1: »Les mots *toxicomane, toxicomanie*, de formation correcte, et d'un emploi presque courant désormais dans le langage médical, ne semblent cependant pas avoir acquis droit de cité définitif puisqu'on ne les trouve encore dans aucun dictionnaire, même technique«. FEW 13/II,134a bezeugt *toxicomanie* und *toxicomane* seit Lar 1923 (ebenso RobPt), während DDM und BW beide Formen wohl zu Recht auf Ende 19. Jh. datieren, wenn dafür auch Belege bisher fehlen. Vgl. immerhin schon 1904 *toxicomane* (G. Comar et J. B. Buvat, Les toxicomanes. A propos d'un cas d'héroïnomanie, in: La Presse médicale, 6 juillet 1904). Zu *toxicomanie, toxicomane* s. dann

kentomanie 'habitude morbide de se faire des piqûres' (seit 1911, s. Garnier-Delamare)[95]. Hinzu tritt eine Reihe spezieller Termini. Zu fr. *morphine* wurde *morphinomanie* 'habitude morbide de l'usage de la morphine' (seit 1882)[96] gebildet, nachdem Levinstein schon 1876 (Nouvelles recherches sur la pathologie de la morphiomanie et de l'empoisonnement aigu par la morphine. Discours fait le 22 novembre 1876) die vorübergehend gebräuchliche Form *morphiomanie*[97] vorgeschlagen hatte[98]. Entsprechend gebildet

auch LarMens juin 1913 s. v. *toxicomanie*. – Dazu noch *toxicomaniaque* 'qui se rapporte à la toxicomanie', s. Garnier-Delamare.

[95] S. auch LarMens juin 1913 s. v. *toxicomanie* sowie Lar 1931. Nach Garnier-Delamare wäre *kentomanie* eine Wortschöpfung von Morel-Lavallée, der in ähnlichem Sinne schon 1900 die Form *piquomane* verwendet: »Le besoin existe d'une façon certaine pour ceux qui font un usage *habituel* de l'héroïne, comme j'en connais malheureusement un cas; il s'agit d'une morphinomane, trop *piquomane* pour avoir pu rapidement guérir avec le traitement nouveau«, Revue de médecine 20, 1900, 981 n1.

[96] S. dazu weiter unten n98. Vgl. auch Maurice Notta, La morphine et la morphinomanie, Paris 1884; Benjamin Ball, La morphinomanie, Paris 1885, ²1888 (Lar 1890 zitiert beide Werke irrtümlich mit der Form *morphiomanie*); G. Pichon, Considérations sur la morphinomanie, Paris 1886. FEW 6/III,141a bezeugt nfr. *morphinomanie* seit Lar 1890. – Dazu *morphinomane* 'qui abuse de la morphine' (seit 1883, Daudet, FEW l. c.; auch Huysm). Nach BattAl wäre it. *morfinomane* schon 1834 in einer Übersetzung Chambords belegt, doch liegt dieser Angabe offensichtlich ein zweifacher Druckfehler zugrunde. Es handelt sich wohl um die weiter unten (n102) zitierte Studie von Ernest Chambard (Paris 1893), von der eine von Giov. Giovanelli besorgte italienische Übersetzung unter dem Titel *I morfinomani* 1894 in Turin erschien.

[97] FEW 6/III,141a bezeugt diese Form nur bei Lar 1890, während RobPt die gleiche Form auf 1880 datiert.

[98] S. dazu Édouard Levinstein, La morphiomanie. Monographie basée sur des observations personnelles, Paris 1878, speziell 145 n1 sowie Léopold Calvet, Essai sur le morphinisme aigu et chronique. Étude expérimentale et clinique sur l'action physiologique de la morphine, Paris 1877, 2: »Il a été beaucoup question, dans ces derniers temps, de *morphinisme chronique*, surtout de *morphiomanie*. Ce dernier mot récemment introduit dans la science a fait fortune; il faut convenir qu'il a été très-heureusement trouvé. L'honneur de cette découverte terminologique revient à M. Levinstein«. In seiner 1878 erschienenen Arbeit verwendet Levinstein auch *morphiomane* '(celui) qui est atteint de morphiomanie' (so z. B. S. 5: »Un certain nombre de *morphiomanes*«; von RobPt gleichfalls auf 1880 datiert, s. auch Lar 1890). Gegen die Bildung Levinsteins wandte sich 1882 Zambaco, der seinerseits die Form *morphéomanie* vorschlug. Vgl. seinen Beitrag De la morphéomanie (communiqué au Congrès médical d'Athènes, le 18 avril 1882) in L'Encéphale. Journal des maladies mentales et nerveuses 2, 1882, 413–439, 603–665. In einer Fußnote zum Titel dieses Beitrags schreibt Zambaco: »De Μορφεύς, Μορφέως; ou bien *Morphinomanie*, de Μορφίνη et μανία. Le mot *Morphiomanie*, employé par les auteurs, est en contradiction avec toutes les règles de l'étymologie et n'a pas sa raison d'être«. Im gleichen Beitrag gebraucht Zambaco auch *morphéomane* (so z. B. S. 430). Doch blieb die Bildung Zambacos ebenso vereinzelt wie das bei LarMens juin 1913 s. v. *toxicomanie* verzeichnete *morphimane*, da sie selbst den Bildungsregeln widerspricht, während *morphiomanie* gemäß der allgemeinen Bildungsweise innerhalb der medizinischen Fachsprache

wurden gegen Ende des 19. und zu Beginn des 20. Jhs *opiomanie* 'manie de fumer de l'opium' (seit 1881, DESM 68,253 und 257)[99], *alcoolomanie* 'intoxication alcoolique latente' (seit 1881, DESM 68,254)[100], *éthéromanie* 'manie de l'ivresse par l'éther' (seit 1885)[101], *cocaïnomanie* 'habitude morbide de la cocaïne' (seit Lar 1890)[102], *chloralomanie* 'chloralisme chronique, résultant de l'habitude morbide du chloral' (seit 1893)[103], *héroïnomanie* 'habitude morbide de l'héroïne' (seit 1900)[104], *naphtomanie* 'habitude morbide signalée chez certains habitants de Boston qui s'intoxiquent en respirant les vapeurs provenant du naphte et du pétrole' (seit 1909)[105] und *absinthomanie* 'abus de l'absinthe' (s. LarMens oct. 1909). In einem Beitrag über neue Spielarten der Rauschgiftsucht wird 1930 über die *somnifénomanie*[106] und von einem alten *haschischomane*[107] berichtet. Garnier-Delamare und Porot verzeich-

---

(s. dazu Teil II der vorliegenden Untersuchung) eine völlig korrekte Bildung zu nlt. *morphium* darstellt.

[99] Ebenso dann etwa auch im Essai sur la psychologie et la physiologie du fumeur d'opium, par le Dr Laurent, Paris 1897, 22 (»en prescrivant le naphtol pendant la durée du traitement de l'*opiomanie*«, wo auch die Form *opiomane* (»tous les buveurs d'alcool ne sont pas alcooliques, tous les fumeurs ne sont pas *opiomanes*«, op. cit. 19) bezeugt ist, die von FEW 7,374b, DDM und BW seit Lar 1907 nachgewiesen wird (s. auch LarMens mai 1907). Dagegen findet sich *opiomanie* als eigenes Stichwort in den Wörterbüchern nicht vor Lar 1932, s. FEW l. c.

[100] In der Form *alcoomanie*. Dann seit 1903 *alcoolomanie* sowie entsprechendes *alcoolomane*: »Les expressions d'*alcoolomanes* et d'*alcoolomanie* que nous proposons ont, sur les autres dénominations, l'avantage de rappeler à l'esprit et de bien y fixer les deux signes: *l'accoutumance* et le *besoin*«, L'alcoolomanie (intoxication alcoolique latente). Son traitement par le sérum antiéthylique, par le Dr Sapelier et le Dr Dromard, Paris 1903, 68. Nach Aussage der Préface (S. IX) verwendete Sapelier den Terminus *alcoolomanie* schon 1899.

[101] Eugène Beluze, De l'éthéromanie, Thèse Médec. Paris 1885; im Text auch *éthéromane* 'celui, celle qui a la manie de l'ivresse causée par l'éther' (S. 9 und öfter). DDM bezeugt beide Formen seit Lar 1890.

[102] S. auch Ernest Chambard, Les morphinomanes. Étude clinique, médico-légale et thérapeutique, Paris 1893, 144 (*cocaïnomanie*, *morphino-cocaïnomanie*). Nach FEW 20,65b seit Lar 1907. Dazu *cocaïnomane* 'personne atteinte de cocaïnomanie', nach DDM und FEW 20,65b seit Lar 1922, jedoch schon Lar 1890 s. v. *cocaïnomanie*; ebenso 1893 *morphino-cocaïnomane*, Chambard, op. cit. 146. Vgl. noch *Cocomania*, nach Haring-Leicke schon 1886.

[103] Chambard, op. cit. 132f. In den Wörterbüchern seit LarISuppl.

[104] »En somme, il n'y a là rien de bien tentant à rechercher, et on ne verra jamais sans doute se constituer d'*héroïnomanie*«, A. Morel-Lavallée, Revue de médecine 20, 1900, 990; ebenso *héroïnomane* adj., ibid. n1. S. auch noch weiter oben den Beleg von 1904, hier 32 n94. Im gleichen Text von 1904 auch substantivisches *héroïnomane* (»Nous avons soigné, entre autres, trois *héroïnomanes* et un *dioninomane*«), während RobPt beide Bildungen auf 1906 datiert.

[105] »La *naphtomanie* a été observée, dit Chambard, à Boston«, Louis Viel, La toxicomanie, in: La Presse médicale, 15 déc. 1909, 900.

[106] Georges Heuyer et Louis Le Guillant, De quelques toxicomanies nouvelles, in: L'Hygiène Mentale, Journal de Psychiatrie appliquée 25, 1930, 72.

[107] Ib. 86. Dann auch entsprechendes *hachischomanie*: Mazhar Osman, Hachi-

nen daneben noch *barbitomanie*, *bismuthomanie*, *codéinomanie* sowie als generelle Bezeichnung *pharmacomanie*[108].

Wiederum ist die Grenze zwischen Fachsprache und Allgemeinsprache nur fließend. So ließe sich etwa auch das medizinische Traktat *De la Nicotianomanie*[109] aus semantischen Gründen hier anschließen, doch wäre diese Bildung im vorliegenden Bereich chronologisch isoliert. Vor allem aber die Verwendung im Titel eines Traktats scheint in eine andere Richtung zu weisen. Verlassen wir daher nun die Fachsprache der Medizin und kehren zurück ins 18. Jh., wo sich inzwischen andere Bereiche diese Bildungsweise zu eigen gemacht haben.

4. Bildungen im Titel von Traktaten und Gedichten

Bereits in dem den ältesten französischen Bildungen auf *-(o)manie* gewidmeten Kapitel waren uns mit *papimanie*, *demonomanie*, *jésuitomanie* und *tyrannomanie* einige Formen begegnet, die im Titel von Traktaten den kritisch-polemischen Charakter dieser Schriften kennzeichneten. Gleichzeitig hatten wir gesehen, daß sich im Anschluß an Bodins *Demonomanie* innerhalb der Bildung *démonomanie* eine Bedeutungsverschiebung von 'folle croyance aux démons' zu 'traité sur la démonomanie, démonologie' vollzogen hat. Diese Bildungsweise zur Bezeichnung meist kritisch-polemischer Traktate setzt sich auch in der Folgezeit fort. So veröffentlicht P.-V. Faydit im Jahre 1700, also unmittelbar nach Erscheinen von Fénelons *Télémaque*, anonym die Schrift *La Telemaco-manie, ou La censure et critique du Roman intitulé*, Les Avantures de Telemaque Fils d'Ulysse, *ou suite du quatriéme Livre de l'Odyssée d'Homere*[1], in der er den gewählten Titel ausführlich erläutert:

Je l'ai intitulé *Telemaco-manie*, pour marquer l'injustice de la p a s s i o n, & de la f u r e u r avec laquelle on court à la lecture du Roman de Telemaque, comme

schomanie et démence précoce, in: Congrès des Méd. Alién. et Neurol., Lyon 1934. – Im Deutschen dafür auch *Cannabinomanie*, s. Haring-Leicke.

[108] Dieses jetzt auch bei LarSuppl 1969 sowie von RobSuppl als Neologismus verzeichnet. Zu älterem *pharmacomanie* im 19. Jh. s. hier 22 n36. – LarSuppl 1969 verzeichnet daneben noch *léthéomanie* 'usage immodéré de tranquillisants pour dormir'.

[109] De la Nicotianomanie, ou Description du tabac, et tableau des dangers qui suivent son usage, soit qu'on le prise, soit qu'on le fume, soit enfin qu'on le mache; par un médecin qui a usé de cette substance pendant douze ans, Paris 1826. – Unzweifelhaft zur Allgemeinsprache gehört dagegen nfr. *tabacomanie* 'passion de l'usage du tabac', nach FEW 20,78f. seit Lar 1907, ebenso schon 1858, s. hier 41 n39 (ähnlich auch *bacchomanie*, ibid.); *tabacomane* 'grand amateur de tabac' (seit ca. 1860, FEW 20,78b; s. auch BN 14,277 zwei Belege von 1861).

[1] A Eleuterople, 1700, 477 S. – Dazu dann von Jean-Pierre Rigord *Critique d'un livre intitulé »la Télémacomanie«*, Amsterdam 1706 (s. Barbier).

à quelque chose de fort beau, au lieu que je prétends qu'il est plein de deffauts, & indigne de l'Auteur².

Geht aus der zitierten Stelle noch eindeutig die ursprüngliche Bedeutung dieser Bildungsweise hervor, so ist im folgenden Beleg bereits eine deutliche semantische Verschiebung zu erkennen. In der gleichfalls anonym erschienenen, mit dem Datum des 12. Dezember 1738 gezeichneten Broschüre *La Voltairomanie, ou Lettre d'un Jeune Avocat, en forme de Mémoire. En Réponse au Libelle du Sieur de Voltaire, Intitulé: Le Préservatif, &c.*³ des Abbé P.-Fr. Guyot Desfontaines ist nicht mehr von einer an den Wahnsinn grenzenden Verehrung Voltaires die Rede:

> D'ailleurs ses Partisans [scil. de Voltaire] (quoique le troupeau soit réduit à un petit nombre de gens sans conséquence) pourroient se prévaloir de notre silence . . .⁴,

die *folie* und *fureur*, die in der *-manie*-Bildung zum Ausdruck kommt, wird vielmehr auf Voltaire selbst bezogen, wie aus den folgenden Stellen deutlich hervorgeht:

> Achevons donc de terrasser le témeraire Critique, & donnons les derniers coups de pinceau au tableau de sa f o l i e & de sa fausse érudition⁵.
> Je finirai par une refléxion; c'est que dans les quinze Volumes des *Observations*, la f u r e u r d u S i e u r V o l t a i r e, qui paroît les avoir bien examinés, n'a pu relever qu'environ une douzaine de prétenduës fautes . . .⁶
> Je crois la *Voltairomanie* assez bien démontrée, par tout ce que je viens de dire. Plût à Dieu que Voltaire ne fût que dépourvû de lumieres & de jugement, qu'il ne fût qu' i n s e n s é !⁷

Die gleiche Bedeutungsverlagerung innerhalb dieser Bildungsweise läßt sich

---

² Op. cit. 8. Von uns gesperrt.
³ S. l. s. d., 48 S. Ebenso *La Voltairomanie; avec le Préservatif et le factum du sieur Claude-François Jore*, Londres 1739 (s. Barbier). Vgl. dazu noch den folgenden Beleg von 1810: »Veut-on avoir une idée du caractère de leur immortel patriarche? On y verra ‹combien il étoit lui-même occupé de ses affaires, et sur combien d'objets il distribuoit son attention, sans en oublier aucun. Et dans le même temps, enfoncé dans l'étude des mathématiques . . . . .; poursuivant l'abbé Desfontaines chez tous les ministres et à tous les tribunaux, pour obtenir justice d'un libelle (*la Voltéromanie*), justice qui se borna au désaveu du libelle; . . .›«, Le Spectateur français au XIXᵉ siècle, ou Variétés morales, politiques et littéraires, recueillies des meilleurs écrits périodiques, 9ᵉ année, Paris 1810, 89 sowie C.-E. Berseaux, La Voltairomanie, 1865 und 1878 (BN). – Vgl. auch eine Reihe von »Préservatifs«, so etwa von Fougeret de Montbron den *Préservatif contre l'anglomanie*, Minorque 1757, von L.-B. Desplaces den *Préservatif contre l'agromanie, ou l'agriculture réduite à de vrais principes*, Paris 1762 sowie von L.-G. Bourdon *Patriote, ou préservatif contre l'anglomanie*, Londres et Paris 1789 (s. Barbier).
⁴ Op. cit. 35.
⁵ Ibid.
⁶ Ib. 46.
⁷ Ib. 47f. Sperrungen von uns.

auch in dem ca. 1830 anläßlich eines Streits zwischen Abbé J.-B. Bourlet und Abbé Eusèbe Brébion anonym veröffentlichten Traktat *La Bourlémanie*[8] nachweisen. Ähnlich wie im Fall der *Voltairomanie* geht die Manie wiederum von der im Titel genannten Person selbst aus:

Maintenant que nous venons de réfuter d'une manière satisfaisante le libelle que M. *Bourl* ... fait circuler contre M. *Bréb* ... nous pourrions nous en tenir à cette réfutation; mais il n'est pas inutile de consacrer encore quelques pages à l'examen des moyens honteux employés par M. *Bourl* ..., pour apprécier à sa juste valeur la m a n i e d e l ' a s t u c i e u x p a m p h l é t a i r e[9]
Une autre m a n i e d e M. B o u r l ... c'est de faire tous ses efforts pour indisposer contre M. *Bréb* ... les personnes notables de sa connaissance et de leur faire partager le mépris qu'il a conçu pour celui qu'il proclamait naguères son meilleur ami.
De toutes les m a n i e s d e M. B o u r l ... la plus noire et la plus perfide c'est celle d'accuser M. *Bréb* ... de n'être occupé qu'à écrire des lettres d'injures à ses confrères[10].

Gleichzeitig aber erlaubt uns das Abweichen von der etymologischen Ausgangsbedeutung in den beiden zuletzt genannten Fällen wohl bereits, in dieser Bildungsweise eine Bedeutungsentleerung zu erkennen, bei der die Charakterisierung des polemischen Traktats auf Kosten des ursprünglichen Inhalts in das semantisch-funktionale Zentrum gerückt ist. Daß dieser Vorgang keineswegs vereinzelt ist, dürfte aus den folgenden Beispielen deutlich werden.

Wie uns das Schicksal von Bodins *Demonomanie* zeigte, konnte die Entwicklung dabei in zweifacher Richtung verlaufen. Haben etwa *Telemacomanie* oder *Voltairomanie* den Weg zum kritisch-polemischen Traktat eingeschlagen, der gegen die im Grundwort genannte Person bzw. Sache gerichtet ist, so konnte diese Bildungsweise, entsprechend der oben zitierten Definition von *demonomanie* als »Connoissance des Demons, Traité de leur nature & de leurs effets« durch Furetière, auch zur mehr oder weniger affektfreien Benennung eines Lehrtraktats verwendet werden. So erklärt sich die 1775 erschienene *Beauté de la nature, ou Fleurimanie raisonnée*[11], die daher aus semantischen Gründen von nfr. *florimanie* 'passion des florimanes'[12] getrennt werden muß[13].

---

[8] La Bourlémanie, ou Examen impartial du Mémoire de Mr Bourl ... sur Mr Bréb ... Par Mr P. F***, Cambrai s. d.
[9] Op. cit. 7.
[10] Ib. 8. Sperrungen von uns.
[11] S. dazu Br 6,296 sowie FEW 3,638b n33. Der genaue Titel lautet: Beauté de la nature, ou Fleurimanie raisonnée, concernant l'art de cultiver les œillets, ainsi que les fleurs du premier & second ordre, servant d'ornement pour les parterres; ... Par le Sieur Robert-Xavier Mallet, Paris 1775.
[12] S. dazu hier 57 n45.
[13] Das Lehrhafte wird auch betont in dem im 19. Jh. erwähnten Büchlein *La Nasomanie*, wo allerdings eine Verwechslung mit der entsprechenden Bildung auf *-mancie* vorzuliegen scheint: »On connaissait déjà la chiromancie, la car-

Daß sich daneben aber auch die Ursprungsbedeutung dieser Bildungsweise in dem hier untersuchten Bereich zu halten vermochte, zeigen etwa die folgenden Titel:

De la Bibliomanie, La Haye 1761

La Ratomanie, ou Songe moral et critique d'une jeune philosophe. Par Madame ***, Amsterdam 1767

De la mélomanie, et de son influence sur la littérature. Par J. F. R. Métrophile, Paris 1802

La Politicomanie, ou de la Folie actuellement régnante en France, par Sylvain Eymard, Paris 1832[14]

La légomanie. Par Timon [= Cormenin, Louis-Marie de Lahaye, B^on, puis Vte de], Paris 1844[15]

De la déomanie au XIXe siècle. Saint-Simon – Enfantin – Aug. Comte – Proudhon. Par un solitaire, Toulouse 1860[16]

Sportmanomanie, Paris 1898[17]

Louis XVII. Fauxdauphinomanie et romans évasionnistes, Paris 1928[18],

---

tomancie, l'onéiromancie et autres substantifs dérivés du grec pour l'exploitation de cette mine inépuisable qu'on appelle la crédulité humaine. Souffrez que j'épanche ma joie dans votre sein; je viens de découvrir un trente-cinquième procédé pour prédire à tout un chacun sa destinée. Quand je dis que je l'ai découvert, je me flatte. J'ai simplement eu l'heureuse chance de mettre l'œil sur le bouquin jaune-orange qui s'est constitué l'apôtre de la science nouvelle. Ce bouquin, édité il y a une quinzaine de jours à peine, s'intitule: *La Nasomanie* ou, – pour les amateurs peu versés dans les langues anciennes, – l'art de vous tirer votre horoscope du nez. ... Confiez vos narines à l'inspection du prophète de *la Nasomanie* et il vous dira votre passé, votre présent et votre avenir«, Le Charivari, 2. 2. 1861, 2b/c. Auf einer ähnlichen Verwechslung dürfte auch die Form *alphabetomanie* beruhen, die nach W. Krauss, Studien zur deutschen und französischen Aufklärung, Berlin 1963, 151 bereits 1735 bezeugt wäre. Da Krauss jedoch keine Belege gibt und diese Form auch sonst nicht nachzuweisen ist, fragt es sich, ob *alphabetomanie* nicht eher für *alphabetomancie* verlesen ist. Vgl. etwa L'Alphabetomancie, ou l'Almanach des Dames, changé et augmenté pour l'année bissextile mil sept cens vingt-huit, Paris s. d.; ebenso L'Alphabetomancie, ou l'Almanach des Dames, changé et augmenté pour l'année mil sept cens trente un, Paris s. d. (Barbier schreibt irrtümlich *Alphabetomanie*); zu den zuletzt genannten Titeln s. auch [J. Gay], Bibliographie des ouvrages relatifs à l'amour, aux femmes et au mariage et des livres facétieux, pantagruéliques, scatologiques, satyriques, etc. Par M. le C. D'I***, 4e éd. entièrement refondue, augmentée et mise à jour par J. Lemonnyer, 4 vol., Lille 1894–1900.

[14] In zweiter Auflage unter dem Titel La Politicomanie, ou Coup d'œil critique sur la folie révolutionnaire qui a régné en Europe depuis 1789 jusqu'au 2 décembre 1851, Paris 1853 (BN).

[15] »Malheureusement nous sommes mordus du chien de la *légomanie*, et comme on n'a pas trouvé que notre machine à lois fonctionnât encore assez vite«, op. cit. 5.

[16] S. dazu auch Barbier.

[17] Von Sibylle-Gabrielle-Marie-Antoinette de Mirabeau, Ctesse de Martel de Janville, connue sous le nom de Gyp (s. BN).

[18] Von Henri d'Alméras. Vgl. op. cit. VI (Avant-Propos): »Il y a là, en définitive, trois faisceaux de preuves – et non fabriquées celles-là – contre l'imposture ou la monomanie des faux dauphins«.

zu denen noch die beiden folgenden Titel

Memorial pour servir à l'histoire DE LA CATINOMANIE, Ou Recueil de diverses
Pieces rassemblees comme elles ont été produites en une Cause importante,
suscitée par un fait extraordinaire, réprobateur de CATINOMANIE[19]
Réflexions sur la festomanie, qui nous a été laissée en partant, par Robespierre,
Chaumette, Pache, Payan, Saint-Just, Hebert, et autres philosophes de la
même volee: ou Observations de Didier B***, Membre de la Convention Nationale, sur les divers projets d'établissement de fêtes politiques[20]

zu stellen sind[21].

Noch in jüngster Zeit findet sich diese Bildungsweise in verschiedenen
Sprachen gelegentlich im Titel wissenschaftlicher Abhandlungen meist polemischen Charakters[22], so etwa

Robert Le Bidois, »Ellipsomanie« et »ellipsophobie« dans l'explication des
faits de syntaxe[23]
Gerhard Rohlfs, Zur Methodologie der romanischen Substratforschung (Substratomanie und Substratophobie)[24]
Wolfgang H. Fritze, Slawomanie oder Germanomanie? Bemerkungen zu W.

---

[19] S. l., 1787. Ebenso auch *catinomane* und *catinomaniaque*, ib. IV in der Préface
von Bureau.
[20] S. dazu auch Br 9,904 n2. – Nicht eingesehen wurden die folgenden, nach Weller
zitierten Titel: La Belgiomanie, par Vanderkaas, député de la province de Parci-
monie, Avariciopolis 1785 (Weller 2,226), La Caninomanie, ou l'impôt favorable
dans toutes les circonstances, par César, chien de haute ligne et de grand paren-
tage, Caninopolis (Paris) 1789 (ib. 2,239), La Turco-fédéromanie, avec son spe-
cifique à côté gratis, ou considérations sur les dangers d'une alliance étroite de
la Pologne avec la Porte, par Apatomachos Wyiansnicki, Eleutheropolis, chez
Philalèthe, s. d. (ib. 2,276).
[21] Vgl. etwa auch im Deutschen Christian Dietrich Grabbe, Über die Shak-
spearo-Manie (1827), in: ders., Werke und Briefe. Historisch-kritische Gesamtausgabe in sechs Bänden, 4. Band, Wiss. Buchgesellschaft Darmstadt, 1966,
27–55 (dort auch *Shakspearo-Manisten*, ib. 40) sowie Roderich Benedix, Die
Shakespearomanie. Zur Abwehr, Stuttgart 1873 (dort auch die Bildungen
Shakespearomane und *Shakespearomanisch,* so etwa ib. 3: »das ist der Glau-
benssatz der *Shakespearomanen*« und ib. 11: »ein großer Theil der *Shakespearo-
manischen* Ansichten besteht in der Vertheidigung ihres britischen Abgottes
gegen seine Angreifer«). Daß im Titel der zuletzt genannten polemischen Abhandlung noch die Ursprungsbedeutung im Vordergrund steht, geht aus der
folgenden Stelle deutlich hervor: »Ich halte fest an dem Worte *Shakespearomanie,* denn es ist von einer Manie die Rede«, op. cit. 434.
[22] Zum schillernden Bedeutungsgehalt von *anglomanie* (polemisch-puristisch bis
neutral-deskriptiv) im Titel zahlreicher Arbeiten über das Eindringen englischer Elemente in die französische Sprache s. Rupprecht Rohr, Zu den englischen Wörtern in einem französischen Gebrauchswörterbuch, Festschrift für
Walter Hübner, Berlin 1964, 61–76, speziell 62.
[23] Mélanges de linguistique française offerts à M. Charles Bruneau, Genève 1954,
19–28. Dazu *ellipsomane*, G. et R. Le Bidois, Syntaxe du français moderne,
Paris ²1968, I,529.
[24] Festschrift E. Gamillscheg, Tübingen 1957, 495–509. Vgl. auch sp. *sustratomanía*
im Zitat zu *hebreomanía,* hier 51.

Stellers neuer Lehre von der älteren Bevölkerungsgeschichte Ostdeutschlands[25]

G. Gosses, Ingvaeonomany[26]

Die gleiche Bildungsweise, die etwa auch in den burlesken Romanen *La Conquêtomanie*[27] und *La Cornomanie*[28] Verwendung fand, läßt sich im 18. und 19. Jh. im Titel einzelner, z. T. in Traktatform gehaltener[29] Gedichte nachweisen. Auf der einen Seite Beispiele wie

> La Scamno-manie, ou le Banc, poëme héroï-comique, par Mr L. R., Amsterdam 1763[30]
> La philosophomanie, poëme, ou la maladie des têtes à systèmes, ainsi que celle des professeurs de doctrines étranges et bizarres; Ouvrage métaphysique et moral sur l'état naturel du Genre-Humain, voué par lui-même à la Folie et à la Charlatanerie, Rouen s. d. [1795][31]
> Guignolet, ou la Béatomanie, poëme héroï-comique en neuf chants, suivi de poésies diverses; par M. B. A. B****, Paris 1810[32]
> Les Boxeurs, ou L'Anglomane. Août 1814[33]
> La Cacamanie ou Indigestion de Pluton (par Cacambeau), Paris 1822
> La Politico-Manie, par le chevalier Agis de Saint-D***, Paris [1822][34]
> L'Anglomanie ou l'Anti-Français, poème par M. Symon, Paris-Lyon 1823[35]

---

[25] Jahrbuch für die Geschichte Mittel- und Ostdeutschlands 9/10, 1961, 293–304. – Zu den deutschen Formen s. noch unseren Beitrag in FestsWandr 138–148.

[26] Album Philologum voor Prof. Dr. Th. Baader, Tilburg 1939, 65–71.

[27] Senancour (Virginie [Agathe-Eulalie-Ursule] Pivert de), La Conquêtomanie, ou Aventures burlesques du grand Barnabé, publiées par Mlle V. de Senancourt [sic], Paris 1827 (s. BN).

[28] Marius Roux, La Cornomanie, Paris 1888. – Ebenso im Titel des den Abonnenten des *Charivari* als Prämie angebotenen Bandes *La Rigolbochomanie*, Grand Album de trente lithographies, par Charles Vernier; vgl. etwa Le Charivari, 8. 1. 1861, 3c (zur Geschichte von fr. *rigolboche* s. zuletzt FEW 10,400b n21); zu einem ähnlichen Album *La Polkamanie* s. hier 46 n36. – Vgl. ähnlich Édouard Chevret, Album comique. *La Perroquettomanie*, dessins et texte par É. Chevret, s. l. 1861 sowie ders., *La Rubanomanie*, Marseille 1870 (BN). Zu *rubanomanie* s. noch hier 80.

[29] Vgl. etwa weiter unten n31 zu *La philosophomanie*.

[30] »Avertissement. L'Université d'Angers a un Banc dans la Cathédrale pour assister aux Prédications qui s'y font en différens tems. Mais chacun de ses Membres a-t-il droit de s'y placer? C'est une Question encore indécise, & qui fait le sujet de ce Poëme«.

[31] »La *Philosophomanie* est un traité de morale offert sous une livrée bizarre«, op. cit. XXVI.

[32] »Apprenez-lui donc, dans une préface, que la *Béatomanie* est la manie de vouloir être heureux; que c'est celle de tous les hommes; que beaucoup ont du guignon comme Guignolet, votre héros«, op. cit. 8.

[33] Titel eines Chansons von Béranger in Œuvres, Paris 1841, 73.

[34] Zit. nach Barbier.

[35] Im gleichen Gedicht auch *anglomane*, *politicomane* und *étrangeomanie*:
Il a de nouveaux goûts qu'il s'efforce à prôner;
Aux mœurs d'un autre peuple il veut nous ramener;
De savant qu'il croit être et *politicomane*,

Les Hiboux, ou La Noctimanie, poème héroique en un chant; par Th. Ville-
nave fils, Paris 1827

La Castromanie, ou le Nouvel Abeilard, poème héroï-comique; par Charles
Soullier, Paris 1834[36]

La Chassomanie, poème par Deyeux, Paris 1844[37]

Politicomanie[38]

L'Archéomanie et – A ma pipe, – poëmes, Namur 1867[38a]

Les joyeux dansomanes[39]

wo gewisse Modeerscheinungen der Lächerlichkeit preisgegeben werden, auf
der anderen Seite wiederum Titel, bei denen die Bildungsweise auf den
lehrhaften Charakter der Werke hinweisen soll, ohne daß dabei freilich
das lächerlich-komische Element verloren geht. Deutlich wird diese Tendenz
der doppelten Bezogenheit bei dem z. T. Sénac de Meilhan, gelegentlich
auch Mercier de Compiègne zugeschriebenen und erstmals 1775 erschienenen
Gedicht *La Foutro-Manie*[40], zu dem der Autor selbst sagt:

> J'espère donc, que les Lecteurs, à qui cet ouvrage tombera entre les mains, ne
> me sauront pas mauvais gré d'avoir écrit l'Histoire & les progrès de la *Foutro-
> Manie*, de cet art primitif & suivant la Nature, dont l'origine est aussi célèbre
> qu'utile, dont la décadence entraîneroit celle de l'Univers. Ovide composa
> *l'Art d'aimer*; qu'il me soit permis de décrire *l'Art de Foutre*; & si l'on ne trouve
> pas dans ma *Foutro-Manie*, toute l'énergie dont brille l'Ode à Priape, que l'on

---

Il s'honore encor plus du titre d'*Anglomane*. (op. cit. 7)
Mais, honteux partisans de l'*étrangeomanie*,
Qui par votre conduite abaissez la patrie,
Mettez en parallèle avec nous, un instant,
Le peuple qui paraît à vos yeux le plus grand. (op. cit. 10)

[36] Gedicht in 6 Gesängen über einen kastrierten Hahn. Im gleichen Gedicht auch
gallomane als wortspielerische Ableitung zu GALLUS 'coq':
Dès que le cor eut sonné sa défaite,
Couvert de sang, pâle, baissant la tête,
Il se traîna près de lord Galtington,
Ce *gallomane* et fortuné Breton
Qui tant de fois fut fier de sa conquête. (op. cit. 7)

[37] In diesem Gedicht lehrhaft-beschreibenden Charakters neigt *chassomanie* zu
der Bedeutung 'art de chasser' und nimmt so eine semantische Zwischenstellung
ein. Ähnlich im gleichen Gedicht auch *chassomane* 'celui qui fait de la
chassomanie' (op. cit. 9).

[38] Titel eines satirischen Gedichts in Amédée Pommier [Le Métromane], Colères,
Paris 1844, 107–127.

[38a] Von Jean Michel Georges Marique (zit. nach Lorenz 6,224b).

[39] »Recueil de chansons très légères« (1883), J. Gay, op. cit. – Nicht eingesehen
wurden L'Epigamie des brigands, ou la latromanie, satire apologétique-antithé-
tique de la rébellion, dite révolution de France, par un soldat Nitiobrige, Coblentz
(Paris) 1792 (Weller 2,252), die beiden »poèmes en trois parties« von M. Bau-
me, La Bacchomanie, ou de l'État d'ivresse, de l'abus du vin et de celui des liqueurs fortes, Toulon 1858 und La Tabacomanie, ou le Tabac dans ses divers
usages, ses étrangetés, ses fâcheux et dangereux résultats, Toulon 1858 (zit. nach
BN).

[40] S. dazu auch Br 10,163 + n3.

se souvienne combien il est malaisé de soutenir, dans un ouvrage didactique &
de longue haleine, le ton sublime & majestueux du Genre lyrique[41].

Der gleiche Benennungstyp liegt scheinbar auch bei dem von Barbier zitierten Gedicht *La Xiphonomanie, ou l'art de l'escrime* (1821) vor, doch
beruht diese Angabe auf einem Druckfehler für korrektes *Xiphonomie*[42].
Ebenso wird das 1854 erschienene Gedicht *La Potichomanide*[43] bei Hav irrtümlich als *La Potichomanie* zitiert[44]. Doch schon die Möglichkeit einer
solchen Verwechslung, auf die bereits unmittelbar nach Erscheinen dieses
Gedichtes ausdrücklich aufmerksam gemacht wird[45], läßt erkennen, daß
diese Bildungsweise mit *-(o)manie* zur Bezeichnung eines traktatartigen
Lehrgedichts noch um die Mitte des 19. Jhs als durchaus geläufig empfunden wurde.

5. Bildungen im Titel von Theaterstücken

Bei der Behandlung der ältesten französischen Belege im zweiten Kapitel
dieser Untersuchung hatten wir mit dem Beginn des 18. Jhs abgebrochen.
Hieran müssen wir nun anschließen, um einen weiteren Bereich zu verfolgen, in dem unsere Bildungsweise zumindest ein Jahrhundert lang eine bedeutende Rolle spielte. Am 10. Januar 1738 wurde im Théâtre Français die
Komödie *La Métromanie, ou le Poète* von Alexis Piron aufgeführt, und im

---

[41] Wir zitieren nach der Ausgabe *La Foutro-Manie*. Poeme lubrique, A Sardana-
palis, 1780, 80 S.; Zitat S. 7f. – Daneben auch die Ableitung *Foutro-Mane*, so
etwa in der *Epitre dédicatoire*: »Aux *Foutro-Manes* des deux Sexes«, op. cit.
3. – Ähnlich auch *La Masturbomanie ou Jouissance solitaire*. Stances, A Bran-
lefort, s. d., abgedruckt in Trois petits poèmes érotiques, c'est à savoir: La Fou-
triade, La Masturbomanie et la Foutromanie, Bâle s. d. (Imprimé exclusivement
pour les membres de la Société de Bibliophiles), 142 S. Dazu auch die Ableitung
masturbomane, op. cit. 49.

[42] La Xiphonomie, ou l'art de l'escrime, poëme didactique en quatre chants;
par M. P.-F.-M. L.********, Amateur, Élève de feu M. Texier de Laboissière, An-
goulême 1821.

[43] La Potichomanide, poème en trois chants, sur l'art d'imiter les porcelaines de
Chine, du Japon, de Sèvres, de Saxe, les vases étrusques, égyptiens, etc., suivi
d'une lettre très-intéressante écrite de Tours, en renfermant tout ce que l'on a
pu découvrir jusqu'à ce jour sur l'histoire de la Potichomanie; ... Par A......,
Paris, chez Garnier Frères, Libraires, Palais-Royal, 214; A la Grande Maison
de Potichomanie, Palais-Royal, 231, 1854.

[44] In einer anderen Ausgabe von Hav steht dafür gleichfalls verdruckt *Poticho-
mandie*.

[45] »*La Potichomanide*. Ne lisez pas, s'il vous plaît, *potichomanie*, là où j'ai écrit
potichomanide. La *potichomanie*, on nous l'indique suffisamment, se borne à
être une manie, la *potichomanide* est un poème. ... La *Potichomanide* est mise
en vente chez les frères Garnier de ce matin seulement; comme vous le voyez,
c'est de la haute nouveauté«, Le Charivari, 27. 11. 1854, 2. Zu *potichomanie*
s. hier 68ff.

gleichen Jahr erschien das Stück auch erstmals im Druck[1]. Dieses Stück, das sich als einziges der zahlreichen Lustspiele Pirons, »eine[s] der ersten Vertreter der Vaudevillekomödie«[2], über seine Zeit hinaus zu halten vermochte, ist für uns von besonderer Bedeutung. Es liefert nicht nur den Erstbeleg für das noch lange vitale, heute jedoch veraltete *métromanie* 'manie de composer des vers'[3], sondern es steht auch am Anfang einer langen Tradition, in der Komödien und Vaudevilles eine -*manie*-Bildung im Titel führen. Verspottete Piron in seiner 1738 gespielten Komödie mit dem furor poeticus noch eine vereinzelte Zeiterscheinung, so werden nach der Jahrhundertmitte, im Zeitalter der »Modes et manies« – so lautet bezeichnenderweise eines der drei Kapitel von Proschwitz' Untersuchung zur Sprache Beaumarchais' und seiner Zeit – all diese Manien in zahlreichen Lustspielen und Vaudevilles der Lächerlichkeit preisgegeben. Ein Blick in die Verzeichnisse der zu jener Zeit in Frankreich aufgeführten Theaterstücke genügt, um uns ein Bild vom Überhandnehmen dieser Bildungsweise seit der 2. Hälfte des 18. Jhs zu machen. Die folgende Liste enthält in chronologischer Reihenfolge die uns bekannten Titel[4]:

(1752) La Curiosomanie[5]
1759 Florimane
1772 L'Anglomane ou l'orpheline léguée[6]
1775 La Lacrymanie ou manie des drames

---

[1] La Métromanie, ou le Poète, comédie en vers et en 5 actes, par M. Piron, Paris, Le Breton, 1738.

[2] Eduard von Jan, Französische Literaturgeschichte in Grundzügen, Heidelberg [4]1956, 164.

[3] BW, DDM und FEW 6/II,64a geben im Anschluß an DG irrtümlich 1723 als Erstdatum; ebenso ist BattAl zu korrigieren, wo die französische Form mit dem Hinweis auf Piron auf 1773 datiert wird. – Dazu gebildet *métromane* 'personne qui a la manie de composer des vers' (seit Trév 1771, DDM, FEW l. c.). – Zu einer wortspielerischen Verwendung von *métromanie* bei Jean Paulhan s. Rheims.

[4] Die im folgenden zitierten Titel bis zum Jahre 1789 sind, soweit nicht besonders gekennzeichnet, alle dem Verzeichnis von Brenner entnommen. Da fast alle genannten Stücke als »comédie«, »farce« o. ä. gekennzeichnet sind, verzichten wir in der Regel auf diese Angaben ebenso wie auf den Namen des jeweiligen Autors.

[5] Das Stück ist nicht datiert. Autor ist Charles-Antoine Coypel (1694–1752). – Nach Soleinne 2,77 lautet der Titel *La Curiosimanie*.

[6] Das Stück erschien erstmals 1765, im Gegensatz zu FrMod 9,46, unter dem Titel *L'orpheline léguée*. Comédie en trois actes, en vers libres; par M. Saurin, de l'Académie Françoise: Représentée, pour la premiere fois, par les Comédiens François ordinaires du Roi, à Fontainebleau, le 5. Novembre, & à Paris le 6. 1765, Paris 1765. Zur Wahl des Titels heißt es in der Préface: »Si j'en crois plusieurs de mes Amis, j'ai eu tort de donner à ma Piece le titre de l'*Orpheline léguée*; ... je n'ai voulu attaquer que cet enthousiasme aveugle de nos *Anglomanes*, que cette espece de culte qu'ils rendent aux Auteurs Anglois« (p. III–IV).

1776 La Duellomanie, tragédie[7]
1777 Le Dramomane ou la lecture interrompue
1778 La Musicomanie
1779 La Catakouamanie
     La Janotmanie[8]
     La Parodie-manie, tragédie pour rire[9]
1781 La Mélomanie
     La Peinturomanie ou Cassandre au salon
1782 La Splinomanie
     La Théâtromanie
1783 Gilles et Crispin mécaniciens ou l'aerostatimanie[10]
     Le Ballon ou la physicomanie
     La Physicomanie
     La Saltatiomanie ou ils ne sont pas ce qu'ils paraissent
1785 La Rimomanie
     La maiso-manie, ou les plaisirs de la campagne variés[11]
1787 La Philosomanie[12]
1787–88 Gros-Jean ou la régimanie
1789 La Musicomanie
     L'Amphitriomanie ou le faux baron de Guer-Martin
(1790) L'Epouse comédienne ou du scénomane[13]

Nicht datiert sind die folgenden Titel, die gleichfalls bei Brenner verzeichnet sind und daher ebenso in die Zeit bis 1789 fallen dürften:

> L'Anglomane
> L'Anglomanie[14]
> Les Nobles de Milan ou l'armorimanie
> La Novellomanie
> La Pantomimomanie[15]

---

[7] Es überrascht hier die Bildungsweise zur Benennung einer Tragödie (vgl. Henri Bergson, Le Rire, in Œuvres, Édition du Centenaire, Paris, PUF, 1959, 394), so daß ironische Verwendung von »tragédie« anzunehmen ist; s. noch weiter unten n9.

[8] Das gleiche Stück wurde auch gespielt unter dem Titel *Les Janots enrégimentés ou le régiment des Janots*, s. Brenner n° 4659.

[9] Der Zusatz zeigt deutlich die ironische Verwendung von »tragédie« und erklärt so die Verwendung unseres Benennungstypus; vgl. oben n7. – Soleinne 2, 198 und 3,18 zitiert zwei nicht überprüfbare Titel *La Parodimanie* und *La Parodi-manie*.

[10] In deutschen Texten wird der Titel mit *Gilles et Crispin Mecaniciens, ou l'Aerostatomanie* wiedergegeben, s. Zastrow 399.

[11] Cioranescu XVIII, n° 62765.

[12] Brenner n° 2105 schreibt irrtümlich *Le Philosomanie*.

[13] Autor ist Restif de la Bretonne. Nach Brenner ist das undatierte Stück 1790 im vierten Band von Restifs *Théâtre* erschienen.

[14] Ebenso 1802, mit Bezug auf Kanada, *L'Anglomanie* von Joseph Quesnel; s. Gaston Dulong, L'anglicisme au Canada français. Etude historique, in: Etudes de linguistique franco-canadienne, p. p. J.-D. Gendron et G. Straka, Paris – Québec 1967, 14.

[15] S. auch Soleinne 5(4),81, der ein Stück gleichen Titels auf 1799 datiert. – Vgl. daneben auch *La Manie des arts ou la matinée à la mode* (1762), *Le Dramaturge ou la manie des drames sombres* (1776), *La Manie anglaise* (1777), s. Brenner.

44

Daß dieser Benennungstypus auch noch im 19. Jh. durchaus produktiv geblieben ist, zeigen die entsprechenden Verzeichnisse von Charles Beaumont
Wicks und Jerome Schweitzer für die Zeit von 1800 bis 1875[16], wenngleich
seit ca. 1820 eine gewisse Frequenzminderung festzustellen ist[17]:

        1800 La Musicomanie[18]
              La Dansomanie
        1801 La Physionomanie
              M. de Saint-Gilles, ou la Vaudevillomanie
ca. 1802 Le Métromane de la Gironde, ou les Caprices dramatiques[19]
        1803 La Sifflomanie
        1804 La Projectomanie[20]
        1805 La Cranomanie, ou le Docteur Manicrâne à Paris[21]
              Le Dansomane de la rue Quincampoix, ou le Bal interrompu
              Le Théâtromane[22]
              Cocanius, ou la Guerromanie[23]
        1806 La Théâtromanie
              L'Escrimomanie
              La Scénomane[24]
        1808 Monsieur Têtu, ou la Cranomanie
              La Cranomanie[25]
              L'Equitomanie

---

[16] In die weder von Brenner noch von Wicks berücksichtigte Zeit von 1789 bis
1800 fallen etwa *La Clubomanie*, comédie en 3 actes et en vers, par le C.
Christian-Le-Prévôt, Paris, an III [1795] (s. noch Br 9,812), *La Petite métromanie*, comédie en 1 acte et en prose, mêlée de vaudevilles, par les CC. Thé-
signy et Chazet, Paris, an VI (Erstaufführung 23 fructidor an V [1797]), *Le
Géographomane, ou le Voyage supposé*, par le citoyen Le Grand, an VI (Soleinne 2,381), *Arlequin Jokei, ou l'Équitomanie*, vaudeville en un acte ... par
J.-B. Hapdé, Paris, an VI [1798] und *L'antiquo-manie ou le mariage sous la
cheminée*, comédie en un acte et en prose, mêlée de vaudevilles, par J. A. Jac-
quelin, Paris, an VII [1799]. – Vgl. auch *Tout le monde s'en mêle ou la Manie
du commerce*, 1796 (Soleinne 5(4), 77).
[17] Während im ersten, die Jahre 1800–1815 umfassenden Band auf etwa 3000 Titel
21 -*(o)manie*-Bildungen fallen, enthalten Band 2 und 3 (1816–1830; 1831–1850)
unter mehr als 11000 Titeln nur noch 9 solcher Bildungen, von denen zwei in
die Jahre 1816 und 1817 fallen und zwei weitere das bereits lexikalisierte *monomanie* bzw. *monomane* enthalten. Einen weiteren Rückgang dieser Bildungsweise läßt der inzwischen erschienene vierte Band erkennen, der unter nahezu
8500 Titeln aus den Jahren 1851–1875 nur noch 4 Formen auf -*(o)manie* bzw.
-*(o)mane* enthält, von denen allein *prestidigitomanie* als spontane Augenblicksbildung zu betrachten ist. – Auch die zusätzlich herangezogenen Materialien
aus BN, Lorenz und Soleinne modifizieren dieses Bild nur unwesentlich.
[18] Wicks nº 3027 (Nachtrag in Teil II).
[19] Soleinne 2,338.
[20] Wicks nº 2428a (Nachtrag in Teil III).
[21] Wicks nº 652 (s. Teil III, S. 223).
[22] Für 1832 wird nº 13528 noch erwähnt *Le Théâtromanie, ou l'Elève du Con-
servatoire*. Ist hier in *Le Théâtromane* oder *La Théâtromanie* zu verbessern?
[23] Von Jean-François Hurtaud-Delorme, s. BN.
[24] Wicks nº 2671a (Nachtrag in Teil III).
[25] Von Louis-Rosé-Désiré Bernard, s. BN.

L'Angélomanie[26]
1809 Le Procès du Fandango, ou la Fandangomanie
     La Politicomanie[27]
1810 La Chassomanie, ou l'Ouverture du Jeune Henri
     Les Ruines de Rome, ou l'Antiquomanie
1812 Le Sac et la corde, ou la Funambulomanie[28]
     La Matrimoniomanie, ou Gai, gai, mariez-vous
     La Famille mélomane
1814 La Femme tyranomane
1816 La Magnétismomanie
1817 La Mascaradomanie, ou la Petite revue[29]
1823 La Décoromanie[30]
     L'Anglomanie[31]
1825 Le Politicomane[32]
1830 Bonardin dans la lune, ou la Monomanie astronomique[33]
     Monsieur et Madame Frontal, ou Cranomanie et romantisme[34]
1832 Une Monomanie
1835 La Suicidomanie[35]
     Le Monomane
1844 La Polkamanie
1845 La Polkamanie[36]
     La Dansomanie
1848 La Néomanie, ou la Manie des projets[37]
1855 La Testomanie, ou la Manie de faire des testaments[38]
1861 La Truffomanie[39]
1864 Les Toqués du jour ou la Théâtromanie
1866 La Prestidigitomanie
1869 La Vélocipédomanie
1874 Le Mélomane de Ménilmontant
1880 La Voyageomanie[40]

---

[26] Soleinne 2,349.
[27] Soleinne 2,372.
[28] Wicks n⁰ 2645, dort wohl verdruckt *Fanambulomanie*.
[29] Wicks n⁰ 4886, dort verdruckt *le Mascaradomanie*.
[30] Von Amédée de Tissot, s. BN. – Zu *décoromanie* 'manie des décorations' s. noch Lar 1870–1922.
[31] Soleinne 2,341.
[32] Von Jules Valence, s. BN.
[33] Von Charles-Honoré Rémy, s. BN.
[34] Von Marc Colombat, s. BN.
[35] FEW 12,419a bezeugt nfr. *suicidomanie* 'manie du suicide' seit AcC 1836. – Vgl. in ähnlicher Bedeutung medizinisch-fachsprachliches *léthomanie* 'monomanie du suicide' (Lar 1873–1931).
[36] Vgl. dazu etwa auch Le Charivari, 22. 5. 1876, 2c: »Une célébrité parisienne vient de disparaître. Le vieux Cellarius, l'inventeur de la polka, est mort. La polka! est-ce assez loin de nous! Ce fut une frénésie telle que l'on publia un album de caricatures intitulé la *Polkamanie*. On joua huit ou dix pièces de circonstance sur la danse nouvelle«.
[37] Von Charles-Louis Rey, s. BN.
[38] Von Kozalem, s. BN.
[39] Opéra-bouffe von Charles-M. Le Tellier, s. BN.
[40] Lorenz 9,310a.

ca. 1880 La Tulipomanie[41]
1885 La Statuomanie[42]
1891 La Pianomanie[43]
1894 Boisomanie[44]

Diese über ein Jahrhundert währende Belegdichte erlaubt uns, geradezu von einer literarischen Modegattung innerhalb der Komödie und des Vaudeville des ausgehenden 18. und des beginnenden 19. Jhs zu sprechen, an deren Anfang Pirons erstmals 1738 aufgeführte *Métromanie* zu stehen scheint.

6. Bildungen mit Ethnika

Mit den zuletzt behandelten Titeln haben wir längst die 2. Hälfte des 18. Jhs überschritten, in der in einem anderen Bereich unser Wortbildungstypus zu wohl entscheidender Bedeutung gelangte. Seit der Mitte des 18. Jhs tritt im Französischen eine Reihe von Bildungen mit latinisiertem Völkernamen auf, wie wir sie etwas später auch bei *-(o)phile* (s. dazu FEW 8,383f.)[1] und

---

[41] Von Fanny de Bégon, s. d., s. BN.
[42] Lorenz 10,450b.
[43] Monologue en vers von Léon-L. Berthaut, s. BN.
[44] Opéra bouffe von Antonius Adam, s. BN. – Hier anzuschließen sind die beiden folgenden von Stendhal genannten Titel ungeschriebener Stücke: *La soldatomanie ou la manie du militaire* (1801 »Mon domestique est arrivé de Milan avec mes deux chevaux. Ne pourrait-on pas faire une pièce intitulée: *La soldatomanie ou La manie du militaire?*«, Stendhal, Œuvres intimes. Texte établi et annoté par Henri Martineau, Bibliothèque de la Pléiade, 1955, 439) und *Le Faux Métromane* (1804 »Je pense au *Faux Métromane*«, ib. 501). – Vgl. daneben auch die folgenden, soweit nicht besonders gekennzeichnet, den Verzeichnissen von Wicks entnommenen Titel: *La Manie de la danse* (1800), *La Manie des mariages, ou l'Anticélibataire* (1802), *La Nièce de ma tante Aurore, ou la Manie des romans* (1803, Soleinne 2,252; s. auch Garnier Arnoul n° 849), *Les Vélociferes, ou la Manie du jour* (an XII [1803/4], Soleinne 2,264), *La Manie de l'indépendance, ou Scapin tout seul* (1804), *La Manie de briller* (1806), *La Manie de l'indépendance* (1811), *La Manie des romans* (1813), *Tout pour l'enseigne, ou la Manie du jour* (1813, BN sub Nicolas Brazier), *Monsieur et madame Jobineau, ou la Manie des campagnes* (1814), *Le Memnon français, ou la Manie de la sagesse* (1815, Soleinne 2,199), *La Petite manie des grandeurs* (1816), *La Manie des Trônes, ou les Rois et les reines de contrebande* (1816, Soleinne 3,318), *La Manie des grandeurs* (1817), *L'Ultra, ou la manie des ténèbres* (1818, Barbier), *Les Manies anglaises* (1818, Soleinne 3,20), *Le Ministériel, ou la manie des dîners* (1819, Barbier), *La manie du sentiment* (1821/23, Soleinne 4,209), *La Manie des places, ou la Folie du siècle* (1828), *Venise au 6ᵉ étage, ou la Manie des bals masqués* (1836, BN sub Théaulon de Lambert), *La Manie de la politique* (1840, BN sub Anne Bignan), *La Manie des bosses* (1867).
[1] Vgl. allerdings schon 1578 bei H. Estienne *Celtophile* als Personenname (s. FEW 8,384b n13) sowie 1591 Le *Francophile* pour très-grand ... très-belliqueux prince Henry Auguste IV, roy de France et de Navarre. Contre les conspira-

-(o)phobe (FEW 8,393) finden. Die älteste Form dieser neuen Bildungsweise ist *anglomanie* 'admiration exagérée pour les Anglais; manie d'imiter les Anglais' (seit 1754, DDM, BW; FEW 15/II,88b definiert unzutreffend mit 'imitation des usages anglais')[2] als Bezeichnung jener Modeströmung, die um die Mitte des 18. Jhs ganz Paris beherrscht[3]. Dazu *anglomane* s. adj. 'admirateur, imitateur outré des usages anglais' (seit 1765, Proschwitz; s. auch StNeoph 36,317, FEW l. c.)[4] sowie vorübergehend auch in gleicher Verwendungsweise *anglomaniaque* (1779–1818, s. dazu hier 14 n47; vgl. auch Lar 1866)[5]. Wie fest gerade diese Wortfamilie im Französischen verwurzelt ist, zeigt, ähnlich wie im weiter oben erwähnten Fall von *monomanie*, ihre Fähigkeit zur Bildung einer neuen Ableitung *anglomaniser*[6], neben der Lar 1866 noch *anglomanisant* und *anglomanisé, -ée* als eigene Stichwörter verzeichnet[7]. Das in der 2. Hälfte des 18. Jhs überaus häufig bezeugte *anglomanie*[8] führt in der Folgezeit zu zahlreichen Parallelbildungen mit den Namen anderer Völker. Die frenetische Begeisterung Frankreichs für das Fremdländische beschränkt sich zu dieser Zeit keineswegs auf England. Zur Anglomanie gesellt sich die *américomanie* (seit 1786, *Americo-manie*, Proschwitz 323)[9] ebenso wie die *prussiomanie* (1796, s. Frey 211)[10] und die *germanoma-*

---

    tions du roy d'Espagne, du pape et des rebelles de France, Chartres 1591 (s. Barbier). – S. dazu noch hier 122.

[2] S. zahlreiche Belege bei DatLex; s. auch Ritter.

[3] Vgl. schon 1757 den hier 36 n3 erwähnten *Préservatif contre l'anglomanie* von Fougeret de Montbron. Zur weiteren Literatur s. R. Rohr, Zu den englischen Wörtern in einem französischen Gebrauchswörterbuch, Festschrift für Walter Hübner, Berlin 1964, 61ff. – Erwähnenswert ist noch die Definition *anglomanie* 'abus de termes américains' als Ausdruck des in jüngerer Zeit stärkeren Einflusses des Amerikanischen bei Georges Elgozy, Le Contradictionnaire ou L'esprit des mots, Paris 1967 s. v.

[4] S. noch Gohin 288, Br 9,922 + n5 sowie DatLex. Die von DatLex aus FrMod 9,46 übernommene Angabe ist zu korrigieren; s. dazu hier 43 n6. – Lar 1866 verzeichnet daneben noch vereinzeltes *angloman* mit gleicher Bedeutung bei Rivarol.

[5] FEW l. c. bezeugt diese Form nur 1779 und bei Fér 1787. – Noch in jüngster Zeit *la vogue anglomaniaque*, L'Hebdo hara-kiri, 21. 9. 1970.

[6] Im ersten Beleg bei Merc 1801 wird fr. *anglomaniser* intransitiv verwendet: »Depuis qu'il y a un embargo entre la Tamise et la Seine, dites-moi si vos Parisiens ont encore le ridicule d'*Anglomaniser* dans leurs modes, et jusque dans leurs plaisirs« (s. auch Brink 32), doch verzeichnen die Wörterbücher bald auch reflexives *s'anglomaniser* 'se faire, s'habituer aux mœurs, aux coutumes anglaises' und transitives *anglomaniser* 'imposer à qn l'imitation exagérée des mœurs, des coutumes anglaises'. FEW l. c. bezeugt *anglomaniser* nur bei Lar 1901.

[7] *Anglomanisé, -ée* schon Raym 1824 im Artikel *anglomaniser*. – Brink 32 verweist noch auf vereinzeltes *anglomaniste* (1770).

[8] SVSuppl 1894 verzeichnet daneben vereinzeltes *englishomanie* 'übermäßige Zuneigung zu engl. Wesen', gebildet zu fr. *un english* 'un Anglais' (nach FEW 15/II,88b seit Lar 1907), in übertragener Bedeutung in der Form *angliche* schon bei Victor Hugo, s. Rig 1881.

[9] S. auch DatLex und DDM. FEW 18,8a erklärt fr. *américomanie* als Entlehnung aus e. *americo-mania* (seit 1798), doch beruht diese Annahme offensichtlich nur

48

nie (1807)[11], die später in neuer Gestalt als *teutomanie* 'zèle excessif pour tout ce qui est allemand, chauvinisme allemand' (ca. 1870–Lar 1949, SV; auch Li)[12] wiederkehrt[13]. Vorübergehend im 19. Jh. bezeugt ist auch die *turcomanie* 'admiration pour les Turcs' (Boiste 1823 [Additions] –MozS 1859)[14], doch konnte sich diese Form, im Gegensatz zu Bildungen wie *turcophile*, wohl infolge der Homonymie mit dem Ländernamen *Turcomanie* nicht de-

---

auf der dort angegebenen unzutreffenden Datierung (1855-Mack). S. dazu noch ZRPh 85, 1969, 329. Daneben findet sich vereinzelt die jüngere Form *américanomanie*, so etwa in bezug auf die Amerikanismen der französischen Gegenwartssprache bei A. Sauvageot, Portrait du vocabulaire français, Paris 1964, 225 (jetzt auch SVSuppl 1968 *américanomanie* 'Amerikafimmel'). Vgl. ähnlich *américanolâtre, -ie*, so etwa Etiemble 33 und 36.

[10] Daneben auch *prussomanie* (Lar 1875–Lar 1923); s. auch SVSuppl 1894.

[11] »Cette *anglomanie* fit des progrès si effrayans, que Voltaire lui-même, qui en avoit donné le premier exemple, se crut obligé d'envoyer de Ferney à l'Académie une vigoureuse mercuriale composée contre les *anglomanes*, à l'occasion d'une traduction de Shakespeare. Nous avons vu le moment où une autre folie du même genre, et peut-être encore plus ridicule, alloit remplacer, dans la littérature, cette démence affoiblie, comme tout ce qui est violent, par son excès même; si une crise terrible n'avoit ramené les esprits dans la voie de la raison et du sens commun, nous tombions infailliblement dans la *germanomanie*«, zit. nach Le Spectateur français au XIXᵉ siècle, ou Variétés morales, politiques et littéraires, recueillies des meilleurs écrits périodiques, 6ᵉ année, Paris 1809, 156. Das Wort fehlt in den meisten Wörterbüchern des 19. Jhs (so auch bei Besch, Lar u. a.) und wird erst bei SVSuppl 1894 als Neologismus ('Schwärmerei für Deutschland') sowie neuerdings bei RobSuppl gebucht. Ebenso *germanomane* s. adj. 'für Deutschland schwärmend, Deutschenschwärmer' (SVSuppl 1894). Nach W. Krauss, Archiv 204, 425 löst die »germanomanie« auf literarischem Gebiet schon in den letzten Jahrzehnten des 18. Jhs die ältere »anglomanie« ab. Vgl. auch noch L. Reynaud, L'influence allemande en France au XVIIIᵉ et au XIXᵉ siècle, Paris 1922, 266 n2, wo von einer »manie germanisante et germanomane« (!) die Rede ist. – Zu d. *Germanomanie* (schon 1815 Saul Ascher, Die Germanomanie. Skizze zu einem Zeitgemälde, Berlin 1815) s. noch hier 39.

[12] Fr. *teutomane* 'personne possédée de la teutomanie' findet sich schon 1835 in einem Brief H. Heines an Philarète Chasles (Heinrich Heine, Briefe, 1. Gesamtausgabe nach den Handschriften, hg. v. Friedrich Hirth, Mainz – Berlin 1949–50, Bd II,71), dann auch 1858, JournGonc, 1867, Le Charivari, 8. 7. 1867, 2c sowie bei Lar 1876–Lar 1923. Im Deutschen verwendet Heine neben *Teutomanen* auch *Teutomanie* und *Teutomanismus* (Heinrich Heines Sämtliche Werke, hg. v. Oskar Walzel, Bd VIII, Leipzig 1913, 476 und 450. – SV bezeugt fr. *teutomanie* auch noch 1870 in der Bedeutung 'Streben nach deutscher Einheit'.

[13] Hieran anschließen läßt sich die zu Beginn des 20. Jhs bezeugte *septentriomanie* 'tendance à expliquer tous les phénomènes de la civilisation moderne par l'influence des peuples du Nord, et surtout des Allemands': »Le germanisme de Houston Stewart Chamberlain n'est que la *septentriomanie* banale, à la façon de Schlegel et de Mᵐᵉ de Staël« (Paul Souday), s. LarMens sept. 1915. Ebenso *septentriomane* 'personne atteinte de septentriomanie', ibid.

[14] Ebenso noch SVSuppl 1894. Daneben *turcomane* s. adj. 'partisan, admirateur des Turcs' (Boiste 1823 [Additions]–MozS 1859). Zu *turco-fédéromanie* s. hier 39 n20.

finitiv behaupten. Die bisher genannten Bildungen zeugen von einer allgemeinen *étrangéromanie* (1765)[15] oder, wie es vorübergehend im 19. Jh. heißt, *strangéomanie* 'admiration exclusive et exagérée des nations étrangères' (Besch 1845–MozS 1859, ebenso noch in den französisch-deutschen Wörterbüchern von SV, Pfohl u.a.)[16]. Was für die Franzosen die Anglomanie, ist zur gleichen Zeit für die Engländer und andere Nationen die *francomanie* (1783–1796, Proschwitz 335)[17] bzw. *gallomanie* (seit 1787, Proschwitz 336)[18]. In der Sprachbetrachtung des 18. Jhs herrschte weitgehend eine *celtomanie* 'manie de certains savants qui voient dans le celtique l'origine des langues de l'Europe, et même la langue primitive' (seit AcC 1838)[19], die in jüngerer Zeit von einer *romanomanie*[20] abgelöst wurde. Nur

---

[15] »*L'étrangéromanie* règne plus que jamais dans Paris«, Ch. Collé, Journal et mémoires, zit. nach Proschwitz 311. Vgl. auch 1805 »Il [= Collé] leur reproche justement de porter un coup funeste à la gaîté française, dont il étoit un des plus aimables soutiens; et même à l'amour de la patrie, en vantant sans cesse les étrangers, et en introduisant un goût qu'il appelle d'*étrangéromanie*, qui nous empêche d'applaudir à ce qui est national, et de louer nos compatriotes«, zit. nach Le Spectateur français au XIXᵉ siècle, 9ᵉ année, Paris 1810, 77 n1.

[16] Ebenso *strangéomane* '(celui) qui est admirateur outré des étrangers' (Besch 1845–MozS 1859). Vgl. in ähnlicher Bedeutung auch das nach FEW 14,653b aus gr. ξενομανία 'Vorliebe für das Fremde' entlehnte *xénomanie* 'passion maniaque pour les étrangers et les coutumes étrangères' sowie entsprechendes *xénomane* '(celui) qui a une passion maniaque pour les étrangers' (nach FEW 14, 653a beide seit Moz 1842, ebenso AcC 1842). Vgl. etwa auch im Spanischen: »Lo mejor que se puede hacer frente a la *xenomanía* lingüística en general, y en el caso de *mini-* en particular, nos parece dar tiempo al tiempo, pues muchos extranjerismos tan sólo alcanzan una vida efímera y desaparecen tan súbitamente como habían aparecido«, G. Haensch, Español actual nº 11, Madrid (OFINES), febrero 1968, 1. – Zu fr. *xénomanie* in der Bedeutung 'manie de voyager' s. hier 15 n53.

[17] Zur Polysemie dieser Bildung s. hier 9.

[18] Zur semantischen Differenzierung zwischen *francomanie* und *gallomanie* im ausgehenden 18. Jh. vgl. Le Néologiste Français ou Vocabulaire portatif des mots les plus nouveaux de la langue Française, 1796, wo daneben auch die Form *gallicomanie* bezeugt ist: »*Gallicomanie*. N. *Gallomanie*, presque synonime à Francomanie, à la différence près que les deux premiers mots se rapportent, aux Français de l'ancien régime et le dernier aux Français du nouveau. Übertriebene Liebe zu Französischen Sitten, Sprache und Gebräuchen. On dit aussi *Gallomane*«. Die Form *gallicomanie* findet sich noch in einigen Wörterbüchern des 19. Jhs, so etwa bei Laveaux und Mozin, schwindet jedoch bald vor der vitaleren Variante *gallomanie*.

[19] Ebenso *celtomane* '(celui) qui est possédé de la celtomanie' (AcC 1838–Lar 1922). S. dazu noch Lar 1867.

[20] LiS bezeugt das Wort bei Maxime du Camp (1876) in der Bedeutung 'manie d'attribuer aux Romains tous les monuments ou ouvrages anciens des pays qu'ils ont occupés'. Ebenso dann bei Besch 1887 ('erreur des anciens historiens et savants français, qui donnaient à nos usages, nos coutumes, nos monuments antiques et notre langue une origine uniquement romaine'; ähnlich SVSuppl 1894). Hiervon zu trennen ist natürlich d. *Romanomanie* 'Romanwuth, Romanlesesucht', Joh. Christ. Aug. Heyse, Allgemeines verdeutschendes und erklärendes Fremdwörterbuch, Hannover ¹¹1853.

vorübergehend in den Wörterbüchern des 19. Jhs bezeugt ist die *laconomanie* (Boiste 1812–Besch 1881), zunächst definiert als 'affectation de mœurs spartiates', bei Raym 1824 und Moz 1828 als 'affectation, manie de laconisme dans le langage'[21]. Weitere Bildungen sind *russomanie* (1846)[22], *arabomanie* (1863)[23], *grécomanie* (seit 1863, JournGonc; in den Wörterbüchern seit Lar 1872), *belgicomanie* (SVSuppl 1894)[24] und *italianomanie* (1933)[25], die alle übertriebene Bewunderung und Nachahmung von Sitten und Sprache fremder Völker bezeichnen.

Weitere Bildungen dieses Typus lassen sich in anderen Sprachen nachweisen, während entsprechende Belege für das Französische bisher fehlen. So bezeugt etwa OxfDict noch e. *Graiomania, Italomania,* Tagliavini verwendet neben it. *celtomania* die Formen *punicomania* und *feniciomania*[26], und in einem Bericht über einen Vortrag von Harri Meier, La onomasiología de la estupidez heißt es: »Sin embargo, existen ensayos de explicación, hoy rechazados, reveladores de los prejuicios de las diferentes épocas, como la *hebreomanía* a partir del Renacimiento y la sustratomanía en el siglo XIX«[27]. Zu d. *Slawomanie* und fries. *ingvaeonomany* s. hier 39f.

7. Bildungen in verschiedenen Bereichen
seit der 2. Hälfte des 18. Jhs

Die Liste der im fünften Kapitel zusammengestellten Titel zeigt bereits, daß sich unsere Bildungsweise seit dem ausgehenden 18. Jh. auf nahezu alle Sachbereiche ausgedehnt hat. Vor allem die Begeisterung für Theater und Literatur führte, worauf schon Werner Krauss ausdrücklich hingewiesen hat[1], zu

---

[21] Bei Raym 1836 dafür verdruckt *lacomanie.*

[22] Eugène de Bréza, De la Russomanie dans le grand-duché de Posen, Berlin 1846 (zit. nach Lorenz I,373a).

[23] »L'*arabomanie.* C'est une féerie, c'est un délir. On ne dit plus: Avez-vous lu Baruch? mais on dit: Avez-vous vu les spahis? Viendrez-vous voir les turcos?«, Le Charivari, 17. 5. 1863, 2b. Ebenso dann vereinzelt bei SV.

[24] Vgl. schon 1785 vereinzelt *belgicomanie,* hier 39 n20.

[25] »L'italianomanie, qui battit son plein en France pendant le XVIe siècle«, Edward Pousland, Etude sémantique de l'anglicisme dans le parler franco-américain de Salem (Nouvelle Angleterre), Paris 1933, 19.

[26] Carlo Tagliavini, Le origini delle lingue neolatine, Bologna [4]1964, 86.

[27] Instituto Caro y Cuervo, Bogotá (Colombia), Noticias Culturales, Número 73, 1o de febrero de 1967, 18.

[1] W. Krauss, Studien zur deutschen und französischen Aufklärung, Berlin 1963, 150f. Krauss nennt als charakteristische Neubildungen *graphomanie, scribomanie, musomanie, metromanie, alphabetomanie, criticomanie, dramomanie, tragicomanie* und *philosophomanie,* gibt jedoch im allgemeinen leider keine Belege. Nicht aufzufinden war das ibid. erwähnte *lectomanie,* während *alphabetomanie* wohl für *alphabetomancie* verlesen ist (s. dazu hier 38 n13). *Criticomanie* ist uns nur als Name eines fingierten Druckorts bekannt; s. dazu hier 8

einer Fülle neuer Bildungen auf *-(o)manie* und *-(o)mane*. Zu den bereits erwähnten Formen *lacrymanie* 'manie des drames' (1775–Merc 1801)[2], *théâtromanie* 'manie du théâtre' (seit 1782)[3] und *scénomane* 'personne obsédée de la scène' (1790, Restif; 1806) treten nun auch *dramomanie* 'manie de faire des drames' (1776–Lar 1870, Proschwitz 101f.)[4] und

(vgl. ähnlich 1873 *Criticopolis*, Soleinne 2,194). Zu den übrigen Bildungen s. im folgenden. – Erst während der Drucklegung zugänglich wurde uns der Beitrag von W. Krauss, Die Neologie in der Literatur des XVIII. Jahrhunderts, in: Struktur und Funktion des sozialen Wortschatzes in der französischen Literatur, hg. v. Ulrich Ricken [= Wiss. Zeitschrift der Martin-Luther-Universität Halle-Wittenberg, Gesellschafts- und Sprachwiss. Reihe, Heft 3–4, Jg. XIX, 1970], Halle 1970, 101–104, wo S. 102 die folgenden Formen als charakteristische Neubildungen des 18. Jhs zusammengestellt werden: *admiramanie* (Rétif) [lies: *admiromane*, s. hier 63], *aéromanie* [s. dazu hier 58], *agromanie* [hier 56], *américomanie* (1786) [hier 48], *anecdotomanie* [erstmals Merc 1801, s. hier 64f.], *anticomanie* [hier 62], *arsénomanie* (auf die Gattinnen gemünzt, die der Ehe mit Arsen ein Ende zu setzen suchten), *bibliomanie* [seit 1654!, s. hier 13f.], *bureaumanie* [hier 61], *dansomanie* [erstmals 1800, dann auch Merc 1801, s. hier 55], *faiblomanie* (Damen mit fortgesetzten Ohnmachtsanfällen), *iconomanie* [lies: *iconomane*, seit Merc 1801; *iconomanie* nicht vor Raym 1836, s. hier 56 + n38], *postéromanie* (1751) [wo belegt?; seit 1758, s. hier 61], *stultomanie* [1736 bezeugt als Name eines fingierten Druckorts, s. hier 8], *zélomanie* (= *jalousie*). Ebenso ib. 101 *clubiomanie* [lies: *clubinomanie* (1791) bzw. *clubomanie* (1795), s. dazu hier 59] und *patriomanie* [hier 59]. Da W. Krauss auch in diesem Beitrag durchweg auf Belege für die von ihm zitierten Formen verzichtet, können die anderweitig nicht nachweisbaren Bildungen *arsénomanie*, *faiblomanie* und *zélomanie* ebenso wie das weiter oben genannte *lectomanie* nur mit Vorbehalt in unser Ableitungsinventar aufgenommen werden.

[2] S. dazu noch Proschwitz 140. Daneben auch *lacrymane*, ibid.

[3] Noch bei SVSuppl 1894 als Neologismus gebucht; dann auch 1910 Léon Legavre, La Théâtromanie, s. Lorenz 24,640. Vgl. daneben schon 1681 von Anton Reiser Theatromania oder die Werke der Finsternis in den öffentlichen Schauspielen, von den alten Kirchenlehrern und etlichen heidnischen Skribenten verdammt, zit. nach E. Catholy, Karl Philipp Moritz. Ein Beitrag zur »Theatromanie« der Goethezeit, in: Euphorion. Zeitschrift für Literaturgeschichte 45, 1950, 100–123, speziell 101. – Ebenso fr. *théâtromane* in den weiter oben genannten Titeln von 1805 und 1832 (?; s. hier 45 + n22) sowie, als Neologismus gekennzeichnet, bei DarmN. FEW 13/I,300a gibt, mit unzutreffender Bedeutungsangabe, für beide Formen nur den Beleg aus DarmN. – Vgl. noch ähnlich die scherzhafte Bildung *théâtrite* im Anschluß an die zahlreichen Krankheitsbezeichnungen auf *-ite* in der Sprache der Medizin: 1877 »La représentation burlesque où les éclats de rire ont mis la solidité du Théâtre-Cluny à une si rude épreuve, est venue démontrer que la *théâtrite aiguë* est une maladie contagieuse«, Le Charivari, 20. 10. 1877, 2b.

[4] Ebenso bei Restif, s. hier 63. Vgl. auch noch Le Dramaturge ou la manie des drames sombres (1776), hier 44 n15. – LarI bezeichnet die Form *dramomanie* als »inusité«. Daneben *dramomane* 'personne qui a la manie de faire des drames' (1776–Lar 1870, Proschwitz 101; schon nach Lar 1870 »inusité«); s. auch den oben genannten Titel von 1777. – Zur »Dramomanie« im 19. Jh. s. auch Werner Krauss, Grundprobleme der Literaturwissenschaft. Zur Interpretation literarischer Werke, rde 290–291, Hamburg 1968, 72.

tragicomanie 'manie du tragique'[5], dem im 19. Jh. eine vereinzelt bezeugte Form *tragédomanie* (1877)[6] entspricht. Zur *métromanie* Pirons gesellt sich die *rimomanie* 'manie de faire des rimes'[7] in der bereits erwähnten Komödie von 1785, während *parodie-manie* (1779), *pantomimomanie* (vor 1790) und *vaudevillomanie* (1801)[8] auf die heitere Form des Theaters Bezug nehmen. Der literarische Ehrgeiz, wie er sich etwa in Restifs *auteuromanie* widerspiegelt[9], artet aus zur *littéromanie* 'manie d'écrire, manie de la littérature' (Merc 1801–Lar 1949)[10], die nur eine spezifische Form einer allgemeinen *scribomanie* 'manie d'écrire' (seit 1779)[11] darstellt, die ihrerseits nur schwer von der bei Mercier und Linguet bezeugten *graphomanie* (seit ca. 1780, Gohin 288; Rob)[12] abzugrenzen ist. Zur *scribomanie* kommt gegen Ende des 18. Jhs noch die *typomanie* 'manie de se faire imprimer' (seit 1784, Gohin 288)[13], wofür vorübergehend auch gleichbedeutendes *stampomanie* bezeugt ist[14]. »On écrit beaucoup. Les brochures pleuvent. A la manière anglaise on a établi des papiers publics, des journaux: On lit tout: on comprend tout: et tout le monde a de l'esprit«[15], lesen wir 1784,

---

[5] FEW 13/II,160b datiert diese Form auf die Mitte des 18. Jhs.
[6] S. dazu hier 82.
[7] Vgl. ähnlich 1877 »Il est vrai qu'après certaines mésaventures poétiques dont on rit encore le *rimolâtre* de la Gazette de France doit se sentir de la méfiance à son propre endroit«, Le Charivari, 1.7. 1877, 1c.
[8] Zu diesen drei Formen s. die Belege in Kap. 5 der vorliegenden Arbeit.
[9] S. dazu hier 63.
[10] In den Wörterbüchern des 19. Jhs (AcC 1840, Mozin, Bescherelle, Larousse u. a.) fast immer mit Bezug auf die Stelle bei Mercier. – Vgl. ähnlich auch *littératuromanie*, hier 65 sowie *poétomane* (»Pourquoi celui que l'on a surnommé le *Poétomane* et le *Conteur à gaz*, ce délicieux Armand Silvestre, ne m'a-t-il pas légué son secret de tout dire en mêlant aux vesces et pois de senteur les divines fleurs de rhétorique?«), Le Sourire, 17. 10. 1903, 10a.
[11] J. M. Chassaignon, Cataractes de l'imagination, déluge de la scribomanie, vomissement littéraire..., 4 vol., 1779, zit. nach Cioranescu XVIII, n° 16978; s. auch Gohin 289 sowie FEW 11,335b. Ebenso *scribomane* '(celui) qui a la manie d'écrire' (1779–Lar 1933, ibid.; s. auch noch Rheims). Zu *scribomanie* als Terminus der Medizin s. hier 32 n90.
[12] Zu der Stelle in Merciers *Tableau de Paris* s. W. Krauss, Studien zur deutschen und französischen Aufklärung, Berlin 1963, 151 + n133. In der beträchtlich erweiterten Neuausgabe von Amsterdam findet sich der Beleg, entgegen den Angaben Gohins, auf S. 322f. des 1783 erschienenen 3. Bandes. – Vill 1912 verzeichnet noch familiäres *graphomane* 'Schmierer'; zu jüngerem *graphomaniaque* 'qui relève de la manie d'écrire' s. Rheims.
[13] FEW 13/II,462a gibt als Erstbeleg Fér 1788. – Dazu *typomane* '(celui) qui est atteint de typomanie' (Boiste 1819–Lar 1923) und *typomanique* 'relatif à la typomanie' (Boiste 1819–MozS 1859).
[14] LiS weist *stampomanie* 'manie de se faire imprimer' erstmals bei Sainte-Beuve nach; nach LarI wäre es eine Wortschöpfung von Letronne (1787–1848).
[15] Zit. nach W. Krauss, Studien 150. – Zu *lectomanie* s. hier 51 n1, zu entsprechendem *lecturomane* bei Restif hier 63; vgl. auch noch *brochuromanie*, hier 79.

und die Bibliomanie, der wir schon im 17. Jh. begegnet waren[16], erreicht nun im 18. Jh. ihren eigentlichen Höhepunkt[17].

Ähnlich wie bei *Telemaco-manie* und *Voltairomanie* finden sich nun auch hier von Personennamen aus gebildete Formen. Proschwitz 311 bezeugt *shakespéaromanie* (1778)[18], wenig später hören wir von der *voltairomanie* (1805)[19], während in der 2. Hälfte des 19. Jhs die Formen *euripidomanie* (Lar 1870–Lar 1930, ebenso Besch 1887)[20], *moliéromane* (1879)[21] und *gœthomanie* (SVSuppl 1894) nachweisbar sind.

Die Hauptfigur der 1779 im Théâtre des Variétés Amusantes aufgeführten Farce *Les Battus paient l'amende* von Dorvigny, der durch den damals vom Publikum stürmisch gefeierten Schauspieler Volange verkörperte Janot, wird in der Pariser Gesellschaft zum Idol des Tages[22], und es kommt geradezu zu einer *jeannomanie* (1779, Proschwitz 337f.)[23], die wenig später, bedingt durch den Erfolg des Chansons *Malbrough s'en va-t-en guerre*, von einer *malboroughmanie* (1783, Gohin 289; s. auch Proschwitz 313) abgelöst wird. Die Begeisterung für Beaumarchais' Werk klingt nach in dem 1786 belegten *figarotimanie* (Proschwitz 335), und noch für 1904 bezeugt Nyrop, Bd. III, § 416 die Bildung *jourdainomanie*, in der wohl eine Reminiszenz an den Protagonisten aus Molières *Le Bourgeois Gentilhomme* zu sehen ist[24].

Im Bereich der Philosophie waren uns bereits in vereinzelten Belegen die Formen *philosomanie* (1787)[25] und *philosophomanie* (1795)[26] begegnet, bei

---

[16] S. dazu hier 13f.

[17] S. dazu W. Krauss, Studien 111f.

[18] Daneben *shak(e)spearomane* s. 'j. der für Shakespeare begeistert ist' bei SVSuppl 1894. – Zur entsprechenden Bildung im Deutschen vgl. hier 39 n21.

[19] »Gresset, avec beaucoup de délicatesse et de grace dans l'esprit, avoit l'ame molle et foible: il fut atteint par la contagion philosophique qui pénétroit alors jusque dans les maisons religieuses; il donna dans l'anglomanie, dans la *voltairomanie*«, Le Spectateur français au XIXe siècle, 2e année, Paris 1805, 395f. Ebenso noch SV *voltairomanie* 'Schwärmerei für Voltaire'. Aufgrund des semantischen Gehalts sind diese Belege zu trennen von der weiter oben erwähnten *Voltairomanie* des Abbé Desfontaines (s. hier 36).

[20] Nach Lar entlehnt aus der entsprechenden griechischen Wortprägung Lukians. – Zu ähnlich gebildetem *pliniomanie* s. Jean Seznec, Essais sur Diderot et l'antiquité, Oxford 1957, 47 und 129 n19.

[21] »A côté des noms cités plus haut, grands-prêtres et adorateurs du Dieu, que de chercheurs obscurs, Moliérisants, Moliérophiles, *Moliéromanes* même«, Le Moliériste. Revue mensuelle p. p. Georges Monval, no 1 (1. 4. 1879), 4. – *Moliérophile* adj. dann auch als Neologismus bei SVSuppl 1894.

[22] S. Proschwitz 310.

[23] Vgl. auch aus dem gleichen Jahr die weiter oben zitierte Komödie *La Janotmanie*.

[24] Ebenso im Anschluß an Disraelis Roman *Lothair* die Bildung *lothairomanie*: »Le succès du livre fut très grand ... Dans tous les salons, on ne parlait plus que de Lothaire. Des chevaux, des bateaux, des enfants, des parfums recevaient les noms de Lothaire et de Corisande. La *Lothairomanie* gagnait l'Amérique«, A. Maurois, La vie de Disraëli, 159e éd., Paris 1927, 247.

[25] S. hier 44. [26] S. hier 40.

Castilhon ist schon 1769 *sophomanie* 'affectation de philosophie, de sagesse' bezeugt[27]. Zu der weiter oben erwähnten *déomanie* (1860)[28] tritt die *théosophomanie* (1877, DarmN 248 n1), und noch zu Beginn des 20. Jhs läßt sich die Neubildung *mantéomanie* 'manie de prédire l'avenir' (1905, FEW 6/I, 267a) nachweisen. Eine übertriebene, zur Schau gestellte, aber wenig aufrichtige Philanthropie bezeichnet der Prince de Ligne als *philanthropomanie* 'amour excessif pour l'humanité, philanthropie ridicule ou peu sincère' (ca. 1800–Lar 1874, FEW 8,378b)[29]; noch Charles Nodier charakterisiert die *philanthropomanie* als »la tartuferie de la charité«[30].

Ebenso wie zu Theater und Literatur finden sich auch zahlreiche Bildungen im Bereich von Musik und Tanz. Die übertriebene Begeisterung für die Musik bezeichnet man als *musicomanie* 'goût passionné pour la musique' (seit 1762)[31] oder auch als *mélomanie* (seit 1781)[32]. Ihr entsprechen die *cantomanie* 'manie du chant' (Raym 1824–MozS 1859)[32a] und die *dansomanie* 'goût excessif de la danse' (1800–Lar 1929)[33], als deren spezielle Spielarten wir

---

[27] L. Castilhon, Réflexions sur la vraie philosophie, la philosophie moderne ou sophomanie et sur l'influence de mœurs sur la poésie et l'éloquence. Recueil philos., III (1769), 90–111 (zit. nach Cioranescu XVIII, n° 3062). In den Wörterbüchern dann erstmals bei Boiste 1823, der ausdrücklich auf Castilhon verweist, sowie bei Raym 1824; ebenso noch Besch 1858 sowie Lar 1875 (»peu us.«), s. FEW 12,105a. – Dazu *sophomane* 'celui qui est atteint de sophomanie' (Raym 1824–Besch 1858; »peu us.« Lar 1875, FEW l.c.).

[28] S. hier 38.

[29] Dazu *philanthropomane* 'celui qui affecte un amour excessif pour l'humanité' (AcC 1842–Besch 1859, FEW l. c.).

[30] Vgl. eine ähnliche Funktionsverschiebung von *-(o)manie* in dem 1804 vereinzelt bezeugten *sensiblomanie*: »Quelqu'un a dit qu'avec de l'esprit on pouvoit faire de la sensibilité; on en fait même sans esprit; on ne rencontre que des gens qui affectent des sentimens qu'ils n'ont pas, et la *sensiblomanie* doit faire tort à la sensibilité«, zit. nach Le Spectateur français au XIXᵉ siècle, 3ᵉ année, Paris 1806, 235.

[31] B. Henschel, FrMod 37, 1969, 121. S. noch hier 44f. sowie Proschwitz 344. Nach FEW 6/III,265a in allgemeinsprachlicher Bedeutung seit Boiste 1829. Dazu *musicomane* 'personne qui pousse l'amour de la musique jusqu'à la passion', nach FEW l. c. gleichfalls seit Boiste 1829, jedoch schon 1777, s. Proschwitz 344; beide Formen auch Raym 1824. Vereinzelt auch *musomanie*, so Boiste 1812–Moz 1842, *musomane*, Moz 1842. – Zu *musicomanie* als Terminus der Medizin s. hier 22.

[32] S. hier 44 sowie Proschwitz 343; FEW 6/I,687a. Im Gegensatz zu dem heute seltenen *mélomanie* hat *mélomane* '(celui) qui aime la musique avec passion' (seit 1781, Proschwitz 343, DDM; nach FEW l. c. erstmals 1783, BW datiert weniger präzise »fin XVIIIᵉ«) seine Vitalität bis auf den heutigen Tag bewahrt. Daneben vereinzelt *mélomanique*, so etwa Le Canard enchaîné, 14. 1. 1970, 3.

[32a] Ebenso noch bei SV. Dazu *cantomane* '(celui) qui a la manie du chant' (Raym 1824–MozS 1859).

[33] Zum Erstbeleg s. hier 45, dann auch Merc 1801, Raym 1824 und DarmN 243, 248, während FEW 15/II,63a das Wort erstmals bei Boiste 1829 bezeugt. Lar 1870 kennzeichnet fr. *dansomanie* als »peu usité«. Vgl. auch noch *La Manie de la danse* (1800), hier 47 n44. – Dazu *dansomane* '(celui) qui a la passion de la

bereits weiter oben die *fandangomanie* (1809) und die *polkamanie* (1844, 1845; in den Wörterbüchern Besch 1845–MozS 1859)[34] fanden, zu denen später die Bildungen *valsomanie* (SVSuppl 1894) und *tangomanie* (1914)[34a] treten[35].

Das übersteigerte Interesse an der bildenden Kunst, die *peinturomanie* 'prédilection exagérée pour les tableaux' (1781, Brunot 6; Vill 1888[36], FEW 8, 430b, s. auch hier 44) wird bekundet durch einen *pictomane* 'celui qui achète des tableaux à un prix considérable, excessif' (Merc 1801, Partie Supplémentaire)[37] oder *iconomane* 'celui qui aime jusqu'à la manie les images, les gravures, les peintures' (seit Merc 1801)[38], wofür Balzac die Bildung *tableaumane* verwendet[39]. Zu *portraituromanie* bei SVSuppl 1894 s. hier 85.

In der 2. Hälfte des 18. Jhs bricht allenthalben eine *agromanie* 'manie de l'agriculture' aus[40], die schon 1762 zu dem weiter oben genannten *Préservatif contre l'agromanie* führt[41]. Als Synonym von *agromane* finden wir im glei-

---

danse' (1805–Lar 1929, s. hier 45, auch Raym 1824; nach FEW l.c. gleichfalls Boiste 1829–Lar 1929). Daneben noch vereinzelt in übertragener Bedeutung *dansomusicomane* m. 'petite figure légère que l'on pose sur la table d'harmonie d'un piano, et que les vibrations de l'instrument font danser' (AcC 1838–Lar 1870), schon Raym 1836 und DictDict 1837 s. f. und adj. f. (ebenso noch Moz 1842).

[34] Ebenso *polkamane* '(celui) qui est passionné pour la polka' MozS 1859. – Vgl. auch d. *Polkawuth* (1845, SchulzB s. v. *Polka*).

[34a] Bildunterschrift zu einer Karikatur in Le Sourire, 12. 3. 1914, 14a. Ebenso *tangomane*, so etwa »La guérison est immédiate et définitive. En sortant de l'Athénée, le *tangomane* peut aller au prochain souper-tango«, Le Sourire, 15. 1. 1914, 10b.

[35] Zu weiteren Bildungen aus diesem Bereich (*wagnéromanie, pianomanie, tapotomanie, ballettomane*) s. Kapitel 10 und 11 des ersten Teils dieser Untersuchung, hier 78ff. Vgl. auch d. *Flautomanie* im folgenden Beleg: »[die Querflöte], die … als das bevorzugte Instrument der Aristokraten … eine *Flautomanie* in der bürgerlichen Welt bis etwa 1800 erwirkte«, E. Thiel, Sachwörterbuch der Musik, Stuttgart 1962 s. v. *Flöte*.

[36] Ebenso schon Vill 1884 (–1912) und auch SVSuppl 1894.

[37] Daraus dann übernommen in Boiste 1823 (Additions), wo noch entsprechendes *pictomanie* 'manie de la peinture, des tableaux' hinzukommt. Bei AcC 1842 und Besch 1845 dann *pictomane* '(celui) qui aime à peindre sans avoir le talent nécessaire' sowie *pictomanie* 'manie de peindre'.

[38] Nach FEW 3,209b seit Boiste 1829. Daneben *iconomanie* 'amour excessif des images, des tableaux, des gravures', nach FEW l. c. seit Besch 1847, jedoch schon Raym 1836, DictDict 1837 und AcC 1840 (dort auch, ebenso wie bei LandC 1853, *iconomanique* 'qui a rapport à l'iconomanie').

[39] S. Br 12,378 sowie FEW 13/I,23b (mit unzutreffender Bedeutungsangabe). Daneben verzeichnet Br 6,771 noch vereinzeltes *fureur tableaumanique* (1770, s. auch FEW 13/I,23); vgl. auch von Barandeguy-Dupont, La Tableaumanie, Paris 1858 (BN).

[40] S. dazu Br 6,196f. das Kapitel »Agromanes«; vgl. noch G. Duby – R. Mandrou, Histoire de la civilisation française, tome II: XVIIe–XXe s., Paris 1958, 76 n1.

[41] Ebenso 1770: »Cependant, malgré ces observations, malgré le ridicule de l'*Agromanie*, il faut convenir que l'Agriculture ne peut que gagner aux travaux des

chen Jahr *culturomane* (1762, Br 6,196 n3; FEW 2,1504b), während Stendhal in seinem posthum veröffentlichten Journal hierfür die Form *agriculturomane* (s. FEW 2,1504b) verwendet, nachdem schon Katharina II. in einem Brief an Voltaire von ihrer *plantomanie*[42] berichtet hatte. »La *vigno-manie* subsiste plus que jamais«, schreibt Rozier 1785[43], während der bereits genannte Prince de Ligne als Wortschöpfer des im darauffolgenden Jahr erstmals bezeugten *jardinomane* 'celui qui a la manie du jardinage' (seit 1786, Br 6,1328; FEW 16,20a)[44] gilt. Um die Mitte des 18. Jhs finden wir auch erstmals die Bildung *florimane* 'personne qui a la manie des fleurs', die LiS bei dem 1765 verstorbenen Comte de Caylus bezeugt[45] und die im 19. Jh. vorübergehend durch die Form *fleuromane* (Besch 1845–MozS 1859)[46] ersetzt wird. Hatte Ménage bereits auf die *tulipomanie* im 17. Jh. hingewiesen, so treten in jüngerer Zeit die Bildungen *orchid(é)omane* 'amateur d'orchidées' (SVSuppl 1894) und *rosomane* 'amateur de roses' (seit LarI)[47] hinzu.

Mit dem Aufkommen der Luftschiffahrt wird Paris von einer neuen modischen Welle, der *aéromanie* erfaßt[48]. Neben den bereits weiter oben genannten Bildungen *physicomanie*[49] und *aérostatimanie* (beide 1783)[50] finden wir

---

Savans«, Les Géorgiques de Virgile. Traduction nouvelle en vers françois, avec des notes; par M. Delille, Paris 1770, 1f.; s. dazu Br 6,1328. Noch LandC 1853 und Lar 1866 kennzeichnen *agromanie* als Neologismus. Entsprechendes *agromane* 'celui qui a la manie de l'agriculture' ist seit 1780 bezeugt, s. Br 6,196; Gohin 288; s. auch noch Rheims. – Vereinzelt belegt ist im 19. Jh. *botanomanie* 'manie de la botanique' sowie entsprechendes *botanomane* '(celui) qui a la manie de la botanique' (beide Besch 1845 Suppl–MozS 1859).

[42] S. dazu Li. In den Wörterbüchern erstmals bei Boiste 1812; ebenso noch Lar 1874 und Besch 1893. Dazu *plantomane* 'celui qui a la manie de planter' (Raym 1824–Besch 1893), *plantomanique* 'relatif à la *plantomanie*' (Raym 1836), *plantomaniaque* 'id.' (Moz 1842).

[43] S. Br 6,244 n2. Das Wort findet sich vereinzelt in den Wörterbüchern des 19. Jhs, so etwa bei Moz 1828, Raym 1836 und Besch 1845; nach Land 1836 »inus.«. – Dazu *vignomane* 'celui qui a la manie de planter la vigne' (Raym 1836–MozS 1859).

[44] Dagegen ist *jardinomanie* 'manie du jardinage' nicht vor AcC 1840 bezeugt; s. FEW 16,20a, wo AcC auf 1838 datiert wird.

[45] S. auch *Florimane* als Titel einer Komödie (1759), hier 43. In den Wörterbüchern dann auch Moz 1811, Raym 1836, AcC 1838, LandC 1853 und Lar 1878, während FEW 3,635b das Wort nicht vor LarT nachweist. Für entsprechendes *florimanie* 'passion des florimanes', nach FEW l. c. gleichfalls seit LarT, sind uns Belege seit Raym 1836 (ebenso DictDict 1837 und AcC 1838) bekannt. Zu vereinzeltem *Fleurimanie* (1775) s. hier 37.

[46] Ebenso *fleuromanie* 'passion des fleurs' (Besch 1845–MozS 1859; noch Pfohl 1911 verzeichnet im fr.-d. Teil *fleuromanie* neben *florimane*, im d.-fr. Teil s. v. *Blumen-* nebeneinander *fleuromanie* und *florimanie*).

[47] Nach FEW 10,478b seit Lar 1907.

[48] S. dazu Proschwitz 316ff., Zastrow 398ff.

[49] Proschwitz 317 erwähnt noch *physicomane*, jedoch ohne Beleg.

[50] S. Proschwitz 317 sowie hier 44.

um die gleiche Zeit auch *aéromanie* (1783–1784)[51] sowie *ballomane* (1785)[52]. Dagegen läßt sich *ballomanie* erst 1847 in einer historischen Darstellung der Luftschiffahrt nachweisen[53], während *ballomaniaque* 'personne atteinte de la ballomanie' gar erst in einem Text des 20. Jhs (1910, Zastrow 403) nachgewiesen werden kann. Ebenso fehlen für *globomanie* alte Belege, während die Personenbezeichnung *globomane* 1784 bezeugt ist[54]. Doch vermutet Zastrow 400 sicher zu Recht, daß beide Bezeichnungen um 1784 geprägt wurden[55].

Die Popularität von Wissenschaft und Technik, die in der 2. Hälfte des 18. Jhs einen ungeahnten Aufschwung erlebten, beschränkt sich keineswegs auf die seit 1783 ganz Paris in einen Taumel versetzende Luftschiffahrt. Die uralten Bemühungen um die Quadratur des Kreises führen 1781 zu der Bildung *quadraturomane*[56], und zu Beginn des 19. Jhs wird in einem kritischen Beitrag die *algébromanie* verspottet[57]. Das Studium der Muscheltiere, die *conchyliologie* (seit 1742, BW, DDM) artet aus zur *conchyliomanie*, die Rousseau in seinen *Confessions* mit nachsichtigem Spott bei einem Zeitgenossen beschreibt[58]. Die häufigen Bemühungen, den Arzt ersetzen zu wollen,

---

[51] Proschwitz 321, Zastrow 398. Ebenso *aéromane* (1783–1784, s. Proschwitz 321, Zastrow 400 sowie Cioranescu XVIII, n⁰ 45855). Im Deutschen als Wortprägung Wielands auch *Aéropetomanie* im Titel *Die Aéropetomanie oder die neusten Schritte der Franzosen zur Kunst zu fliegen* (1783); ebenso bei Wieland 1784 *Aéropetomanie*, s. Zastrow 399.

[52] Zastrow 403. Vgl. daneben schon 1784 *Ballomanipolis* als burleske Benennung des Druckorts von *Le retour de mon oncle, ou relation de son voyage dans la lune*, s. Barbier, sowie im gleichen Jahr *Ballopolis*, Soleinne 2, 195.

[53] S. Zastrow 400; ebenso noch Vill 1912. Für 1783 bezeugt Zastrow *la manie des ballons*.

[54] Zastrow 402; s. auch Proschwitz 317.

[55] Vielleicht auch hierher gehört der Titel des ca. 1790 anonym erschienenen Theaterstücks *Le Volomaniste*, den Zastrow 403 ohne Kommentar zu seinem Abschnitt 2a (allgemein die Ballonnarren oder »Luftenthusiasten«) stellt, und in dem Suffixhäufung mit einreihendem *-iste* vorzuliegen scheint.

[56] La Difficulté vaincue, ou la meilleure approximation, essai géométrique d'un quadraturomane ignorant absolument l'algèbre, Amsterdam (Paris) 1781 (zit. nach Barbier).

[57] De l'algébromanie, in: Le Spectateur français au XIXᵉ siècle, 2ᵉ année, Paris 1805, 339. – Zu *arithmomanie* s. hier 29f.

[58] »En fouillant à fond de cuve les terrasses de ce jardin, il trouva des coquillages fossiles, et il en trouva en si grande quantité que son imagination exaltée ne vit plus que coquilles dans la nature, et qu'il crut enfin tout de bon que l'univers n'étoit que coquilles, débris de coquilles, et que la terre entière n'étoit que du Cron. Toujours occupé de cet objet et de ses singuliéres découvertes, il s'échauffa si bien sur ces idées qu'elles se seroient enfin tournées dans sa tête en systéme, c'est à dire, en folie, si très heureusement pour sa raison mais bien malheureusement pour ses amis, ... la mort ne fut venue le leur enlever par la plus étrange et cruelle maladie«; »Telle étoit à peu près la société de M. Mussard, qui m'auroit assez plu, si son tête-à-tête avec sa *conchyliomanie* ne m'avoit plu davantage, et je puis dire que pendant plus de six mois j'ai travaillé à son cabinet avec autant de plaisir que lui-même«, Les Confessions, Livre VIII, in:

bezeichnet man im 19. Jh. als *médicomanie* 'manie de faire de la médecine' (seit AcC 1836, FEW 6/I,605a)[59], nachdem das lebhafte Interesse am Mesmerismus bereits vorher zu den Bildungen *mesméromanie* und *magnétismomanie* geführt hatte[60].

Mit der Revolution von 1789 breitete sich unsere Bildungsweise auch im Bereich des politischen Lebens aus. So verzeichnet erstmals der *Néologiste Français* von 1796 *républicomanie* 'amour exagéré pour le régime républicain'[61] und *patriomanie* 'patriotisme exagéré'[62], die beide dann auch, zusammen mit den genannten Entsprechungen auf *-(o)mane* und *-(o)maniaque*, 1799 im französisch-deutschen Wörterbuch von La Veaux figurieren. Die Gründung republikanischer Klubs führte zur *clubinomanie* 'manie de fonder et de fréquenter des clubs' (1791, Ranft 126, Frey 117) oder *clubomanie* (1795, s. hier 45 n16), und wenig später wendet man sich schon gegen die Auswüchse einer *populomanie* 'délire de popularisation' (1797, Br 9,728). Um die gleiche Zeit wird dem Juristen und Staatsmann Merlin de Douai seine *nomo-manie* 'manie de faire des lois' (1795, Br 9,641) vorgeworfen, die im 19. Jh. ihre Entsprechung in der vereinzelt bezeugten Bildung *légomanie* (1844, s. Matoré 38 sowie hier 38) findet. So führte das Erwachen eines politischen Bewußtseins zu einer allgemeinen *politicomanie* 'manie de s'occuper à l'excès de politique' (seit 1809)[63], die aufgrund der historischen Ereignisse

---

Œuvres complètes (Bibliothèque de la Pléiade), t. I, Paris 1959, 373f.; s. auch Gohin 287. Br 6,1161 verzeichnet daneben noch *conchyliomane*, doch fehlen hierfür Belege. – Vgl. ähnlich im 19. Jh. vereinzelt *lépidoptéromanie* bei Poisle-Desgranges (1824), s. B. Quemada, Les dictionnaires du français moderne, Paris 1967, 237.

[59] Dazu *médicomane* '(celui) qui est atteint de la médicomanie' (AcC 1836–Lar 1931, FEW l. c.). – In Wörterbüchern des 19. Jhs vereinzelt auch *thérapeumane* 'médecin qui suit la thérapeutique' (Boiste 1823–Land 1850).

[60] »La Mesméromanie, proverbe Tant va la cruche à l'eau qu'enfin elle se casse«, in: Victorine Maugirard, Les Soirées de société, ou Nouveaux proverbes dramatiques, Paris 1813, t. II, 157–210. – Zu *magnétismomanie* s. hier 46; s. auch noch hier 45f. die Belege für *cranomanie*.

[61] Ebenso *républicomane* 'celui qui est atteint de la républicomanie'; s. auch Ranft 122, Frey 142. Vgl. schon 1793 *républico-maniaque* im Titel von Le bon ménage républicain, ou les Epoux bien assortis, petite pièce historico-patriotico-républico-maniaque, à l'usage des tyrannicides (en un acte et en prose), mêlée de vaudevilles, Manuelopolis (Paris) 1793, s. Barbier.

[62] Ebenso *patriomane* 'patriote enragé' und *patriomaniaque* 'id.'; *patriomanie* wird noch von SVSuppl 1894 als Neologismus gebucht (daneben auch *patriotite* 'Patriotismus-Fieber, krankhafter Patriotismus'). S. auch Ranft 121, Frey 143.

[63] S. hier 46; s. noch einen weiteren Beleg von 1817 bei R. de Livois, Histoire de la presse française, Lausanne 1965, I,190. Nach FEW 9,131a seit AcC 1842, in den Wörterbüchern jedoch schon Boiste 1835, Land 1836 und dann auch Moz 1842. – Dazu *politicomane* '(celui) qui est possédé de la politicomanie' (seit 1821; vgl. Jules Lagarde et J. L'Hermitte, Le Politicomane et le nihiliste, ou le Pour et le contre, Paris 1821, zit. nach BN; s. auch hier 46; in den Wörterbüchern AcC 1842–Lar 1932, FEW l.c., ebenso Moz 1842). – Vgl. auch noch La Manie de la politique (1840), hier 47 n44.

in den siebziger Jahren des 19. Jhs neu belebt wurde[64]. Unmittelbare Folge der Französischen Revolution ist auch der Spott über die *épiscomanie*, die SchwanSuppl 1798 als 'die Narrheit, Bischöfe haben zu wollen' definiert[65], und noch Flaubert spricht von den Zeitgenossen Robespierres als den »*gouvernementomanes* républicains«[66]. Schon im 17. Jh. hatte A. Valladier seine *Tyrannomanie* veröffentlicht[67], doch erst im 19. Jh. wird die Bildung *tyrannomanie* 'propension à faire le tyran' (Raym 1824–Lar 1933)[68] von den Wörterbüchern vorübergehend verzeichnet[69]. Das Streben nach einem Abgeordnetensitz wird um die Mitte des gleichen Jahrhunderts als *députomanie* 'manie de devenir député' (Besch 1845 Suppl–Lar 1870)[70] bezeichnet. Weitere Bildungen aus diesem Bereich entnehmen wir der Arbeit von Jean Dubois zum politischen Wortschatz der Jahre 1869–1872: *galonomanie* (1871, DuboisVoc 310)[71], *mono-oui-manie* (1871, ib. 347)[72], *révolutionomane* (1871, ib. 410) und *trahisomanie* (1871, ib. 430)[73].

8. Von Vincent de Gournay bis Paul Bourget

Die bisher zusammengestellten Materialien lassen keinen Zweifel an der Produktivität unserer Bildungsweise seit der Mitte des 18. Jhs. Doch bleibt

---

[64] »Il existe aujourd'hui une nouvelle maladie qui fera de grands ravages. Ce mal nouveau s'appelle la *politicomanie*. Partout et en toutes circonstances, on veut faire de la politique«, Le Charivari, 12. 8. 1877, 2b.

[65] Ebenso 1799 bei La Veaux, s. Ranft 145 sowie Frey 208. Noch als Neologismus bei MozS 1859, wo das Wort definiert wird als 'zèle des prêtres à défendre leurs privilèges'.

[66] S. Klingler 70 sowie zuletzt Gerlind Wiesner, Untersuchungen zum Wortschatz von Gustave Flaubert, Diss. Heidelberg 1965, 126.

[67] S. hier 13.

[68] Nach FEW 13/II,463b Boiste 1829–Ac [lies: Lar] 1933.

[69] Ebenso *tyrannomane* 'celui qui a de la tyrannomanie' (nach FEW l. c. Boiste 1829–Lar 1876, ebenso schon Raym 1824), daneben schon 1814 adjektivisch *tyranomane*, s. hier 46. – Sowohl *tyrannomanie* als auch *tyrannomane* werden in den Wörterbüchern von Anfang an als »peu us.« gekennzeichnet.

[70] Lar 1870 übernimmt den Artikel wörtlich aus Bescherelle, jedoch mit dem Zusatz »peu usité«. – Dazu *députomane* 'qui a la manie de devenir député' MozS 1859.

[71] Nach Dubois bei Dupiney, Dict. français illustré et Encyclopédie universelle, Paris 1856–64 gebucht, jedoch weder dort noch in der späteren Auflage von 1875 auffindbar.

[72] Ebenso *mono-oui-mane* s. (1871, ibid.).

[73] Vgl. aus derselben Epoche auch *polémomanie* in Louis Mézières, De la Polémomanie ou folie de la guerre dans l'Europe actuelle, Paris 1872 (BN) sowie schon in der 1. Hälfte des 19. Jhs *militantomanie* und *publicitomanie* (»Le ressort suscitatoire pousse donc les médiocrités en avant. Il se compose de diverses parties: du journalisme, de l'électoralisme, de la *militantomanie* et de la *publicitomanie*«, Philarète Chasles, Le dix-huitième siècle en Angleterre, Paris 1846, t. II, 51).

diese keineswegs auf die im vorangehenden Kapitel genannten Sachbereiche beschränkt, der Wortbildungstypus auf *-(o)manie* und *-(o)mane* hat sich vielmehr im Französischen inzwischen so weit gefestigt, daß der Versuch einer vollständigen Materialerfassung im folgenden mehr noch als bisher illusorisch bleiben muß. Eine der ältesten Bildungen jener Epoche, in der dieser Typus im Französischen endgültig zum Durchbruch gekommen ist, ist *bureaumanie* 'manie de tout faire par les bureaux, par des employés du bureau', das ebenso wie das entsprechend gebildete *bureaucratie*[1] als Wortschöpfung des 1759 gestorbenen Nationalökonomen Vincent de Gournay gilt[2]. Wenn uns auch ein Originalbeleg fehlt, so ist das Alter dieser Bildung doch gesichert durch den folgenden Beleg von 1764:

> Feu M. de Gournay, excellent citoyen, respectable par sa droiture et ses lumières, et qui nous a été enlevé trop tôt, disait quelquefois: »Nous avons en France une maladie qui fait bien du ravage; cette maladie s'appelle la *bureaumanie*.« Quelquefois il en faisait une quatrième ou cinquième forme de gouvernement, sous le titre de *bureaucratie*. A quoi bon en effet tant de bureaux, tant de commis, tant de secrétaires, tant de subdélégués, tant de maîtres des requêtes, tant d'intendants, tant de conseillers d'État, si la machine va d'elle-même, et qu'il ne reste point de règlement à faire, pas une pauvre petite formalité à observer[3].

Fr. *bureaumanie* wird noch bei Lar 1878 verzeichnet, konnte sich jedoch, im Gegensatz zu *bureaucratie*, nicht länger behaupten und wird bereits von LarI als »inus.« gekennzeichnet[4].
Schon bei dem 1765 gestorbenen Comte de Caylus hatten wir die Bildung *florimane* angetroffen[5]. Als Wortschöpfer der bereits erwähnten Bildungen *philanthropomanie* und *jardinomane*[6] ebenso wie des nur vereinzelt bezeugten *templomanie* (1786, Br 6,1328) wird allgemein der Prince de Ligne (1735–1814) genannt. Während *postéromanie* 'envie, désir maniaque d'avoir des descendants' erstmals 1758 bei Helvétius bezeugt ist[7], verdanken wir wohl Diderot die Bildungen *éleuthéromane* 'amant passionné

---

[1] Nach Alfred Sauvy, La bureaucratie, Paris 1956, 5 wäre fr. *bureaucratie* 1745 geprägt worden, doch fehlen dafür Belege.

[2] S. etwa DG s. v. *bureaucratie*; Nyrop, Bd. III, § 7.

[3] Grimm 6,30; s. auch LiS s. v. – Zu *bureaucratie* s. noch einen weiteren Beleg von 1765, Grimm 6,324.

[4] Dazu in den Wörterbüchern vereinzelt *bureaumane* 'celui qui a la manie, l'amour des bureaux' (Raym 1824–Besch 1845).

[5] S. hier 57.

[6] S. hier 55 und 57.

[7] »les uns sont affectés du sentiment de la *postéromanie*«, Helvétius, De l'esprit, Paris 1758, 558. Trotz des ausdrücklichen Hinweises auf Helvétius bei Gohin 48 wird das Wort im FEW, im Anschluß an Littré, als Neubildung Diderots bezeichnet (nach FEW 9,247b seit 1765, jedoch kaum über das 18. Jh. hinaus vital). Dazu in den Wörterbüchern *postéromane* '(celui) qui est possédé de la *postéromanie*' (Raym 1824–Lar 1932).

de la liberté' (1772–Lar 1870, s. auch Boiste, Mozin u. a.)[8] und *antiquo-manie* 'goût excessif de l'antiquité' (seit 1774, Diderot, Br 6,1328; s. noch hier 45 n16 und 46)[9].

Die vereinzelte Bildung *optimomanie* weist Proschwitz 347 schon in einem (nicht datierten) Jugendgedicht von Beaumarchais nach. Sprach Rousseau von der *conchyliomanie* eines Zeitgenossen, so gilt Voltaire nach der Aussage von Boiste, Mozin, Bescherelle u. a. als Wortschöpfer von *hippomanie* 'goût passionné pour les chevaux' (Voltaire-Lar 1948)[10], das in den Wörterbüchern des 19. Jhs (Raym 1824–Lar 1873, ebenso Li) auch als tierärztlicher Fachterminus in der Bedeutung 'espèce de frénésie ou de rage qui attaque quelquefois les chevaux' verzeichnet ist[11]. Besonders häufig sind Bildungen dieses Typus bei dem ohnehin neologismenfreudigen Restif[12]. Obwohl der Wortschatz Restifs noch heute nahezu völlig unerforscht ist[13]

---

[8] Dazu in den Wörterbüchern *éleuthéromanie* 'amour passionné de la liberté' (Raym 1824–Lar 1930).

[9] Einen weiteren Beleg aus Diderot zitiert LiS s. v. *anticomanie*. Gleichfalls bei Diderot finden sich zwei Belege für die entsprechende Personenbezeichnung *antiquomane* '(celui) qui a un goût excessif de l'antiquité', s. Br 6,764 n7. – Vgl. auch noch in einer historischen Darstellung der letzten Jahre des 18. Jhs: »L'anglomanie sévissait sur les mœurs et les modes non moins que l'*anticomanie*«, O. Uzanne, Les modes de Paris. Variations du goût et l'esthétique de la femme, 1797–1897, Paris 1898, zit. nach Mack 1,110f.

[10] Zu vereinzeltem *hippomanie* bei Cholières (< gr. ἱππομανία) s. hier 13. – Daneben *hippomane* '(celui) qui a une passion pour les chevaux, qui monte souvent à cheval' (1819–Lar 1948, auch Li); vgl. Ch.-Juste Houel, Notes inutiles sur un sujet important, par un hippomane bas-normand, Rouen 1819 (s. Barbier) sowie Napoléon de Saint-Albin, Mémoires de John Spurr, l'hippomane, 1851 (Lorenz 1,308b). – Dagegen kann das aus gr. ἱππομανές 'Roßbrunst', lt. *hippomanes* entlehnte fr. *hippomane* 'mucosité de la vulve des cavales en rut, employée dans la confection des aphrodisiaques' (seit 1519, FEW 4,430a) wegen der schon im Griechischen vollzogenen Bedeutungsverschiebung hier unberücksichtigt bleiben.

[11] In beiden Bedeutungen noch bei Pfohl 1911. – Heute vereinzelt auch in der Bedeutung 'manie des courses de chevaux', so Dictionnaire Canard 62 (=Nº spécial du »Canard Enchaîné«, Janvier 1962), S. 8 s. v. *cheval de course*.

[12] Zur Frage der Neologismen bei Restif s. zuletzt D. Rieger, Pierre-Jean-Baptiste Nougaret: Seine Rétif-Kritik und das literarische Leben in der 2. Hälfte des 18. Jahrhunderts, ZFSL 76, 1966, 44–64, speziell 47f.

[13] Einzelne Neologismen Restifs wurden durch Merciers *Néologie* im 19. Jh. bekannt; s. dazu auch weiter unten. Eine Reihe neuer Erstbelege aus Restif gibt jetzt Raymond Arveiller, Contribution à l'étude du lexique français: nouvelles datations, in Verba et Vocabula. Ernst Gamillscheg zum 80. Geburtstag, München 1968, 27–33. Vgl. etwa auch die bereits im FEW berücksichtigten Bildungen *loisireux* (Monsieur Nicolas I,60; Rétif-Boiste 1829, Gohin, FEW 5,309b), *respectueuseté* (ib. I,387; Restif, Merc, FEW 10,307a), *tempéramenteux* (ib. I,7; Restif, s. Merc 1801, FEW 13/I,176a), *faire la fuitaine* (ib. I,55; Yonne *faire la fuitaine* 's'isoler de la compagnie', auch Restif, Brunot 6,1245n, FEW 3,838a; im Gegensatz zur Darstellung des FEW hat die Wendung bei Restif jedoch die Bedeutung 'faire l'école buissonnière', s. dazu jetzt auch RLiR 31,274 n3) u. a. m. Weitere Erstbelege aus Restif sind etwa *chorégraphique* (Monsieur

62

und wir uns daher auf wenige, nur zufällig aus seinem Gesamtwerk herausgegriffene Formen beschränken müssen, ist die Zahl dieser Bildungen doch beträchtlich. So fanden wir etwa allein in seiner Autobiographie *Monsieur Nicolas ou le Cœur humain dévoilé* (1794–1797)[14] die folgenden Bildungen: *lecturomane* 'personne qui a la manie de lire'[15], *rampomanie* 'manie de ramper, servilité excessive'[16], *dramomanie* 'manie d'écrire des drames'[17], *auteuromanie* 'goût excessif de se voir auteur'[18]. Hinzu kommt das bereits erwähnte *scénomane*[19] sowie die Neuschöpfungen *mariageomanie* 'manie des mariages' (1784, FEW 6/I,352b)[20] und *admiromane* '(celui) qui a la manie de l'admiration' (s. Merc 1801 sowie Gohin 288)[21]. Vielleicht auch auf Restif zurück geht die Bildung *réformomanie* 'manie de tout

Nicolas II,206; nach FEW 2,652b und DDM seit Raym 1832), *fauter* (I,153f.; nach FEW 3,389b und DDM im Neufranzösischen erstmals bei BL 1808), *individualisation* (V, 240; nach FEW 4,649b und DDM seit Boiste 1803), *masturber* (V,95; nach FEW 6/I,462b und DDM seit Boiste 1800); ebenso *jacteur* 'vantard' (I,485; FEW 5,22a verzeichnet nur argot *jacteur* adj. 'bavard' seit 1896, Lc; s. dazu auch noch FEW 5,9b), *pacter* 'conclure un pacte' (I,153; FEW 7,462b bezeugt nur nfr. *pacteur* 'celui qui conclut un pacte' bei Boiste 1803), *satellisation* (V,136; DDM verzeichnet nur modernes *satelliser* seit ca. 1957) u. a. m. Soweit nur einige willkürlich ausgewählte Einzelbeispiele; eine systematische Untersuchung des Wortschatzes Restifs wäre gewiß eine lohnenswerte Aufgabe.

[14] Wir zitieren nach der sechsbändigen Ausgabe der Collection des Tuileries von 1959.

[15] »je vis que la qualité d'auteur et de poète de M. Progrès, qui avait fait à la *Dunciade* un dernier Chant, intitulé le *Bâton* (pour son auteur), était un charme tout-puissant auprès d'une *lecturomane* enragée«, Monsieur Nicolas III,534.

[16] »je ne lui reproche que sa bassesse et sa *rampomanie*, sa *servitudibilité*«, ib. IV, 12.

[17] »Dans ma *dramomanie*, qui me tint de 1784 à 1791, j'allai jusqu'à faire un drame en cinq volumes«, ib. IV,196. S. dazu auch Eugen Dühren, Rétif de la Bretonne. Der Mensch, der Schriftsteller, der Reformator, Berlin 1906, 265. – Zu *dramomanie* s. noch hier 52.

[18] »Une vive énergie me fit surmonter les premiers dégoûts et cette lassitude de travail qui accompagne les commencements de l'art d'écricre. J'avais la belle Rose toujours présente; elle était ma Muse, et j'avançais l'ouvrage. J'y pris goût enfin, et quelques pensées m'ayant ébloui, comme il arrive à tant de petits auteurs, je crus produire un chef-d'œuvre: ce qui m'encouragea. Je me rappelle que les jours de fête, particulièrement consacrés à mon *auteuromanie*, je passais fièrement dans les rues, l'air pensif, et me disant tout bas: ‹Qui croirait en me voyant, que je viens d'écrire les belles choses de ce matin! ...›«, Monsieur Nicolas VI,469. S. auch E. Dühren, op. cit. 404.

[19] S. hier 44 und 52.

[20] Vgl. noch *La Manie des mariages* (1802), hier 47 n44. – Ähnlich auch *matrimoniomanie* 'manie de se marier' (1812, s. hier 46; Moz 1842–Lar 1949), *matrimoniomane* '(celui) qui a la manie de se marier' (Moz 1842, »inusité«); s. noch FEW 6/I,499a.

[21] Fr. *admiromane* wird zwar von den Wörterbüchern bis LarI gebucht, scheint jedoch nie geläufig gewesen zu sein. Ebenso *admiromanie* 'manie de tout admirer' (Raym 1824–LarI).

réformer', wenngleich dafür eigentliche Belege fehlen. Da jedoch sowohl Lar 1875 als auch E. Dühren in der genannten Monographie, wohl unabhängig voneinander, von Restifs *réformomanie*[22] bzw. *Reformmanie*[23] sprechen, ist auch hier die Autorschaft Restifs nicht ausgeschlossen[24].

Der große Aufschwung, den die Bildungsweise mit *-(o)manie* und *-(o)mane* im Französischen seit der 2. Hälfte des 18. Jhs erfahren hat und der völlig parallel verläuft mit der zeitbedingten Tendenz zur allgemeinen Bereicherung des Wortschatzes[25], spiegelt sich auch in den Wörterbüchern und namentlich in den zu jener Epoche besonders häufigen Neologismensammlungen wider. Sind uns im *Néologiste Français* von 1796 bereits die Bildungen *francomanie, gall(ic)omanie, patriomanie, prussiomanie* und *républicomanie* begegnet[26], so erhöht sich die Zahl der auf diese Weise lexikographisch erfaßten Neubildungen noch beträchtlich in Merciers 1801 erschienener *Néologie*[27]. Wenn auch die Rolle Merciers als Wortschöpfer einerseits und als kompilatorischer Lexikograph andererseits trotz den Untersuchungen von Alexis François noch bis heute weitgehend ungeklärt ist[28], so läßt sich doch sagen, daß zahlreiche Bildungen erst durch die Aufnahme in Merciers Wortsammlung Eingang in die Wörterbücher des 19. Jhs bis Larousse fanden[29]. So verweist Lar 1866 auch im Fall von *anecdotomanie* 'manie de rechercher, de raconter des anecdotes' (Merc

---

[22] Lar 1875 s. v. *Rétif de la Bretonne.* – Ebenso spricht Marc Chadourne, Restif de la Bretonne ou le siècle prophétique, Paris 1958, 166 von Restifs »réformomanie«.

[23] E. Dühren, op. cit. 483.

[24] Dagegen schuf wohl Dühren unter dem Eindruck der Neologismen Restifs die Bildung *Restifomanen*, E. Dühren, op. cit. 248; s. dazu noch FestsWandr 147. – Ähnlich erklärt sich wohl auch *inscriptiomanie* bei Jean Plessis, Restif de la Bretonne et l'Inscriptiomanie, Vie et Langage 1960, 115–122 (dort auch *inscriptiomane* s. adj., ib. 118 und 120).

[25] S. dazu etwa die Kapitel Le néologisme und La néologie bei Br 6,1053ff.

[26] Schon 1789 *foliomanie* (< *in-folio*) im Dictionnaire national et anecdotique, pour servir à l'intelligence des mots dont notre langue s'est enrichie depuis la révolution von P. N. Chantreau; s. dazu noch Br 9,809 n1.

[27] So verzeichnet Merc 1801 *admiromane, anecdotomanie, anglomaniaque, -maniser, dansomanie, iconomane, lacrymanie, littéromanie, pictomane* und *scribomanie*.

[28] So schreibt A. François einerseits »Il y a dans les 700 pages de la *Néologie*, quantité de vieux mots, d'autres récemment apparus, d'autres enfin créés par Mercier lui-même«, Br 6,1149 (zu Merciers *Néologie* s. auch Br 10,760ff.), andererseits stellt er im Rahmen seiner Untersuchung der französischen Bildungen auf *-ance* fest: »Mercier n'invente ordinairement rien. Il se borne à recueillir et patronner«, A. François, La désinence »ance« dans le vocabulaire français. Une »pédale« de la langue et du style, Genève – Lille 1950, 18. Eine endgültige Entscheidung dieser Frage muß einer Spezialuntersuchung vorbehalten bleiben, die wir im Augenblick vorbereiten.

[29] Vgl. etwa aus unseren Materialien neben *admiromane* und *littéromanie* die schon im ausgehenden 18. Jh. bezeugte Form *scribomanie*, zu der Boiste 1829 ausdrücklich auf Mercier verweist.

1801–Lar 1866)[30] ausdrücklich auf Mercier, ohne daß sich dabei freilich mit Sicherheit feststellen ließe, ob Merciers *Néologie* lediglich die Vermittlerrolle gespielt hat oder ob Mercier selbst als Wortschöpfer dieser Bildung zu betrachten ist.

Konnten wir im 18. Jh. Neubildungen auf *-(o)manie* und *-(o)mane* u. a. bei Helvétius, Diderot, Beaumarchais, Rousseau, Voltaire und Restif nachweisen, so bleibt diese Bildungsweise auch bei den Autoren des 19. Jhs weiterhin geläufig. Zahlreiche Bildungen dieses Typus finden wir etwa bei Stendhal, der als Wortschöpfer von *agriculturomane*[31] bereits weiter oben genannt wurde[32]. Neben längst im französischen Wortschatz fest verankertem *mélomane*[33] und *métromane*[34] bzw. *métromanie*[35] sowie dem im Titel eines imaginären Theaterstücks erscheinenden *soldatomanie*[36] sind bei Stendhal auch die vereinzelten Bildungen *ducomanie* (1818, DatLex II), *littératuromanie* 'manie de la littérature'[37] und *versaillomane* 'qui a un goût excessif pour Versailles'[38] bezeugt. Etienne de Jouy spricht 1812 vom »goût des lettres autographes«, von dem ein *autographomane* 'celui qui se livre avec passion à la recherche des autographes, qui s'occupe d'en faire des collections' (1812–Lar 1866, s. DatLex)[39] erfaßt ist, während Maurice Ourry, der Verfasser von *La Famille mélomane* und *Monsieur et madame Jobineau, ou la Manie des campagnes*[40], die Neologismen *dadamanie* 'opiniâtreté de certains hommes, toujours à cheval sur une idée fixe, ou remontant toujours sur leur bête' (Besch 1845–MozS 1859) und *épithétomanie* 'habitude, manie d'accumuler les épithètes' (Besch 1845–Lar 1870) gebraucht. Wohl auf

---

[30] Dazu *anecdotomane* 'celui, celle qui est possédé de l'anecdotomanie' (Merc 1801 s. v. *anecdotomanie* - Lar 1866).

[31] Stendhal, Œuvres intimes. Texte établi et annoté par Henri Martineau, Bibliothèque de la Pléiade, 1955, 583.

[32] S. hier 57. – Zum »néologisme plaisant« bei Stendhal s. auch E. de Ullmann, FrMod 24, 1956, 168.

[33] Stendhal, op. cit. 504.

[34] S. hier 47 n44.

[35] Stendhal, op. cit. 160; s. auch ib. 587, 607.

[36] S. hier 47 n44.

[37] »Mais depuis, pour suivre cet exemple, que la gloire du théâtre est vantée, analysée, que la *littératuromanie* en a fait un des grands ingrédients de toutes les conversations, l'applaudissement de chaque homme est devenu matière commerçable«, Stendhal, op. cit. 751. Ebenso in Le Sourire, 11. 4. 1908, 8a.

[38] »Nous partons pour Trianon après un verre d'excellent malaga. M. Clédat, quoique un peu *versaillomane*, ne manque pas d'esprit, et il le prouve en ayant des vins excellents, mais sans glace; c'est bien dommage«, Stendhal, op. cit. 964.

[39] Vgl. etwa auch 1852: »De même que le bibliomane, son aîné, tiendra toujours moins de compte de la valeur intrinsèque d'un livre, que de sa rareté et de sa singularité, l'*autographomane* s'inquiétera toujours, avant tout, de l'authenticité de l'écriture et du seing«, Le Magasin des Familles 1852, 27f. – Dazu *autographomanie* 'manie de rechercher les écrits autographes' (Moz 1842–Lar 1866).

[40] S. hier 46 und 47 n44.

Balzac[41] zurück gehen neben dem schon erwähnten *tableaumane*[42] auch die Neubildungen *modimane* (Matoré 44)[43] und *bricabracomanie* 'manie d'acheter, de collectionner des objets de curiosité'[44]. Bei Flaubert findet sich neben dem bereits genannten *gouvernementomane*[45] auch die vereinzelte Bildung *tendro-manie* 'manie d'être tendre' (1853)[46], und selbst der keineswegs neologismenfreudige Baudelaire kann sich der Produktivität unseres Bildungstypus nicht entziehen, wenn er von sich selbst sagt, er sei schon sehr früh von der *lexicomanie* ergriffen worden[47]. Weitere Bildungen dieses Typus finden sich bei den Gebrüdern Goncourt und bei Huysmans. Neben *teutomane*[48] und *grécomanie*[49] bezeugt Fuchs im Tagebuch der Goncourts *bricomanie* 'amour du bibelot, des collections (?)' (1876)[50] und *statuomanie* 'manie d'élever des statues' (seit 1887, FEW 12,246b)[51], Rheims bei den gleichen Autoren die scherzhafte Bildung *poulomanie* 'goût excessif pour la volaille' (1868), während bei Huysmans neben der Ableitung *se monomaniser*[52] auch die Formen *épimane*[53], *mégalomane*, *éthéromane* und *morphinomane*[54] sowie vereinzeltes *indigomanie* 'manie des peintres d'employer l'indigo' (1883) nachgewiesen wurden[55]. Auf die Neuprägung *bla-*

---

[41] Zu den Neologismen bei Balzac s. allgemein Br 12,377ff.

[42] S. hier 56.

[43] »Le déjeuner se trouve donc aujourd'hui l'écueil des disciples de la fashion. Un maître, un *modimane* reconnaît le degré d'élégance auquel est parvenu son amphitryon, en jetant un coup-d'œil sur la table«, H. de Balzac, Œuvres complètes, éd. Conard, t. XXXIX, Paris 1938, 46. – Ebenso bei Balzac *modiphile*, Matoré 44.

[44] Balzac, La comédie humaine, Bibliothèque de la Pléiade, t. VI,802; s. auch Lar 1867. Ebenso noch SVSuppl 1894. – Vgl. daneben bei Balzac auch *Bricabraquologie* (op. cit. VI,532), *Bric-à-braquologie* (ib. 567; s. dazu noch DatLex).

[45] S. hier 60.

[46] Klingler 95f., Wiesner, op. cit. 126.

[47] »Il me demanda ensuite, avec œil curieusement méfiant, et comme pour m'éprouver, si j'aimais à lire des dictionnaires. ... Par bonheur, j'avais été pris très jeune de *lexicomanie* ...«, zit. nach L. Petit de Julleville, Histoire de la langue et de la littérature française des origines à 1900, t. VIII, Paris 1899, 787 n1; s. auch RPh 44,187 sowie G. Matoré, Histoire des dictionnaires français, Paris 1968, 35.

[48] S. hier 49 n12.

[49] S. hier 51.

[50] S. dazu auch Rheims.

[51] Ebenso schon 1885 (s. hier 47) sowie Le Sourire, 19. 5. 1900, 11a. Vgl. auch Gustave Pessard, Statuomanie parisienne, étude critique sur l'abus des statues, Paris 1912 (s. BN). – Daneben vereinzelt *statuomane* 'celui qui a la statuomanie' SVSuppl 1894. – Ähnlich it. *monumentomania* (seit 19. Jh., BattAl).

[52] S. hier 23.

[53] S. hier 21.

[54] S. hier 33 n96.

[55] M. Cressot, La phrase et le vocabulaire de J.-K. Huysmans, Paris 1938. Zu einzelnen dieser Formen s. auch Rheims.

sonomane 'celui qui a un goût passionné pour les blasons' (1898) bei P. Bourget[56] hat schon Nyrop in seiner Wortbildungslehre aufmerksam gemacht[57].

9. Fr. *décalcomanie* 'procédé par lequel on décalque des images peintes sur du papier'

Noch heute vital und in fast allen modernen Wörterbüchern verzeichnet ist fr. *décalcomanie*, für das sich auch in den anderen romanischen Sprachen eine Entsprechung findet[1]. Robert definiert das Wort mit 'procédé par lequel on décalque (sur du papier, de la porcelaine, etc.) des images peintes sur du papier', während RobPt noch hinzufügt: »*Par ext.* Ces images«[2]. Diese Bedeutungsentwicklung von -*(o)manie* bis zum völligen Verlust des etymologischen Inhalts 'manie, goût excessif' erscheint zunächst völlig isoliert und bedarf daher eines ausführlicheren historischen Kommentars. Als Übergangsbeispiel für die Bedeutungsentwicklung von 'goût excessif' zu neutralem 'procédé de faire des décalques' ließe sich allenfalls der folgende, bei LiS zitierte Beleg von 1876 anführen, für den Littré die Bedeutung 'mode, manie de décalquer' angibt:

Telle fut au XVIIIe siècle la mode du parfilage et des découpures, qui s'est reproduite de nos jours sous le nom de *décalcomanie* ...

Doch ist dieser Beleg allein nicht ausreichend, um die recht ungewöhnliche Bedeutung 'procédé de faire des décalques' zu erklären. Es erscheint daher angebracht, dieser Entwicklung anhand zeitgenössischer Texte weiter nachzugehen. Betrachten wir dazu zunächst eine Bemerkung von Lar 1870, der im enzyklopädischen Teil des Artikels *décalcomanie* schreibt:

Il ne faut pas confondre la *décalcomanie* avec la *potichomanie*, qui est un de ses dérivés, il est vrai, mais qui pourtant en diffère en certaines parties.

---

[56] »Depuis ces quelques jours qu'il était à Londres, il connaissait déjà par cœur tous les titres des vingt et un ducs anglais et fils aînés de ducs. L'ordre de préséance des marquis n'avait plus de secrets pour lui, et il savait la date de création de tous les comtes antérieurs aux Georges. D'ordinaire la jeune femme avait pour ce naïf ridicule une indulgence souriante ... Ce matin-là, l'impatience fut la plus forte, et la grande dame eut dans la voix presque toute l'aigreur des bourgeoises acariâtres pour demander au *blasonomane* qu'il voulût bien la laisser seule«, Paul Bourget, Complications sentimentales, Paris 1898, 39f.

[57] S. hier 5.

[1] Vgl. etwa it. *decalcomania* und *calcomania* (seit 19. Jh., BattAl), sp. *calcomanía* (seit 1884, Corom); ebenso e. *decalcomania* (seit 1865, schon 1864 in der französischen Form *decalcomanie*, OxfDict).

[2] Ebenso Lar 1960. FEW 2,65b definiert nicht ganz zutreffend mit 'métier de celui qui fait des décalquages'.

Das ähnlich gebildete *potichomanie* wird FEW 9,266b unter Berufung auf Hav mit der etymologisch leichter verständlichen Bedeutung 'passion de faire des potiches avec des verres décorés en papier' von 1854 bis Lar 1932 belegt. Daß die beiden Bezeichnungen jedoch in ihrer Bedeutungsentwicklung von 'goût excessif' zu neutralem 'procédé' auf der gleichen Stufe stehen, zeigt auch der bereits zitierte Beleg aus LiS, den wir nun im vollen Wortlaut wiedergeben:

> Il en est d'autres [scil. jouets] qui excitèrent, à certaines époques de notre histoire, un engouement qu'on ne peut expliquer que par les caprices de la mode. Tel fut le bilboquet, sous le règne de Henri III d'abord et plus tard vers 1789; telle fut, au dix-huitième siècle, la mode du parfilage et des découpures, qui s'est reproduite de nos jours sous le nom de *décalcomanie, potichomanie,* etc.; ... Mais, parmi ces modes bizarres, aucune ne sévit avec plus de fureur que le jeu des *pantins* en 1756[3].

Es ist daher unerläßlich, diese beiden Bildungen im folgenden im Zusammenhang zu behandeln. Nach der übereinstimmenden Aussage von BW, DDM und RobPt ist fr. *décalcomanie* seit 1840 bezeugt, nach FEW 2,65b seit ca. 1840 unter Berufung auf Gay. Dieser schreibt im ersten, 1882–1887 erschienenen Band seines *Glossaire archéologique* s. v. *décalcomanie:*

> Tel est le nom que portait, il y a quarante ans environ, le renouvellement d'un artifice industriel dont *le Livre commode* de du Pradel signale l'existence à l'époque de Louis XIV.

Auf dieser recht unverbindlich gehaltenen Formulierung Gays, die durch keine Belege gestützt ist, beruhen die übereinstimmenden chronologischen Angaben der oben erwähnten etymologischen Wörterbücher. Da für diese Zeit jedoch keine Belege vorliegen – so fehlt das Wort etwa auch bei Besch 1845, Mozin und MozS 1859 –, erscheint es doch ratsam, mit Lar 1870 das Aufkommen von Wort und Sache zunächst auf ca. 1862 zu datieren[4]. Damit ergibt sich, entgegen der weiter oben zitierten Bemerkung von Lar 1870, eine Priorität von *potichomanie*[5], so daß wir uns im folgenden zunächst dieser Bildung zuwenden können.

---

[3] Journal officiel, 8. 1. 1876, 205c; s. auch noch LiS s. v. *potichomanie.* – Vgl. ebenso im Englischen 1865 »The *potichomania* ... assumed a still more virulent craze when *decalcomania* was ushered into the world«, OxfDict s. v. *decalcomania.*

[4] »On a donné le nom de *décalcomanie* à un amusement de société qui a été fort à la mode vers 1862, et qui consistait à découper des gravures pour les transporter sur du bois, sur du verre ou sur d'autres matières«, Lar 1870 s. v. *décalcomanie.* Vgl. auch den englischen Erstbeleg vom 27. Februar 1864: »There are few employments for leisure hours which for the past eighteen months have proved either so fashionable or fascinating as *decalcomanie*«, OxfDict s. v. *decalcomania.*

[5] So verzeichnet auch MozS 1859 *potichomanie,* jedoch nicht *décalcomanie.* Vgl. noch den Anm. 3 zitierten englischen Beleg von 1865.

Als Erstdatum von fr. *potichomanie* 'passion de faire des potiches avec des verres décorés en papier' gilt, wie bereits erwähnt, das Jahr 1854. Diese Datierung des FEW beruht auf Hav, der ein 1854 in Paris veröffentlichtes Gedicht *Potichomanie* erwähnt. Wenn dieser Beleg auch zu streichen ist, da, wie wir weiter oben[6] gezeigt haben, der Titel dieses Gedichtes *La Potichomanide* lautet, so sind wir damit dennoch dem Aufkommen dieser Modeerscheinung, die allseits beliebten chinesischen Porzellanvasen (*potiches*)[7] nachzuahmen, sehr nahe gekommen[8]. Eine weitere chronologische Präzisierung gibt Louis Huart im *Charivari*:

> La *potichomanie*, cette mode qui date de six mois, commence à faire son temps, – elle ne tardera pas à être remplacée par la *poissomanie*.
> A l'heure qu'il est, une foule de Parisiennes et des plus élégantes ne rêvent plus que pisciculture ... La *poissomanie* a un bon côté, c'est qu'elle permettra d'utiliser les immenses quantités de potiches et autres vases plus ou moins chinois qui encombrent toutes les cheminées et toutes les étagères, et dont on ne savait que faire.
> Maintenant, au lieu de remplir ce vase avec des bouquets fanés, ce qui n'était pas beau, ou avec des fleurs en papier, ce qui était fort laid, on les remplira d'eau et dans cette eau on placera des petits poissons[9].

Der älteste uns bekannte Beleg des Wortes stammt vom 12. September des gleichen Jahres, wo diese Mode bereits ausführlich glossiert wird:

LA POTICHOMANIE

– Etes-vous *potichomane*?
– Non, monsieur, mais je suis *potichophile*, ce qui est bien différent.
– Vous trouvez?
– Parbleu! En ma qualité de *potichophile* j'aime les potiches, cela est vrai, mais mon amour ne va pas jusqu'à la folie, jusqu'à la monomanie ...
Dans toutes les choses humaines il y a trois degrés. Le premier degré se termine en *phile*.
Le second en *lâtre*.
Le troisième en *mane*.
Le *phile* est celui qui aime; russophile (qui aime les Russes, se dit de l'Assemblée nationale).
Le *lâtre* est celui qui adore, qui professe un culte; idolâtre, celui qui adore des idoles ...
Le *mane* est celui qui est arrivé au paroxysme de la *philie* et de la *lâtrie*. Vous comprenez maintenant toute la différence qui existe entre nous.
– Parfaitement.
– Vous vous contenterez de m'appeler *potichophile*.
– Je vous le promets.

---

[6] S. hier 42.
[7] *Potiche* selbst ist in dieser Bedeutung seit 1832 bezeugt, FEW 9,266b; s. auch DDM s. v.
[8] Hav und Lar 1963 datieren diese Mode auf ca. 1850. Im Englischen ist *potichomania* ebenso wie die Variante *potichomanie* seit 1855 bezeugt.
[9] Le Charivari, 1. 10. 1854, 2.

– Eh! bien, mon cher *potichomane*, faites-moi le plaisir de me dire ce que vous comptez faire de tous les vases, verres, gobelets, que vous transformez en potiche par le procédé-Japon. La potiche est quelque chose de précieux par sa rareté; dès que vous couvrez de potiche le sol de Paris et de la France, le principal mérite de la potiche disparaît, il n'y a plus de potiche.

Interrogez tous les *potichoglosses*, ils vous diront que les Chinois eux-mêmes n'estiment la potiche que parce qu'elle est rare. Tout Chinois un peu lettré connaît au juste le nombre de potiches qui existent dans l'empire céleste; dès qu'une potiche se brise ou se case [sic], c'est un immense cri de joie parmi tous les *potichomanes* qui célèbrent cet événement par un banquet. Les *potichophiles* se contentent de faire illuminer le soir la porte de leur maison avec des lanternes de couleur.

...

Pour vous donner une idée de l'espèce de culte dont certains *poticholâtres* entourent leur idole, il me suffira de dire qu'il y a à Nankin des *poticholâtres* qui ne se permettent de jeter un regard sur leurs potiches que deux ou trois fois dans l'année, aux fêtes solennelles; ils craindraient de les user en les regardant plus souvent.

Une des charges les plus importantes de la cour de Pékin est celle de *potichographe* de l'empereur. Les fonctions de *potichographe* consistent à écrire l'histoire des potiches ...

Les rebelles chinois, au dire des plus récens voyageurs, sont *potichoclastes*, c'est-à-dire qu'ils brisent toutes les potiches qui se trouvent sous leur main. Aussi les *potichomanes* sont-ils dans la jubilation.

Telle est la situation exacte de la potiche en Chine. Quant à ce qu'on appelle *potichomanie* en France, j'avoue que je ne crois pas à son avenir.

Ce n'est pas dans un pays où l'on a fait une révolution contre la tapisserie,

Où le parfilage est mort sous les quolibets et sous les sarcasmes de nos pères,

Où le découpage n'a pas su se soutenir plus de deux ou trois ans, malgré l'appui que lui prêtaient les magistrats et les auditeurs au conseil d'Etat,

Où on n'aurait pas assez de moqueries contre un homme qui voudrait s'amuser à faire des silhouettes.

Ce n'est pas dans un tel pays, dis-je, qu'on se fanatisera beaucoup pour l'art d'enluminer des pots.

D'ailleurs dans ce moment-ci la France ne comprend que la photographie. On ne rencontre de tous côtés que *photographiles*, *photographomanes* et *photographolâtres*. Il n'y a jamais en France deux philies, deux lâtries et deux manies à la fois[10].

Die Bedeutung des Wortes geht aus den bisher zitierten Belegen deutlich hervor. Unzweifelhaft bezeichnet hier *potichomanie* jene in der Gesellschaft von Paris wie im übrigen Frankreich, aber auch über die Grenzen hinaus[11] grassierende Leidenschaft, die Honoré Daumier zu einer Serie von Karikaturen unter dem Titel *La Potichomanie* anregte[12]. Doch schon im gleichen Jahr läßt sich innerhalb dieser Bildung eine klare Bedeutungsverschiebung nachweisen. Wiederum lesen wir in einem Artikel des *Charivari*:

---

[10] Le Charivari, 12. 9. 1854, 2.

[11] S. dazu weiter unten (hier 72) den Beleg aus *La Potichomanide*; zum Englischen s. noch OxfDict.

[12] Le Charivari, 20. 1., 25. 1., 29. 1., 2. 2., 5. 2., 6. 2., 7. 2. und 10. 2. 1855.

Il y a des gens que la *potichomanie* rend furieux et dont la fureur nous semble parfaitement raisonnable. Mensonge des mensonges et tout n'est que mensonge dans cette triste époque où nous vivons, nous disait dernièrement un de ces *anti--potichomanes*, figurez-vous que je sors de chez un de mes amis qui a tenu à me montrer son nouvel appartement.

. . .

– Pour le coup voilà de fort belles potiches chinoises.

– Achetées dans un magasin de *potichomanie*.

. . .

On a prétendu que les clubs, le cigare, les journaux avaient tué l'ancienne conversation. C'est possible, en tout cas la *potichomanie* vient de lui porter le dernier coup.

Qui nous aurait dit qu'un jour nous regretterions l'assommant parfilage et l'insupportable *silhouettomanie* de nos pères? Les marquises de l'ancien régime parlaient du moins aux colonels qui parfilaient avec elles; pour réussir une silhouette il fallait regarder les gens; ces portraits au ciseau demandaient un certain art. Quel art y a-t-il dans la *potichomanie?* Que les femmes y prennent garde! La *potichomanie* mettra la dernière pierre au mur qui s'élève déjà entre les deux sexes; l'homme s'éloigne de la femme, il la fuira maintenant. Mais, que dis-je! les femmes ont disparu, il n'y a plus que des *potichomanes*[13].

Ist zu Beginn dieses Abschnitts noch von einer *fureur* die Rede, so zeigt doch schon die Verbindung *magasin de potichomanie* einen deutlichen Verlust der ursprünglichen etymologischen Bedeutung, *potichomanie* bezeichnet vielmehr bereits die Beschäftigung selbst und den Vorgang, solche *potiches* herzustellen. Eindeutig wird diese Bedeutungsverschiebung in den Annoncen einzelner Firmen, die sich diese Mode sehr rasch zunutze machten:

Couleurs liquides pour la potichomanie

Bouteilles de couleurs de toutes les nuances de porcelaines pour être coulées dans les potiches[14].

POTICHOMANIE

. . . . .

Grand assortiment de verres et dessins pour la POTICHOMANIE[15]

und noch um die Mitte des folgenden Jahres

POTICHOMANIE (Spécialité)

Collin, couleurs p^r potiche, r. N^{ve}-P^{ts}-Champs, 42
Perrier, b^{té}, grand assortiment, p^{ge} Choiseul, 46[16].

Ebenso ist die auf Kosten des etymologischen Gehalts entstandene Aktionsbedeutung aus den folgenden Belegen ersichtlich:

---

[13] Le Charivari, 30. 10. 1854, 2–4.
[14] Le Charivari, 28. 10. 1854, 4.
[15] Le Charivari, 11. 11. 1854, 4.
[16] Le Charivari, 13. 6. 1855, 4.

Croiriez-vous que j'estime et que j'aime mille fois plus une jeune fille qui fait des layettes pour les petis orphelins, qu'une jeune fille qui fait de la *potichomanie* une occupation sérieuse et constante[17].

il y a aujourd'hui en France, sans exagérer, plus d'un million de personnes qui s'occupent de *Potichomanie*; sans parler du mouvement qui s'opère à cette occasion, en Allemagne, en Angleterre et aux États-Unis ...[18]

Son père faisait collection de tabatières, et pendant un certain temps sa mère a fait de la *potichomanie*[19].

Als Übergangsstufe dieser Entwicklung aber ist wohl die Bedeutung 'art de faire des potiches' anzusetzen, wie sie sich aus der weiter oben aufgezeigten Funktion von -(o)manie in Bildungen wie *fleurimanie, foutromanie* u. ä. ergibt[20]. In diesem Sinne erklärt sich auch das bereits mehrfach erwähnte Gedicht *La Potichomanide* mit dem bezeichnenden Untertitel *Poème en trois chants, sur l'art d'imiter les porcelaines de Chine, du Japon, de Sèvres, de Saxe, les vases étrusques, égyptiens, etc.*

Die gleiche Doppelbedeutung wie *potichomanie* hat auch das entsprechend gebildete *potichomane*. Auf der einen Seite '(celui) qui a la manie de faire des potiches', vgl. etwa den weiter oben zitierten Erstbeleg aus dem *Charivari* vom 12. 9. 1854, auf der anderen Seite die sekundäre Bedeutung '(celui) qui pratique la potichomanie, qui est expert dans l'art de faire des potiches'. Zu dieser zweiten Bedeutung vgl. etwa die folgende Stelle:

Nous prions instamment M. le Directeur de la Grande-Maison de Potichomanie, sise au péristyle Montpensier, n° 231, de ne pas considérer comme un persiflage le mot de *Grand-Potichomane* que nous lui donnons en cette circonstance. La Potichomanie est acquise à l'industrie, et le mot *potichomane* a ici la signification de peintre, de musicien, de filateur, de maître de forges, etc., appliquée à celui qui cultive telle branche artistique ou manufacturière. Quant au mot *grand*, nous l'avons employé pour justifier le titre de *Grande-Maison* que porte son établissement[21].

Die hier vorliegende Funktion von -(o)mane, die schon bei *foutromane* vorgebildet war, läßt sich auch in der Folgezeit noch vereinzelt nachweisen. So meldete sich Joseph Pujol, der den Medizinern seiner Zeit manches ana-

---

[17] Le Magasin des Familles, novembre 1854, 322.
[18] La Potichomanide, poème en trois chants, Paris 1854, 25 n.
[19] Le Charivari, 29. 10. 1862, 1/2. – Vgl. etwa auch im Englischen 1863 »He ... talked about chemistry and Mr. Faraday; taught my wife *potichomanie* and modelling in wax«, OxfDict s. v. *potichomania*, wo daher zu Recht die beiden Bedeutungen 'the craze for imitating Japanese and other porcelain ...' und 'the process of doing this' angegeben werden.
[20] Daß diese Bedeutungsverschiebung keineswegs auf Titel von Traktaten, Lehrgedichten und dergl. beschränkt bleibt, zeigt etwa auch der folgende Beleg von 1851: »Pour les personnes peu versées dans la *bibliomanie*, cette explication est utile«, Alexandre Sirand, Bibliographie de l'Ain, ... précédée d'une histoire de l'imprimerie dans le département de l'Ain, Bourg-en-Bresse 1851, 13.
[21] La Potichomanide 110 n10.

tomische Rätsel aufgab, 1892 beim Direktor des Pariser Kabaretts Moulin Rouge mit den Worten: »Je suis le *Pétomane* et je désire être engagé dans votre établissement«[22], und von seiner Vorstellung vor dem Publikum ist der folgende Wortlaut überliefert:

Mesdames, Mesdemoiselles, Messieurs,
Je vais avoir l'honneur de présenter devant vous une séance de *Pétomanie*. Le mot *Pétomane* veut dire: homme qui pète à volonté; mais ne craignez rien pour votre odorat: mes parents se sont ruinés pour me parfumer le rectum[23].

Zu weiteren Einzelheiten über Pujol und seine Auftritte, die sich bis 1887 zurückverfolgen lassen, als er erstmals seine seltene Kunst dem Publikum von Marseille vorführte, sei auf das Buch von J. Nohain und F. Caradec verwiesen; als lexikalische Auswirkung seines kabarettistischen Erfolgs sei hier lediglich die Neubildung *ventomane* genannt, die 1893, also unmittelbar nach seinem Pariser Debut, zur Bezeichnung der Titelfigur eines »monologue comique« geprägt wurde[24].

Sodann findet sich *pétomane* als populär gekennzeichnetes Wort auch bei Vill 1912 ('Jahrmarktskünstler der niedrigsten Sorte; Furzer'), ohne freilich Eingang in die allgemeinsprachlichen Wörterbücher zu finden. Doch im Gegensatz zu mancher jahrhundertelang registrierten Form konnte sich das Wort noch bis auf den heutigen Tag halten, oder vielmehr wurde es in jüngster Zeit wieder aufgenommen und gelangte zu neuer Vitalität[25], wofür im folgenden einige Belege Zeugnis ablegen sollen:

cul par-dessus tête avec un guitariste de bastringue nocturne. Tout fait farine à ce moulin. Ne désespérons pas d'y voir M. Paul Guth mêler ses doux accents à ceux d'un *pétomane*[26].

Dans le vent
»France-soir« (1–7) révèle: Henri Sire, producteur de l'O. R. T. F., qui s'occupe du »Journal de Paris«, va faire son premier disque.
Henri Sire ne chantera pas, il ne jouera d'aucun instrument: il a été engagé comme *pétomane*.
Et ce n'est pas le seul pour qui ça sent mauvais à la Maison Ronde![27]

Dans le vent
Suite à l'écho paru sous ce titre, la semaine dernière, le producteur de l'O.R.T.F.,

---

[22] Jean Nohain – F. Caradec, Le Pétomane (1857–1945). Sa vie – son œuvre, Paris 1967, 20. – Vgl. schon 1893 Humblot, Pétomane par amour! histoire comique, mais morale (zit. nach BN).
[23] Nohain-Caradec, op. cit. 21.
[24] E. Grenet-Dancourt, Le Ventomane, monologue comique soupiré par X..., Sociétaire de la Comédie-Française, Paris 1893.
[25] Vgl. außer dem bereits genannten Buch von Nohain und Caradec (s. dazu auch Le Canard enchaîné, 5. 7. 1967) schon Dictionnaire Canard 61, S. 61; s. jetzt auch France-Soir, 14. 2. 1972, 13e.
[26] Le Canard enchaîné, 29. 1. 1964; s. jetzt auch BlochRunk 174.
[27] Le Canard enchaîné, 5. 7. 1967.

Henri Sire, nous fait savoir que l'intention à lui prêtée d'enregistrer un disque de *pétomane* est totalement dénuée de fondement[28].

le minuscule émetteur qui tient dans un grain de riz que vous faites avaler, mêlé à son entremets, à la personne que vous avez prise en filature. Et qui désormais va émettre un ou deux »bip« par seconde. Une sorte de *pétomane* électronique, quoi![29]

Daphné me dit alors merci, d'une voix qui évoque un concours de *pétomanes* dans la crypte d'une cathédrale![30]

Die gleiche Bildungsweise liegt vor bei *sifflomane*, das erstmals bei LarI verzeichnet ist[31], der dazu schreibt: »n. et adj. Se dit d'une personne qui a la manie de siffler. // Spécial. Personne qui siffle avec un talent tout particulier: Produire un SIFFLOMANE, un artiste SIFFLOMANE dans un café-concert«[32]. Der zitierte Beispielsatz zeigt deutlich die Funktionsverschiebung von *-(o)mane* wie im Fall von *pétomane*, so daß man sich fragen muß, wieweit die erste der bei Larousse genannten Bedeutungen jemals vital gewesen ist oder aber nur aus etymologischen Gründen hinzugefügt wurde.

Das gleiche gilt wohl auch für nfr. *ombromanie* 'art de faire des ombres avec les mains' (seit 1891)[33] sowie entsprechendes *ombromane* 'personne qui fait de l'ombromanie' (seit Lar 1907), wo von Anfang an nur die sekundäre Bedeutung von *-(o)manie* bzw. *-(o)mane* nachweisbar ist[34]. Eine

---

[28] Le Canard enchaîné, 12. 7. 1967.

[29] Le Canard enchaîné, 2. 7. 1969.

[30] San Antonio, San Antonio chez les Mac, Paris (Fleuve Noir) 1969, 83. – Vgl. auch schon 1954 »‹Buvant vin pur en quantité et négligeant de payer ton écot, c'est à la façon des gens de Myconos et sans même avoir été invité que tu es venu nous trouver, comme un ami tombant chez des amis! En vérité, ton ventre, t'ôtant sens et raison, t'a fait perdre toute pudeur.› Après quoi il constate que la famille de son ami, du côté paternel, descend ‹d'illustres *pétomanes!*›«, André Bonnard, Civilisation grecque: De l'Iliade au Parthénon, 10/18, 109. – Daneben vereinzelt auch *contrepétomane*: »Au nombre des *contrepétomanes* célèbres, la Comtesse a déjà cité Corneille«, Le Canard enchaîné, 16. 12. 1969, 7; s. auch Dictionnaire Canard 1971, 72.

[31] Nach FEW 11,568a seit Lar 1907. Das Wort findet sich noch bei Lar 1949, fehlt jedoch bei Lar 1933 und Lar 1964.

[32] Lar 1923 verzeichnet daneben noch *sifflomanie* 'manie de siffler', doch fehlt dieses wieder bei Lar 1949 und wird auch durch keines der übrigen Wörterbücher bestätigt. – Zu älterem *sifflomanie* (1803) s. hier 45.

[33] Gustave Rion, La Science et la physique amusantes, électricité, mathématiques, catoptrique, prestidigitation, ombromanie, effets de capillarité, Forest 1891 (zit. nach Lorenz 15,698); in den Wörterbüchern seit Lar 1907.

[34] S. auch noch zwei Belege für *ombromane* bei Rheims, der unter Verkennung dieser Bildungsweise das Wort rein etymologisierend erklärt als Bezeichnung dessen »qui raffole de l'ombre et plus particulièrement ... de celle qui règne dans les ‹salles obscures›. *Ombromane* a un sens plus fort que *cinéphile*. Les ombromanes vibrent au cinéma de même que les tableaumanes à une exposition de peinture«.

ähnliche Bedeutungsverschiebung innerhalb der Bildungen auf -(o)mane haben wir auch in d. Pyromane[35], wenn etwa in jüngster Zeit in einem Bericht über die Heidelberger Schloßbeleuchtung vom 6.7.1968 von den »staatlich lizenzierten Pyromanen« die Rede ist[36].

Doch kehren wir nach diesem Exkurs zu unserer Ausgangsform potichomanie zurück. Wenn die mit diesem Wort bezeichnete Mode auch nur von kurzer Lebensdauer war, so steht ihre Vitalität aufgrund der weiter oben zitierten Belege doch zumindest für die Zeit um 1854 außer Frage[37]. Die Vitalität der Bezeichnung aber wird darüber hinaus noch durch verschiedene zu potichomanie gebildete Ableitungen unterstrichen. Hierher gehört nicht nur die Titelform des Gedichtes La Potichomanide, sondern ebenso die vereinzelt bezeugten Formen anti-potichomane[38] und potichomaner[39].

Als vorübergehende Mode aber hat die Potichomanie[40] ihre Vorläufer und ihre Nachfolger. Schon in dem Beleg aus LiS war die Rede von der »mode du parfilage et des découpures« des 18. Jhs, und auch die in einem anderen Beleg erwähnte silhouettomanie[41] reicht noch ins 18. Jh. zurück[42].

---

[35] Zu pyromane s. hier 28 n65.

[36] Rhein-Neckar-Zeitung [Heidelberg], 8.7.1968, 3.

[37] Dagegen wird sie in jüngeren Belegen immer nur als etwas bereits Vergangenes dargestellt; vgl. etwa 1861 »Nous avons eu naguère la potichomanie qui a exercé parmi nous de grands ravages«, Le Charivari, 4.12.1861, 1b; 1862 »Depuis quelque temps on a la manie de collectionner les timbres-poste. C'est une passion aussi violente que celle de la potichomanie – d'ancienne mémoire«, Le Charivari, 7.7.1862, 2b; s. noch den weiter oben zitierten Beleg vom 29.10. 1862 sowie die Stelle aus LiS.

[38] S. den Beleg vom 30.10.1854, hier 71.

[39] »Je parie que ce poème se vendra à plus de cent mille exemplaires, car il est impossible que la plupart des dames qui passent toutes leurs soirées à potichomaner n'éprouvent pas l'envie de lire la Potichomanide«, Le Charivari, 27.11. 1854, 2.

[40] MozS 1859 gibt für das französische Wort als deutsche Entsprechung Potichomanie, doch sind uns für dieses keine weiteren Belege bekannt.

[41] S. hier 71; vgl. auch noch den Beleg vom 12.9.1854, hier 70.

[42] Zwar liegen uns keine Belege für silhouettomanie aus dem 18. Jh. vor, doch schreibt schon 1775 Biester aus Bützow an Bürger, es herrsche »eine Wut von Schattenrissen«, und um die gleiche Zeit spricht Lichtenberg von einer »physiognomischen Raserei« (Max v. Boehn, Miniaturen und Silhouetten. Ein Kapitel aus Kulturgeschichte und Kunst, 3. Auflage, München 1917, 180), während Kotzebue bereits 1810 berichtet: »die Silhouetten sind aus der Mode« (SchulzB s. v. Furore). – Fr. silhouette, dessen Benennung nach Etienne de Silhouette (1709–1767; 1759 contrôleur général des Finances) bis heute nich hinreichend erklärt ist (s. dazu zuletzt Corom s. v. silueta sowie FEW 11,613a), ist nach BW und DDM seit 1801, nach FEW und RobPt im Anschluß an Hav seit 1788 bezeugt, während KlugeM s. v. Schattenriß das daraus entlehnte d. Silhouette bereits 1779 nachweist. Daß diese Bezeichnung jedoch wesentlich früher gebildet wurde, zeigt ein Brief der Landgräfin Karoline von Hessen, die der Prinzessin Amalie 1760 einige Schattenrisse sandte und dazu schrieb: »Man behauptet, die Not habe sie erfinden lassen, also nennt man sie nach ihrem Entdecker«, zit. nach M. v. Boehn, op. cit. 178. Der älteste uns bekannte französische Beleg

Hieran anschließen läßt sich die *tabatièromanie*[43], während andere Moden dieser Art die *potichomanie* ablösten. Vgl. etwa

L'ADRESSOMANIE

Nous avons eu naguère la *potichomanie* qui a exercé parmi nous de grands ravages. Nous avons aujourd'hui l'*adressomanie* qui menace d'en exercer bien davantage.

Ce mal qui répand la terreur sévit spécialement dans les colonnes torses du journal la *Gazette de France,* lequel journal semble avoir ouvert une crèche où sont reçus tous factums, missives, proclamations adressés aux têtes couronnées et découronnées[44].

Tandis que les Italiens se constituent, que les Polonais se réveillent, que les Hongrois s'agitent, savez-vous ce que font les Français? Ils collectionnent des timbres-poste. . . . . .
Il paraît qu'il existe des êtres assez abandonnés du ciel pour se distraire en collectionnant des timbres-poste. Jusqu'ici les maniaques les plus obstinés n'avaient encore collectionné que des tabatières, des pendules ou des instru- mens de musique. Le timbre-poste doit être le dernier degré de ce genre de démence qu'on nomme la *collectionomanie*[45].

UNE FOLIE

. . . . .
Son père faisait collection de tabatières, et pendant un certain temps sa mère a fait de la *potichomanie.*
– Très bien; il suffit. Cette *tabatièromanie* paternelle et cette *potichomanie* maternelle ont produit un mixte terrible, et il en est sorti la *timbre postomanie.* Votre femme est folle.
. . . . .
– A l'heure qu'il est nous avons ici deux cent-soixante-sept personnes atteintes de la *timbro-postomanie*[46].

LA PHOTOGRAPHOMANIE

Nous avions déjà la *décalcomanie,* la *timbrepostomanie,* nous sommes menacés maintenant de la *photographomanie.*

---

entstammt dem Jahre 1778: »J'ai fait ce distigue [sic] latin, que vous pouvés mettre au bas de mon *Silhouette,* pour abréger ce que j'ai mis en prose de l'autre côté«, zit. nach Ernst Kroker, Die Ayrerische Silhouettensammlung, Leipzig 1899, 22f. Im gleichen Jahr auch im Deutschen, vgl. Jac. v. Döhren, Silhouet- ten jetztlebender Gelehrten en bou-magie. Nebst Verz. ihrer Schriften, Hft. I, Hamburg 1778, zit. nach Verzeichnis einer Sammlung von Silhouetten und Bü- chern mit Silhouetten und Schwarzbildern aller Art. Antiquariatskatalog No. 44 von Richard Härtel, Buch- und Kunstantiquariat, Dresden s. d., 17.
43 S. weiter unten sowie den Beleg vom 29. 10. 1862, hier 72.
44 Le Charivari, 4. 12. 1861, 1b.
45 Le Charivari, 1. 4. 1862, 2c; ebenso *collectionnomanie,* Lar 1869 s. v. *collection- neur.* Vgl. auch noch den hier 75 n37 zitierten Beleg vom 7. 7. 1862. Zu jünge- rem medizinisch-fachsprachlichem *collectionnomanie* s. hier 31 n88.
46 Le Charivari, 29. 10. 1862, 1/2. – FEW 13/II,454b verzeichnet noch nfr. *tim- bromanie* 'manie de collectionner les timbres-poste' (Lar 1876–1933). Als eigenes Stichwort erstmals Lar 1890; nach Lar 1876 s. v. *timbre-poste* sowie Lar 1963 s. v. *philatélie* schon ca. 1849, jedoch ohne Beleg. Daneben vereinzelt *timbro- mane* 'leidenschaftlicher Briefmarkensammler' SVSuppl 1894.

.....
Grâce à la *photographomanie*, il est permis aux femmes les plus honnêtes d'avoir une passion pour tel ou tel acteur et de le contempler sans attirer l'attention d'un mari jaloux[47].

Keine dieser Moden aber hat so nachhaltig gewirkt wie die *décalcomanie*, die daher als eigentlicher Nachfolger der *potichomanie* bezeichnet werden muß. Wiederum liefert uns der *Charivari* die ältesten Belege. Dort lesen wir erstmals am 10. November 1861 den folgenden redaktionellen Hinweis:

> La maison Susse de la place de la Bourse vient de mettre au jour une nouvelle découverte, qui est destinée à faire fureur cet hiver: c'est un procédé aussi simple qu'ingénieux à l'aide duquel on peut décalquer instantanément soi-même des fleurs et des sujets en couleur sur la porcelaine, le bois, les bougies.
> Les feuilles se vendent dans la maison Susse frères, où l'on donne le procédé pour rien.
> C'est à la maison Susse que l'on doit déjà la Diaphane, ou l'art d'imiter les vitraux anciens et modernes à l'aide de feuilles transparentes, sujets religieux et autres que l'on colle sur verre, et qui ont obtenu un si grand succès[48].

Ist hier bereits von der Sache als einer absoluten Neuheit die Rede, so tritt nur wenige Wochen später auch die neue Bezeichnung hinzu:

> La maison Susse, place de la Bourse, annonce l'ouverture de ses salons d'étrennes pour 1862. ...
> Deux nouveautés de l'année font fureur: c'est la *décalcomanie* et les lampadoscopes[49].

Nachzuweisen ist das Wort indes, mit leichter graphischer Abweichung, schon am 2. 12. 1861, als die Firma Susse in einer Anzeige im *Charivari* erstmals diese neue Erfindung anpreist:

> DECALQUOMANIE ou l'art de décorer soi-même et instantanément
> la porcelaine, le bois et les bougies, à l'aide de feuilles imprimées en couleur, imitant l'aquarelle, à 1 fr. et au-dessus. Ces feuilles et le vernis magique se vendent chez MM. Susse frères, éditeurs, place de la Bourse, propriétaires du procédé, qui est donné pour rien aux acheteurs[50].

Schon dieser Erstbeleg zeigt erneut die anläßlich *potichomanie* aufgezeigte Bedeutungsverschiebung über die semantische Zwischenstufe 'art de ...' zu neutralem 'procédé', die sich nun aber von Anfang an einstellen konnte, nachdem *potichomanie* dafür bereits den Weg gewiesen hatte. Wenn auch

---

[47] Le Charivari, 9. 12. 1862, 2a. Vgl. daneben schon 1854 »D'ailleurs dans ce moment-ci la France ne comprend que la photographie. On ne rencontre de tous côtés que photographiles, *photographomanes* et photographolâtres«, Le Charivari, 12. 9. 1854, 2. Fr. *photographomanie* ist noch bei SVSuppl 1894 gebucht; dort auch *daguerréotypomane*, s. dazu hier 84.
[48] Le Charivari, 10. 11. 1861, 4c.
[49] Le Charivari, 22. 12. 1861, 5a.
[50] Le Charivari, 2. 12. 1861, 4d.

vereinzelt die Bedeutung 'manie, mode de faire des décalques' vorzuliegen scheint[51], so steht hier doch, im Gegensatz zu *potichomanie*, seit den ersten Belegen die weiterentwickelte Bedeutung 'procédé' im Zentrum des semantischen Feldes. Vor allem aber unterscheidet sich die Neubildung *décalcomanie* von allen früheren Bildungen dieser Art durch ihre längere Lebensdauer. Als Mode und beliebter Zeitvertreib der Pariser Gesellschaft wird diese Technik zwar bald von neuen Spielereien abgelöst[52], die Bezeichnung *décalcomanie* indes hat sich in ihrer neutralen Bedeutung 'procédé par lequel on décalque des images peintes sur du papier' so sehr innerhalb des französischen Wortschatzes etabliert, daß sie nicht nur eine weitere Bedeutungsentwicklung zu 'image obtenue par ce procédé' erfuhr, sondern auch noch in jüngster Zeit zu einer analogen Neubildung *encromanie* 'jeu qui consiste à plier une feuille de papier maculée d'encre fraîche pour obtenir des dessins fantastiques' (1967)[53] führen konnte.

10. Bildungen in der Zeitungssprache des 19. Jhs

Schon im vorangehenden Kapitel hat sich die Zeitungssprache und namentlich die satirische Zeitschrift *Le Charivari* als reichhaltige Quelle für unsere Materialsammlung erwiesen[1]. Konnten wir dort den Ursprung und die weitere Entwicklung der heute längst lexikalisierten Bildung *décalcomanie* verfolgen, so werden solche Belege um so häufiger, sobald wir uns den Augenblicksbildungen zuwenden, als die sich schon Formen wie *poisso-*

---

[51] Vgl. etwa die hier 76f. zitierte Stelle vom 9. 12. 1862; s. auch den Beleg bei LiS.

[52] Nicht ohne daß freilich neben der Firma Susse auch andere Geschäfte von dieser Mode profitierten; vgl. etwa »DECALCOMANIE DUPUY, Inventeur breveté s. g. d. g.«, Le Charivari, 1. 8. 1862, 4c; »DECALCOGRAPHIE, 200 planches variées et celles du jour pour orner instantanément bois, porcelaines, etc. Solidité, économie, un seul vernis sans odeur. *Décalcomanie*, diaphanie pour vitraux, objets en spa – porcelaines, etc. Boîtes complètes à 5 fr. et au-dessus. Instructions et leçons gratuites. BOTTON, DEBAIN et Cᵉ, éditeurs, boulevard Sébastopol, 67«, ib., 29.11. 1862, 4b und noch zu Beginn des folgenden Jahres »La maison spéciale V. Jacquin réunit tous les procédés de décoration instantanée: *décalcomanie, décalcochromie, décalcotechnie,* etc.«, ib., 23. 1. 1863. In einer Anzeige derselben Firma ist, mit entsprechender Bedeutungsverschiebung, auch die vereinzelte Bildung *décoromanie* belegt, die aus semantischen Gründen von der hier 46 erwähnten homonymen Form zu trennen ist: »DECOROMANIE, 1ʳᵉ maison spéciale. Réunion de tous les procédés: décalcomanie, décalcochromie, décalcotechnie, etc. Vente en gros et en détail de tout ce qui a rapport à la décoration«, ib., 15. 11. 1862, 4c; s. dazu noch Lar 1870. – Vgl. auch Alfred Ninet-Brandely, Les Vraies ficelles photographiques, ou Tours de main, formules et recettes d'une application pratique et précise, suivies de la décalcomanie photographique, Paris 1863 (s. BN).

[53] Vie et Langage 1967, 418. – S. dazu noch ZRPh 86, 1970, 542.

[1] Vgl. etwa auch *politicomanie*, hier 60 n64 sowie die zahlreichen scherzhaften Bildungen auf *-ite*; s. dazu hier 144 n7.

manie, adressomanie u. a. erwiesen hatten. Wiederum müssen wir uns auf einzelne Beispiele beschränken, die uns bei der Durchsicht einiger ausgewählter Jahrgänge dieser Zeitschrift auffielen. Wir zitieren diese Belege im folgenden in chronologischer Ordnung:

1842   LA GENTILHOMANIE
                               (Titel eines satirischen Gedichts)[2]

Aujourd'hui, à la cour d'Angleterre, le tartan règne et gouverne. Ce n'est pas une mode, c'est une rage, une infirmité, une *tartanomanie*. C'est à qui trouvera les moyens les plus ingénieux d'employer l'étoffe adorée à tous les détails de sa toilette[3]

1853   LA GUÉRIDOMANIE
Malgré la canicule les magnétiseurs ont la cruauté de forcer les guéridons à travailler plus que jamais, – ils tapent du pied, ils piaffent, ils tournent sur eux-mêmes, le fluide ne leur laisse pas un instant de repos[4]

1854 La *ruchomanie* a envahi le monde. On pose des ruches partout: sur les chapeaux, sur les robes, sur les confections[5]

1855 Il ne s'agit pas de musique cette fois, mais bien de médecine, la *tapotopathie* ne doit pas être confondue avec la *tapotomanie*, maladie fâcheuse dont sont affligés [sic] presque toutes les jeunes Parisiennes depuis qu'un certain M. Clavecin a inventé les pianos[6]

1861 La *brochuromanie* continue ses exploits. Chaque jour voit éclore cinq ou six nouvelles brochures aux couleurs variées[7]

La *médiomanie* est de nouveau en pleine floraison. Il est redevenu de bon goût, au lieu de *on dansera*, d'écrire au bas des lettres d'invitation: *on fera parler les tables*[8]

Ce chef-d'œuvre a été payé cinquante-deux mille francs, et au prix où sont les Hobbema, ce n'est certainement pas trop cher. L'*hobbemamanie* a été très ridiculisée dans ces derniers temps; mais je conseille à ceux qui ont crié le plus haut contre ce danger social d'aller passer une demi-

---

[2] Le Charivari, 29. 8. 1842, 1c. Ebenso noch als familiärer Neologismus bei SV Suppl 1894 *gentilhomanie* 'Sucht den Adel zu erhalten'.
[3] Le Charivari, 29. 9. 1842, 1a.
[4] Le Charivari, 8. 8. 1853, 2c. – Vgl. auch im selben Jahr: »Les tables tournantes. Un grand nombre de lectrices nous demandent notre avis sur le phénomène qui occupe depuis un mois Paris et la France tout entière. ... Dans toutes les familles on essaye; les guéridons sont mis à contribution, les montres sont suspendues à un fil .... Le magnétisme a tout envahi, même le missel«, Le Magasin des Familles, année 1853, 183. Nach FEW 13/II,54b ist nfr. *table tournante* seit 1854 bezeugt; zur Neudatierung s. jetzt auch GRM, N. F. Bd. 19, 1969, 471. – S. noch *magnétismomanie*, hier 59.
[5] Le Magasin des Familles, année 1854, 196.
[6] Le Charivari, 18. 6. 1855, 2a.
[7] Le Charivari, 17. 4. 1861, 2b. Ebenso dann SVSuppl 1894. S. noch hier 8.
[8] Le Charivari, 4. 5. 1861, 2a.

heure devant le nouvel Hobbema du Louvre, et, s'ils ne reviennent pas complètement convertis, il faut qu'ils renoncent à parler peinture[9]

1867   PETIT MANUEL
A L'USAGE DES PERSONNES QUI DÉSIRENT ÊTRE DÉCORÉES
Une folie que les médecins appellent la *rubanomanie* fait depuis quelque temps de terribles ravages sur nos concitoyens.
Tout le monde veut porter à la boutonnière de sa redingote une décoration étrangère[10]

1868   La *Syndicatomanie*
On annonce que l'habile M. Merton met en ce moment la dernière main à un livre impatiemment attendu et qui portera ce titre: *Manuel des petits syndicats.*
En attendant, il n'est question que de la formation de nouveaux syndicats: c'est une passion, une rage, une monomanie[11]

LA PRESSOMANIE
– Eh bien! chère madame, comment se porte votre mari?
– Il va toujours mal.
– Le médecin sait-il ce qu'il a?
– Il est atteint d'une *pressomanie.*
– Quelle est cette maladie?
– Elle est toute nouvelle; mais il parait qu'elle fait de terribles ravages en ce moment sur les députés.
– Enfin pouvez-vous me donner quelques explications sur ce nouveau mal?
– Il est causé par l'interminable discussion de la loi sur la presse[12]

L'OSMANOMANIE
Osman, préfet de Bajazet,
Fut pris d'un étrange délire:
Il démolissait pour construire,
Et pour démolir construisait.
Est-ce démence? je le nie;
On n'est pas fou pour être musulman.
            Tel fut Osman,
Père de l'*osmanomanie*[13]

LA VÉLOCIPÉDOMANIE
par A. DARJOU[14]

La *vélocipédomanie* appliquée à la *mitraillomanie*[15]

---

[9] Le Charivari, 27. 9. 1861, 2c.
[10] Le Charivari, 15. 9. 1867, 2a.
[11] Le Charivari, 24. 2. 1868, 1a.
[12] Le Charivari, 4. 3. 1868, 1b.
[13] Gedicht von Gustave Nadaud in: Chansons de Gustave Nadaud, Huitième édition augmentée de 39 chansons nouvelles, Paris 1870, 514–516; Vorabdruck in Le Charivari, 11. 3. 1868, 2.
[14] Bildüberschrift über einer Reihe Karikaturen in Le Charivari, 11. 7. 1868, 3.
[15] Bildunterschrift zu einer Karikatur in Le Charivari, 6. 10. 1868, 3.

1875 Le comte de Chambord ne se ruine pas en étrennes.
Comme cadeau du jour de l'an, il va envoyer à ses amis un nouveau manifeste.
Ce pauvre Henri est atteint de la *manifestomanie*[16]

Bidel est très-perplexe et l'intrépide Pezon ne dort plus, depuis qu'on nous annonce l'arrivée d'un nouveau dompteur beaucoup plus fort que ces deux belluaires.
Pour peu que la *domptomanie* continue, les lions et les tigres perdront tout leur prestige[17]

On parle comme d'une chose faite de la fusion des bonapartistes et des légitimistes pour les élections générales.
La légitimité est décidément atteinte de *fusiomanie*.
Elle fusionnait il y a deux ans avec l'orléanisme, aujourd'hui c'est avec le bonapartisme[18]

L'HYDROTHÉRAPOMANIE[19]

1876 Allons, bien!
Nos honorables ne sont pas encore revenus que déjà il est question de leur octroyer de nouvelles vacances.
Un journal annonce en effet qu'on craint que la Chambre ne soit, après la première semaine de la session, obligée de suspendre ses séances, afin de donner à ses commissions le temps de lui préparer du travail.
Est-ce que nous allons voir par hasard se renouveler dans l'Assemblée nouvelle les procédés de *malartromanie*? Est-ce que les sessions vont passer à l'état de congés intermittents? Il y a un remède bien simple à cette maladie:
Retenir chaque jour de *relâche* sur les appointements de ces messieurs.
La France n'est pas assez riche pour payer leur flânerie[20]

... Il rédige une neuvième lettre qu'il donne encore à son domestique.
......
LE DOCTEUR (bas). – Ne le taquinez pas. Le cas de votre mari est très-grave ... il est atteint de la *lettromanie*. Cette épidémie fait de cruels ravages sur l'ancien personnel de MM. de Broglie et Buffet[21]

SKATING-MANIE, PAR DRANER[22]

1877 Dépêchez-vous de tourner le dos à cette tragédie qui vous a valu une couronne, et regardez bien vite du côté du drame. Quoique vous ayez

---

[16] Le Charivari, 3. 1. 1875, 2c. – Vgl. ähnlich *manifestite*, so etwa 1877: »Mais de même qu'on ne peut corriger certains amateurs de la manie de rimer des vers détestables, de même, dans son oisiveté forcée, le comte de Chambord semble atteint d'une maladie qu'on pourrait appeler la *manifestite*«, Le Charivari, 8. 3. 1877, 1a.
[17] Le Charivari, 9. 5. 1875, 2b.
[18] Le Charivari, 4. 7. 1875, 2c.
[19] Le Charivari, 7. 10. 1875, 3.
[20] Le Charivari, 6. 5. 1876, 2b.
[21] Le Charivari, 12. 5. 1876, 2a.
[22] Überschrift zu einer Bildserie in Le Charivari, 12. 5. 1876, 3. Vgl. auch im gleichen Jahr »Le skating est devenu la manie du jour« (Figaro, 24. 4. 1876) und »Le skatinage est à la mode« (ib., mai 1876), beide zit. nach Larchey 1888.

vingt-huit ans, la *tragédomanie* ne doit pas encore être incurable chez vous[23]

LES SKATING-RINKOMANES[24]

1879 Ils sont étonnants, en vérité, les *panachomanes*: On n'entend qu'eux depuis l'élection présidentielle de M. Grévy[25]

Les Italiens, qui ont la *rappelomanie* poussée jusqu'au délire, ne feraient-ils pas mieux d'installer tout de suite l'auteur sur une chaise dans un coin de la scène? Il n'aurait qu'à saluer à chaque hourrah. Ça irait plus vite[26]

Vainement aussi les *pétitionomanes* accablent de leurs petits imprimés les loges de tous les concierges[27]

C'est étonnant le rôle que les portes jouent dans notre civilisation. Quand un architecte construit un édifice quelconque, la première idée qui se présente à lui, c'est que tous les gens qui y entreront auront hâte d'en sortir. Et il fait des portes, mais des portes! Jamais il n'en fait assez. Cette *portomanie* s'étend même aux appartements[28]

Un des spectacles les plus imprévus qui pût être donné à notre génération, c'était de voir M. Haussmann monter à une tribune pour protester contre une démolition. On dit que quand il devient vieux, le diable se fait ermite. Serait-ce en vertu de ce proverbe que l'ex-*décombromane* (n'imprimez pas *décembromane*, qui aurait un sens aussi), est-ce pour cela que l'homme qui a le plus joué de la pioche s'est soudain établi conservateur de moellons?[29]

Je veux bien féliciter l'architecte français. Mais, en vérité, on nous obsède avec cette perpétuelle *expositionomanie*[30]

LA COMBLOMANIE
– Et le comble de l'habileté pour le pompier?
– . . . . .
– C'est l'extinction du paupérisme[31]

Pas de chance, M. Cabanel! Le roi de Bavière vient de lui décerner un témoignage de son admiration, en le nommant je ne sais plus quoi dans une académie de là-bas. Or, le roi de Bavière est ce souverain qui s'enferme pendant des heures, tout seul, pour se faire jouer du Wagner! La *Cabanelomanie* après la *Wagneromanie*. C'est grave[32]

---

[23] Le Charivari, 30. 7. 1877, 2c.
[24] Le Journal amusant 1072, 4b. Ähnlich fr. *rinkomanie*, so im Titel von Henry Mouhot, La Rinkomanie, Paris 1877 (Lorenz 10,313b; nach BN schon 1876) sowie bei SVSuppl 1894. Zum möglichen Vorbild e. *rinkomania, -iac* (beide erstmals 1876) s. OxfDict.
[25] Le Charivari, 11. 2. 1879, 1a.
[26] Le Charivari, 24. 2. 1879, 2c.
[27] Le Charivari, 1. 4. 1879, 1a.
[28] Le Charivari, 23. 5. 1879, 3c.
[29] Le Charivari, 2. 8. 1879, 1a.
[30] Le Charivari, 8. 10. 1879, 2a.
[31] Le Charivari, 19. 10. 1879, 3a.
[32] Le Charivari, 19. 12. 1879, 2a/b. Ebenso auch bei SVSuppl 1894 *wagnéromanie, wagnéromane* sowie *wagnérite*, s. noch BehrensDeutsch 37.

Chaque époque a ses épidémies spéciales. Aimable variété renouvelée sans cesse par l'ingéniosité de Maman Nature. Parmi les maladies particulières à ces dernières années, figure au premier rang l'*hôtelomanie*. Ne pas confondre avec l'*Othellomanie* qui consistait à étouffer les dames sous des traversins. L'*hotelomanie* [sic] (manie de l'hôtel) a commencé par les actrices. Elle a continué par les peintres[33]

Une disparition d'autre genre. Les Folies-Marigny vont cesser d'être un théâtre. On les transformera en *Panorama* prochainement. Cette *panoramanomanie* devient étrange[34]

Au second acte, une fidèle et pittoresque reproduction du salon de Monte-Carlo a été fort applaudie, et des épisodes burlesques de la *fétichomanie* ont fait rire[35]

Unsere bisherigen Materialien haben bereits mehrfach gezeigt, daß vor allem das französisch-deutsche Supplementwörterbuch von Sachs und Villatte (1894) solchen Augenblicksbildungen gegenüber sehr aufgeschlossen ist. Finden sich schon in dem in den siebziger Jahren des 19. Jhs in Lieferungen erschienenen Hauptteil dieses Wörterbuchs einzelne Bildungen auf *-(o)manie* und *-(o)mane*, die durch keines der uns zugänglichen französischen Wörterbücher bestätigt werden[36], so ist das Supplement von 1894 geradezu ein Sammelbecken solcher meist scherzhafter Bildungen, die in keinem anderen Wörterbuch je registriert wurden. Sachs selbst schreibt in der Vorrede dieses Supplementwörterbuchs:

> Zwar fielen bei der Sichtung des Materials eine größere Menge Wörter aus, die voraussichtlich als Eintagsfliegen nur ein sehr kurzes Dasein fristen werden; doch konnte nicht alles, was als minderwertig und sehr selten erschien, abgewiesen werden[37].

Eine Durchsicht des Gesamtmaterials freilich ergibt, daß die Zahl der lexikalischen Eintagsfliegen doch sehr viel größer ist, als dies Sachs selbst wahrhaben möchte. Beispiele wie *journalophage* 'Zeitungstiger (j. der mit großem Eifer Zeitungen liest)' oder *légumophobe* 'Gemüse nicht liebend; Anti=Vegetari(an)er' ebenso wie zahlreiche Bildungen auf *-(o)manie* und *-(o)mane* lassen vielmehr vermuten, daß die Autoren einen Großteil ihrer Neologismen ohne lexikologische Skrupel den Zeitungen und Zeitschriften der vorangehenden Jahre entnommen haben. Wir geben daher im folgenden eine vollständige Liste der bei SVSuppl 1894 verzeichneten Formen auf *-(o)manie* und *-(o)mane,* wobei auch diejenigen Bildungen erfaßt wer-

---

[33] Le Charivari, 12. 1. 1881, 1c.
[34] Le Charivari, 1. 4. 1881, 2b.
[35] Le Charivari, 20. 4. 1881, 2b.
[36] Vgl. etwa *arabomanie, canotomanie, -mane, spectromanie* (dieses auch bei Pfohl), *spiritomanie.*
[37] SVSuppl 1894, IX.

den, die bereits an anderer Stelle behandelt wurden oder auch in anderen Wörterbüchern gebucht sind:

américomanie[38]
anticomanie[39]
aquariummanie[40]
arlequinomanie
ballettomane[41]
ballomanie[42]
belgicomanie[43]
bêtomane
bibliothécomanie
blaguomanie[44]
boulangeromanie
boulomane[45]
bricabracomanie[46]
brochuromanie[47]
cacomane[48]
capillomanie
caporalomanie
cartouchomanie
chambigeomanie
chassomanie, -mane[49]

chiromanie[50]
circomane
cleptomanie[51]
colombomane
conciergeomanie
congressomanie
consiliomanie
cuivromanie
daguerréotypomane[52]
décadentomanie
destitutiomanie
directomanie
duellomanie[53]
éleuthéromane, -manie[54]
englishomanie[55]
épistolomanie
éroticomanie[56]
érotomane[57]
escargotomanie
espionomanie[58]

---

[38] S. hier 48.
[39] S. hier 62.
[40] Schon 1867 d. *Aquariumswuth*, FestsWandr 145n; vgl. daneben noch jüngeres *aquariophilie, -phile*, s. dazu DDM sowie FEW 25/II, 70a.
[41] S. auch noch hier 88.
[42] In der Bedeutung 'Sucht, Bälle zu besuchen' und daher zu trennen von dem hier 58 erwähnten Homonym.
[43] S. hier 51.
[44] S. noch Larchey 1872, der entsprechendes *blagomane* schon 1809 nachweist.
[45] Vgl. schon einige Jahre früher Bouliana. Jeu de Boules. – Cercle des Boulomanes, Marseille, Marius-Olive, 1884; S. Durbec, Chansons provençales dédiées au cercle des boulomanes de Marseille, Marseille 1886. – Ebenso jetzt neu aufgenommen von SVSuppl 1968.
[46] S. hier 66.
[47] S. hier 79; vgl. auch noch hier 8.
[48] Ebenso schon Lar 1867, der einen Beleg von Champfleury zitiert. – Vgl. noch älteres *cacamanie*, hier 40.
[49] Vgl. noch hier 41 und 46.
[50] S. hier 28.
[51] S. hier 25 n52.
[52] Vgl. noch hier 77 n47.
[53] Vgl. noch hier 44.
[54] S. hier 61f.
[55] S. hier 48 n8.
[56] S. hier 17.
[57] S. hier 17 n9.
[58] Vgl. ähnlich *espionite* (RobSuppl), *espionnite* (nach FEW 17,174b erstmals 1923, jedoch schon 1914, DuboisSuff 68; ebenso noch 1960, LiChing 73).

éthéromane, -manie[59]
festomanie[60]
fonctionnomanie
gentilhomanie[61]
germanomanie, -mane[62]
gœthomanie[63]
grécomanie[64]
guillotinomanie[65]
harmoniomane
hygiénomanie[66]
invitomanie
laboromanie
lypémaniaque[67]
manchomanie
meetingomanie
mégalomanie, -maniaque[68]
monologomanie

morphinomanie, -mane[69]
musicomane[70]
nymphomane[71]
onomatomanie[72]
orchestromanie[73]
orchid(é)omane[74]
patriomanie[75]
peinturomanie[76]
pérégrinomanie[77]
photographomanie[78]
pianomanie, -mane[79]
piscomane[80]
plébiscitomanie
poliçomanie
politicomane[81]
portraituromanie[82]
pruss(i)omanie[83]

---

[59] S. hier 34.
[60] Vgl. noch hier 39.
[61] S. hier 79.
[62] S. hier 48f.
[63] S. hier 54.
[64] S. hier 51.
[65] LiAdd bezeugt das Wort schon bei Heine in einer französischen Übersetzung von 1863 [erstmals 1833, éd. Eugène Renduel, 4,70] seiner *Französischen Zustände* (1832; s. dazu FestsWandr 141 n22).
[66] Vgl. auch d. *Hygienomanie*, it. *igienomane*, FestsWandr 140 + n17.
[67] S. hier 23 n44.
[68] S. hier 29.
[69] S. hier 33.
[70] S. hier 55 n31.
[71] S. hier 18.
[72] S. hier 29.
[73] S. hier 27.
[74] S. hier 57.
[75] S. hier 59.
[76] S. hier 56.
[77] S. hier 15.
[78] S. hier 77 + n47.
[79] Zu *pianomanie* s. noch den Beleg von 1891 hier 47. *Pianomane* schon bei Rig 1881, der einen Beleg von Ch. de Boigne zitiert; dann auch bei Emile Gouget, L'argot musical. Curiosités anecdotiques et philologiques, Paris 1892, der noch die folgenden Bildungen zitiert: *étoilomanie* (s. v.), *pistonomanie* (s. v. *cuivre*), *équitatiomanie*, *gastromanie* und *retouchomanie* (»Auber était atteint d'*équitatiomanie*, Rossini de *gastromanie* et Meyerbeer de *retouchomanie*«, s. v. *toquade*). Delesalle 1896 verzeichnet noch *reportéromanie* 'manie d'informations à outrance', Vill 1912 *capoulomanie* 'übertriebene Vorliebe für die Frisur à la Capoul'.
[80] Vgl. ähnlich auch *poissomanie*, hier 69.
[81] S. hier 59 n63.
[82] S. hier 56.
[83] S. hier 48.

pyromane[84]
revolvéromanie[85]
rinkomanie[86]
romanomanie[87]
shak(e)spearomane[88]
sociétomanie
stampomanie[89]
statuomane[90]
tabacomane[91]

théâtromanie[92]
timbromanie, -mane[93]
turcomanie[94]
vaccinomanie
valsomanie[95]
vélocipédomane[96]
vélomanie[97]
villégiaturomanie
wagnéromanie, -mane[98]

11. Bildungen im 20. Jh.

Die bisher zusammengestellten Materialien lassen keinen Zweifel an der Vitalität unserer Bildungsweise im 18. und 19. Jh. Daß dieser Typus aber auch im 20. Jh. und noch in der Gegenwartssprache ein durchaus geläufiges Wortbildungselement des Französischen darstellt, soll im folgenden an einigen Beispielen aufgezeigt werden. Dabei kann die medizinische Fachsprache unberücksichtigt bleiben, da dieser Bereich bereits weiter oben bis zu den Neubildungen des 20. Jhs behandelt wurde. Ebenso sind Bildungen wie *jourdainomanie* (1904), *mantéomanie* (1905), *ellipsomanie* (1954) und *encromanie* (1967) bereits in früheren Abschnitten genannt worden. Die Ergänzungen in der 2. Auflage von Nyrops Wortbildungslehre von 1936[1] lassen vermuten, daß auch *centenairomanie* und *grévomanie* im 20. Jh. gebildet wurden. Doch ist die Zahl der Neubildungen damit keineswegs erschöpft. So finden wir etwa in der Sprache der Filmkritik Formen wie *ciné-*

---

[84] S. hier 28 n65.
[85] Ebenso schon 1870, Petit Journal pour rire, n° 66 (nouvelle série), 5 und n° 67 (n. s.), 5.
[86] S. hier 82 n24.
[87] S. hier 50.
[88] S. hier 54 n18.
[89] S. hier 53.
[90] S. hier 66 + n51.
[91] S. hier 35 n109.
[92] S. hier 52.
[93] S. hier 76 n46.
[94] S. hier 49.
[95] S. hier 56.
[96] Entsprechendes *vélocipédomanie* schon 1868 (s. hier 80) und 1869 (hier 46), SV sowie Lar 1876–1923, s. FEW 14,222a. – Vgl. auch noch *coachomanie* 'manie de vouloir conduire un coach' (1896, FEW 18,43b), *sportsmanie* 'manie des courses' (Delv ²1866, s. auch FEW 18,117b) neben vereinzeltem *sportmanomanie* (s. hier 38).
[97] Die Kurzform *vélo* ist nach FEW 14,222a seit Lar 1890 bezeugt; ebenso schon 1875 in Le Charivari, 24. 9. 1875, 2a.
[98] S. hier 82 + n32.
[1] S. hier 5 n1.

manie 'amour excessif du cinéma', das GiraudCin 73 erstmals 1919 nachweist und das dann auch von Lar 1929 aufgenommen wurde[2], neben dem
vereinzelt auch *cinématomanie* 'manie, rage de faire du cinéma' (1929)[3]
bezeugt ist. Ebenso wurde zu *ciné-roman*[4] die Neubildung *cinéromaniaque*
'maniaque, entiché(e) de ciné-romans' (1921, GiraudCin 78), zu *scénario*
entsprechendes *scénariomane* 'personne qui a la manie d'écrire des scénarios' bzw. *scénariomanie* 'manie d'écrire et de proposer des scénarios'
(beide 1925, GiraudCin 179) geschaffen. In den gleichen Bereich gehören auch die zum Namen der Filmregisseure Ingmar Bergman und Akira
Kurosawa gebildeten Formen *ingmar-bergmanie* und *kurosawamanie* (beide 1958, Vie et Langage 1966, 75)[5]. Doch inzwischen ist die *cinémanie*
längst abgelöst durch eine weit verbreitete *télémanie*[6]. Die Abenteuer des
legendären Batman führen vor allem unter dem amerikanischen Fern-
sehpublikum zur *batmanmanie* (bzw. *batmanie*)[7]; die *vedettomanie*[8] erlebt
in den sechziger Jahren einen Höhepunkt mit der *beatlemanie*[9].

---

[2] Nach FEW 2,679b seit Lar 1929, doch fehlt das Wort bei Lar 1948 ebenso wie
bei Lar 1960 und Rob. Einen neueren Beleg von 1966 gibt GilbertNouv. Daneben bezeugt GiraudCin 73 noch die im FEW nicht verzeichneten Bildungen
cinémane 'amateur excessif de cinéma' (1928) und *cinémaniaque* 'id.' (1923),
die beide vereinzelt als Pseudonyme gebraucht wurden.

[3] »Rien ne guérit pourtant de la *cinématite* – quelques toubibs disent de la *cinématomanie*«, GiraudCin 87.

[4] Nach RobPt seit ca. 1925.

[5] Vgl. etwa ähnlich auch zum Namen von Brigitte Bardot die Bildungen *bardo-
phile* und *bardolâtrie*, Vie et Langage 1965, 561; ebenso it. *bardolatria*, B. Migliorini, Parole nuove, Milano 1963 s. v.

[6] »Bref, un mal qui répand la terreur, la *télémanie* ... L'opium du peuple n'étant
plus la religion, mais le petit écran«, Le Canard enchaîné, 13. 11. 1968, 7. Ebenso
rum. *telemanie* (I. Iordan, RLiR 31, 1967, 249).

[7] »L'année dernière, les aventures télévisées de Batman ont hypnotisé, chaque semaine, aux Etats-Unis, 30 millions de téléspectateurs. ... Cette année, les Américains dépenseront 600 millions de dollars pour assouvir leur *batmanmanie*«,
L'Express, 20.–26. 3. 1967, 33; »La télévision américaine a tiré de ses aventures
un feuilleton qui remporte un succès foudroyant en Amérique. ... Il ravage également l'Angleterre, où l'on fait queue devant les cinémas projetant ses vieux films:
selon les augures, la *Batmanie* devrait atteindre la France dans un très proche
avenir«, L'Express, 11.–17. 4. 1966, 69.

[8] GilbertAspects 65. Vgl. auch im gleichen Jahr »les questions allaient au-delà de
la *vedettomanie*«, Combat, 27. 7. 1963 (zit. nach BlochRunk 174). Jetzt auch gebucht bei SVSuppl 1968.

[9] »20. 20 ‹Sept jours du Monde›, avec notamment: La ‹*beatlemanie*› en Angleterre;
le pèlerinage de Paul VI à Jérusalem«, Humanité, 5. 1. 1964 (zit. nach BlochRunk
174); »Bien que la ‹*Beatle-manie*›, qui étend ses ravages aux Etats-Unis, ait
jusqu'ici épargné la France ... Toutefois, avec l'apparition de la ‹*Beatle-manie*›,
les choses se compliquèrent«, Nouvelles Littéraires, 18. 2. 1965, 14; »La ‹*beatlemanie*›, systématiquement exploitée en Grande-Bretagne et aux Etats-Unis, a
donné naissance à de nombreux produits«, L'Express, 22.–28. 3. 1965, 34. Dann
auch bei SVSuppl 1968 *beatlemanie* 'Sucht nach den Beatles'. – Daneben in der
englischen Ausgangsform »La *Beatlemania* engendre le ‹Beatle business›. Plus de

Die *potichomanie* des 19. Jhs findet einen späten Nachfolger in der *chinoiseriemanie*[10], an die Stelle der alten *expositionomanie*[11] tritt nun die zeitgemäßere *expomanie*[12]. RobSuppl 1958 *bronzomanie* 'besoin de se bronzer, d'avoir la peau bronzée', SVSuppl 1968 verzeichnet neben *beatlemanie* und *boulomane* noch *soucoupomanie* 'Untertassenpsychose'. Zwar hatte schon SVSuppl 1894 vereinzeltes *ballettomane* gebucht, doch erst im 20. Jh. gelangt diese Bildung, im Gegensatz zu den übrigen genannten Formen, zu einer gewissen Vitalität, und so verzeichnet Lar 1960 *balletomanie* 'passion pour le ballet' und *balletomane* '(celui) qui est passionné pour le ballet'[13].

Die extreme Bevorzugung der Garamond-Schrift im Druckergewerbe der zwanziger Jahre dieses Jahrhunderts wird in einer historischen Abhandlung als *garamonomanie*[14], die Jagd nach Diplomen in einem Zeitungs-

---

la moitié de la planète (et jusqu'à l'Allemagne de l'Est) chante Beatle, joue Beatle, pense Beatle, achète Beatle«, L'Express, 21.–27. 6. 1965, 64 (dazu »une sarabande rythmée par les hurlements sauvages des ‹beatlemaniaques›«, ib. 60); ebenso in einer bereits historischen Darstellung »Les Beatles. Histoire d'une réussite. Un ouragan s'abat sur l'Angleterre: La *Beatlemania*. ... La *Beatlemania* s'abattit sur les îles Britanniques en octobre 1963 au moment où l'on étouffait doucement le scandale Profumo-Christine Keeler. Pendant trois années, chaque pays qu'ils visitèrent connut les mêmes scènes d'hystérie collective jusqu'alors inimaginables. Quand la *Beatlemania* s'arrêta en 1967 ...«, Paris Match, 30. 11. 1968, 78f. (ebenso *beatlesmaniaque*, ib. 81). Ebenso im Deutschen nebeneinander »Eine Krankheit, der die Psychologen den Namen ‹Beatlemania› gaben. Von der ‹Beatlemania› wurden fast ausschließlich junge Mädchen befallen. ... Den Ausbruch dieser neuen Krankheit namens ‹Beatlemania› datieren die Experten auf den Oktober 1963«, Quick, 9. 10. 1968, 46ff. und »Am 29. August 1966 traten die Beatles zum letztenmal öffentlich auf: in San Franzisko, anläßlich ihrer vierten Tournee durch die Vereinigten Staaten. Mit ihrem letzten Auftritt ging bereits etwas zu Ende, was drei Jahre lang die Welt, und nicht nur die Welt des Showgeschäfts, erregt hatte: die *Beatlemanie*, das ‹Beatle-Fieber›«, Bunte Illustrierte, 9. 2. 1971, 22f. – Im Anschluß an *Beatlemania* nach Mungo Jerry gebildet e. *Mungomania*, vgl. »Les Rare Bird auraient sans doute été les grands triomphateurs de l'été (déjà 450 000 disques vendus), si n'avait brutalement éclaté à travers le monde une tornade vite baptisée la ‹Mungomania›, par référence – ou déférence – à la grande époque des Beatles«, L'Express, 31. 8.–6. 9. 1970, 47.

[10] »La monumentale potiche, orgueil de la *chinoiseriemanie* de Froufrou«, San Antonio, Béru et ces dames, Paris 1967, 178. – Vgl. in ähnlichem Sinne e. *chinamania, -iac* (schon 1875, OxfDict).

[11] S. hier 82.

[12] Journal de Québec, 9. 9. 1970.

[13] Ebenso in Zeitungstexten: »Si les *ballettomanes*, à peine retrouvé leur zèle de sigisbées, commencent à sortir des mercredis de la danse en bâillant, où allons-nous?«, Le Monde, 21. 9. 1963, 14f.; »Sans sacrifier au pittoresque du quotidien ni à la *balletomanie*«, Nouvel Observateur, 19. 4. 1967, 41; s. auch GilbertNouv sowie Le Figaro, 19. 5. 1954, 13. – Die gleiche Bildung auch im Englischen, vgl. etwa: »Next day charges were dropped but *balletomanes* in London and San Francisco gave the performance mixed reviews«, Life, 21. 7. 1967, 83.

[14] »Si cette lettre n'était pas ce qu'elle est, c'est-à-dire une lettre de premier ordre,

text als *diplomanie* (1950, Galliot 327 n37) bezeichnet. So wie G. Haensch erst vor kurzem angesichts der aktuellen Mode des Präfixes *mini-* in einem spanischen Kontext von der *minimanía* sprechen konnte[15], so bezeichnete Pierre Gilbert schon 1963 die übertriebene Freude an der Bildungsweise mit *-rama* als *ramamanie* (bzw. *ramanie*)[16], 1966 erschien in der Zeitschrift *Vie et Langage* eine Miszelle zur modernen Abkürzungssucht unter dem Titel *Siglomanie*[17], während zwei Jahre später in der gleichen Zeitschrift von der *guillemetomanie* die Rede ist[18].

Während Queneau vereinzeltes *graffitomane* 'maniaque des graffiti' schuf[19], finden wir im *Nouveau Dictionnaire de sexologie*[20] neben *nudofolie*[21] auch die Form *nudomanie*. Besonders aber in der Zeitungssprache[22] werden noch heute ständig neue Formen auf *-(o)manie* bzw. *-(o)mane* gebildet. Das aus Amerika eingeführte, aber längst auch in Frankreich heimische Spiel mit *tilt* und *flipper* führte zur *tiltomanie*[23], von der zahlrei-

---

je blâmerais la première fonderie de France de n'avoir su s'affranchir de la *garamonomanie* qui sévit depuis six ans«, Marius Audin, Histoire de l'imprimerie par l'image, tome II: La lettre d'imprimerie, Paris 1929, 83.

[15] S. hier 1 n3. – Semantisch hiervon zu trennen ist das im Deutschen bezeugte *Minimanie* (<*Minispion*), Stern, 13. 12. 1970, 24.

[16] »A l'exposition universelle, – dite Expo – de Bruxelles en 1958, tandis qu'Abel Gance présentait, sous le nom de *magirama*, son triple écran amélioré, la ‹*ramamanie*› – faudrait-il dire plus brièvement la ‹*ramanie*›? – des peuples se donnait libre cours dans de nombreux pavillons«, GilbertAspects 49. – Vgl. neuerdings auch die Bildung *suffixoramanie* bei R. Le Bidois, Les mots trompeurs ou le délire verbal, Paris 1970, 50; s. dazu jetzt auch GilbertNouv s. v. *-rama*.

[17] Vie et Langage 1966, 172. Ebenso ib. 1968, 80, wo als Synonyme noch *siglite* und *siglose* verwendet werden. S. noch ib. 1968, 779. Vgl. noch d. *Abbreviaturenmanie* (FestsWandr 148) sowie fr. *abréviomanie* bei Pierre Neyron, Nouveau dictionnaire étymologique (Néologismes), Paris 1970, wo auch noch eine Reihe anderer Bildungen dieses Typus, allerdings ohne Belege, genannt werden: *autodactylomanie* 'manie de se mettre un doigt dans une oreille, ou dans la bouche', *chiffromanie* 'se dit, par dérision, d'une nouvelle méthode administrative qui consiste à exposer des projets, des études, à l'aide de formules mathématiques', *discomanie* 'passion ou goût excessif pour la musique de disques', *mystacromanie* 'manie de se friser les moustaches', *pilulomanie* 'manie de prendre des pilules' (ebenso *pilulite*) und *testomanie* 'emploi abusif des tests' sowie die bereits weiter oben erwähnte Form *pharmacomanie*.

[18] Vie et Langage 1968, 345.

[19] StNeoph 40, 1968, 346.

[20] Paris 1967, 338 s. v. *nudité*.

[21] Vgl. ähnlich schon 1891 *bibliofolie* (H. Bouchot, Des livres modernes qu'il convient d'acquérir. L'Art et l'engouement – La Bibliofolie contemporaine – Les Procédés de décoration, Paris 1891) sowie jüngeres *anglofolie* (Etiemble 33 und 268).

[22] Vgl. auch eine Reihe der bereits weiter oben in diesem Kapitel zitierten Belege.

[23] »La *tiltomanie* apaise la violence«, L'Express, 5.–11. 4. 1965, 85; »Selon Roger Caillois, qui lui consacre un long passage dans ‹L'Homme et les Jeux›, la *tiltomanie* marquera peut-être notre époque«, ib. 85.

che *flipperomanes*[24] erfaßt sind. Der starke Einfluß Amerikas, von dem ganz Europa heute in zahlreichen Lebensbereichen geprägt ist, findet seinen Ausdruck auch in der *testomanie*[25] sowie in der *gadgetomanie*[26], während die amerikanischen Touristen ihrerseits der *hiltonmanie*[27] bezichtigt werden. Weitere Augenblicksbildungen der Zeitungssprache der letzten Jahre sind *motomaniaque*[28], *flicomanie*[29], *fichomanie*[30], *tempêtomane*[31], *compétitomane*[32], *textomane*[33], *pilotomanie*[34] und *rollsmanie*[35], während die mit

---

[24] »Deux *flipperomanes* français«, L'Express, 5.–11. 4. 1965, 85. – Ebenso *flipperite*: »Vocabulaire mis à part, la *flipperite* sévit de même façon dans toutes les couches sociales«, ib. 84.

[25] »la plus réticente au mode de vie américain, la plus opposée à la ‹*testomanie*›, c'est sa femme Cella«, Humanité, 3. 5. 1967 (zit. nach BlochRunk 174); »Les magazines sont atteints de *testomanie*«, Le Figaro Littéraire, 4.–10. 5. 1970, 43. Ebenso schon 1966 »Un autre sociologue américain, W. H. Whyte s'est, lui aussi, attaqué à la ‹*testomanie*›«, Jean Duvignand, Introduction à la sociologie, Paris 1966, 94; jetzt auch bei P. Neyron, s. hier 89 n17.

[26] »Si ‹Mon oncle› caricaturait la *gadgetomanie*, Tati n'a pas voulu faire, cette fois, une satire de la vie dans l'architecture moderne«, L'Express, 30. 1.–5. 2. 1967, 32.

[27] »Hilton compte essentiellement sur une clientèle de touristes américains, la plupart atteinte de ‹*hiltonmanie*›«, L'Express, 15.–21. 2. 1965, 33.

[28] »Un *motomaniaque* sur une Vincent HRD«, L'Express, 5.–11. 10. 1964, 77; »Le portrait du *motomaniaque* est facile à tracer«, ib. 78.

[29] »On ne peut raisonnablement lui tenir rigueur d'être atteint d'une maladie honteuse quasiment incurable, et qui n'a pas encore trouvé son Pasteur: la *flicomanie*«, Le Canard enchaîné, 23. 10. 1968, 6; vgl. ähnlich *flicocratie*, Le Canard enchaîné, 18. 12. 1968, 1. – Hiervon zu trennen ist *flicmane* bei Raymond Queneau, Zazie dans le métro, Livre de Poche, 1959, 101 u. ö., wo e. -*man* zugrundeliegt; vgl. ähnlich *policemane*, ib. 100 sowie *taximane*, ib. 86.

[30] »La vérité, c'est que notre ‹Nouvelle Société› est atteinte de *fichomanie*«, Le Canard enchaîné, 10. 12. 1969, 8. Ebenso vereinzelt schon 1920, DatLex II.

[31] Dictionnaire Canard 1969, 34; s. auch Dictionnaire Canard 1971, 49.

[32] »*Compétitomane*. . . . il suffit de mettre en compétition les organismes d'H. L. M.«, Le Canard enchaîné, 4. 11. 1970, 2.

[33] »On met bien souvent au compte des grandes invasions la disparition subite de la littérature latine. C'est faux: elle s'éteint avec Pline et Tacite, en plein haut Empire donc. Elle s'éteint parce qu'elle ne produit plus rien de nouveau parce que, alors déjà comme aujourd'hui, elle devient texticole, sinon *textomane*, au lieu de maintenir le lien entre le peuple et ses porte-parole«, Le Figaro Littéraire, 14.–20. 12. 1970, 18.

[34] »Manifestation devant le siège d'Air France. . . . Vêtus d'uniformes disparates d'aviateurs et brandissant trois pancartes sur lesquelles on pouvait lire: ‹Au lieu de garder la ligne, les pilotes s'engraissent›, ‹Les grèves en série c'est la nouvelle *pilotomanie*›, ‹Les pilotes ne vous transportent pas, ils vous roulent›, le petit groupe a vainement tenté ensuite une quête symbolique auprès des passants des Champs-Elysées«, Dernières Nouvelles d'Alsace, 28. 2. 1971.

[35] »Quatre cent cinquante Rolls-Royce transformées en presse-papier! Vous savez sans doute que les deux dernières victimes de la ‹Rollsmanie› sont Fernand Raynaud et Guy des Cars. Possesseurs des plus luxueuses automobiles du monde, ils ont déploré récemment la disparition prématurée des Victoires de Samothrace qui trônent au bout du capot avec la majesté d'un bronze de *Barbedienne* sur

dem Namen des kanadischen Premierministers gebildete Form *trudeaumanie* immerhin in mehreren Belegen nachgewiesen werden kann[36]. Die
Anhänger der politischen Gruppe P. D. M. (Progrès et Démocratie Moderne) werden, wohl in ironischer Anlehnung an *pétomane*, das, wie wir gesehen hatten, gerade in den letzten Jahren neue Vitalität erlangte, als *pédomanes*[37] bezeichnet; als weitere Ableitung zu einem Abkürzungswort finden
wir in jüngster Zeit *reptomane* (< REP [Société de Recherche Pétrolière])[38].
Hier anzuschließen sind auch verschiedene Wortkreuzungen und wortspielerische Umgestaltungen aus jüngster Zeit. War schon 1871 im Anschluß an *monomanie* die scherzhafte Bildung *mono-oui-manie* entstanden[39], so finden wir
nun Bildungen wie *mégaullomanie* (< *mégalomanie* × *de Gaulle*)[40], *Charlemaniaque* (< *Charlemagne* [= Charles de Gaulle] × *-maniaque*)[41], *cocoricocaïnomanie* (< *cocorico* × *cocaïne*)[42], *cleftomanie* 'manie qui consiste à veil-

---

une cheminée. Depuis quelques années, ces larcins se multiplient«, Le Figaro,
12. 3. 1971, 37.

[36] »La majorité embrasse la ‹*Trudeaumanie*› ... Cette vague qui a déferlé sur le
pays, les Canadiens l'appellent la ‹*Trudeaumanie*›«, L'Express, 1.–7. 7. 1968;
»La *trudeaumanie* ne saurait manquer de s'estomper«, Le Soleil [Québec], 19. 9.
1970; »La *trudeaumanie* a gagné le Niagara«, Le Devoir [Montréal], 5. 4. 1971;
ebenso *trudeaumane*, so etwa »Tout avait été prévu pour faire face au risque
‹d'insurrection appréhendée› des *trudeaumanes*«, Québec-Presse, 21. 3. 1971. Vgl.
auch im Deutschen: »Auf seinen Wahlkampfreisen zieht er so viele Menschen
an, daß man in Kanada schon von einer ‹*Trudeaumanie*› spricht«, Rhein-Neckar-
Zeitung [Heidelberg], 25. 6. 1968. Ob *trudeaumanie* innerhalb des französischen
Sprachsystems Kanadas gebildet oder aber erst sekundär aus einem zunächst im
Englischen geprägten *trudeaumania* entlehnt ist, kann trotz des folgenden Be-
legs nicht endgültig entschieden werden: »Ganz Kanada war so perplex wie das
Mädchen. Das halb britische, halb französische, aber immer stockkonservative
Volk, in dem Politiker nicht einmal Babys zu küssen pflegten, erlebte von die-
sem Tag an einen Massentaumel, für den kanadische Journalisten eine neue
Vokabel erfanden: ‹*Trudeau-Mania*›«, Stern, 14. 7. 1968, 26/94.

[37] »Ces messieurs de la presse publicitaire avaient aussi rencontré les giscardiens et
les *pédomanes*«, Le Canard enchaîné, 24. 4. 1968; »Un des penseurs de la tacti-
que *pédomano*-giscardienne, Aymar-Achille Fould«, ibid.; »On se demande quels
P. D. M. pourraient bien être les bénéficiaires de ces sièges: pas des candidats
qui se conduiraient bien, tout de même. Les *pédomanes* ne mangent pas de ce
pain-là, voyons!«, ib., 26. 6. 1968.

[38] »les compagnies, une fois les dépenses payées, se fichaient pas mal de ces petits
reptomanes, qui n'avaient qu'à se débrouiller avec l'Etat«, Le Canard enchaîné, 2. 4. 1969, 3.

[39] S. hier 60.

[40] Dictionnaire Canard 1960, 23.

[41] »Obliques desseins arabes de *Charlemaniaque*. ... entre le grand empereur d'Oc-
cident à la barbe fleurie et le *Charlemaniaque* qui travaillait si aigrement à la
dissolution de l'Europe«, Le Canard enchaîné, 13. 12. 1967.

[42] Dictionnaire Canard 1970, 80. Vgl. ähnlich »que ... Michel Debré – comme
quelques autres de ses pareils – est devenu un adepte de la gaullarijuana, que,
pendant dix ans, ce *cocoricomane* s'est laissé intoxiquer dans l'officine de l'Ely-
sée«, Le Canard enchaîné, 3. 9. 1969.

ler jalousement sur ses clefs' (< *cleptomanie* × *clef*)[43], *taxicomanie* (<*toxi-comanie* × *taxi*)[44] oder *foxicomane* (< *toxicomane* × *fox*)[45], nachdem Prévert in der Form *gentleméloganomanie* gar mehrere Elemente zu einer Wortmischung verschmolzen hatte[46].

Diese Anologiebildungen stehen freilich nur am Rande des uns beschäftigenden Wortbildungsmusters[47], dessen Produktivität etwa auch aus der kritischen Bemerkung J. Girauds zum Überhandnehmen der Wortfamilie von *festival* im Französischen deutlich hervorgeht:

> Si nous n'y prenons garde, nous aurons bientôt *festivalophile, festivalophobie, festivalomaniaque*; l'envoyé spécial *superfestivalisera* sur le mode lyrique l'atmosphère de Cannes ou du Lido ...[48]

---

[43] Rheims s. v.

[44] »La *taxicomanie* (les avantages et les inconvénients des taxis ...)«, Fernsehsendung (ORTF, deuxième chaîne) vom 21. 4. 1967.

[45] »Surprise à la brigade canine: on vient d'arrêter un chien terrier. Il était *foxicomane*«, Le Canard enchaîné, 27. 5. 1970, 6.

[46] Régis Boyer, StNeoph 40, 1968, 330 sieht darin die Elemente *gentleman, mélo, mélomane* und *mégalomane*. – Wohl im Anschluß an *misogynie* (mit haplologischer Verschmelzung von *homme* und *manie*; vgl. *gentilhomanie*, hier 79) gebildet ist vereinzeltes *mishomanie* 'haine des hommes', s. dazu Vie et Langage 1968, 732f.

[47] Vgl. dazu unseren Beitrag Wortbildung und Analogie, ZRPh 86, 1970, 538–545 und 550–552.

[48] FrMod 25, 1957, 215. – Ebenso wie dem Französischen ist der hier untersuchte Wortbildungstypus auch den anderen romanischen Sprachen und dem Englischen heute durchaus vertraut. Vgl. etwa zum Italienischen neben einzelnen bereits in früheren Abschnitten erwähnten Formen die bei B. Migliorini, Parole nuove, Milano 1963 verzeichneten Neologismen *aumentomania* (s. auch Junker 108), *entemania, entomania, igienomane, pattomania* (s. auch Lingua Nostra 2, 1940, 14 sowie BattAl s. v.), *radiomane, sess(u)omania* und *vitaminomania*. Zum Rumänischen s. vor allem Theodor Hristea, Probleme de etimologie, București 1968 und Formarea cuvintelor în limba română, vol. I, București 1970, wo neben den bereits weiter oben für das Französische bezeugten Typen u. a. noch die folgenden Formen zitiert werden: *citatomanie, grandomanie, logomanie, procesoman, sedalginoman, ședințomanie, -man* und *scriptomanie, -man*. Vgl. außerdem noch Florica Dimitrescu, Notes sur les suffixoïdes dans le roumain littéraire actuel, Revue roumaine de linguistique 14, 1969, 3–6 (*bazomanie*, ib. 5) sowie dies., Quelques aspects de la pseudopréfixation dans la langue roumaine actuelle, Mélanges de philologie offerts à Alf Lombard, Lund 1969, 77–82 (*motocicletomanie*, ib. 81). Ebenso schon 1934 rum. *omagiomanie*, s. Ovid Densusianu, Opere, I: Lingvistică (Scrieri lingvistice), București 1968, 722. Zum Englischen vgl. etwa *automania(c), bricabracomaniac, byronomaniac, calypsomania, diplomaniacs, filmania, harlemaniacs, legmania, londonomania, meterologicomania* [lies *meteorologicomania*] und *squandermania(c)*, alle zit. nach Words and Phrases Index, compiled by C. Edward Wall and Edward Przebienda, vol. I, Ann Arbor, Michigan, 1969; s. auch noch OxfDict s. v. *-mania* sowie Nicholson 51 (*rinkomania, jumbomania*). Zur Produktivität im Englischen s. auch Frank O. Colby, The American Pronouncing Dictionary of Troublesome Words, New York 1950, 277 s. v. *-phobia*. Zu den entsprechenden Verhältnissen im Deutschen s. unseren Beitrag Vergleichende Betrachtungen zur Integration der neulateinischen Kompositionsweise im Französischen und Deutschen, FestsWandr 138–148.

ZWEITER TEIL

ZUR INTEGRATION DER NEULATEINISCHEN KOMPOSITIONSWEISE IM FRANZÖSISCHEN

1. Zur Problemstellung

Betrachten wir zu den im ersten Teil behandelten Bezeichnungen die jeweiligen Angaben des FEW, so ergibt sich folgendes Bild: *kleptomanie, scribomanie, métromanie* 'manie de faire des vers', *sophomanie, médicomanie, philanthropomanie, tyrannomanie, florimanie, statuomanie, dansomanie, mariageomanie* und *sportsmanie* werden als Zusammensetzungen gekennzeichnet[1], während die Mehrzahl der etwa 70 registrierten Bildungen[2] zu den Ableitungen gezählt wird. Hierher gehören Fälle wie *jardinomanie* und *peinturomanie* ebenso wie *tragicomanie* oder *suicidomanie, œstromanie* und *mantéomanie* ebenso wie *érotomanie* oder *morphi(n)omanie*. Während *narcomanie* s. v. gr. *nárkē* als Zusammensetzung bezeichnet wird, steht *toxicomanie* unter den Ableitungen zu mfr. nfr. *toxique*. Einige weitere Formen, so etwa *typhomanie, nymphomanie, trichomanie* und *xénomanie* werden ausdrücklich als Entlehnungen, sei es aus dem Griechischen, sei es aus dem Neulatein der Mediziner gekennzeichnet, ohne daß in jedem Fall Belege für die angenommene Ausgangsform zitiert werden. Fr. *américomanie* wird auf entsprechendes e. *americo-mania* zurückgeführt. Mfr. *idolomanie* steht unter den französischen Ableitungen von *idole*, obwohl es, wie wir gesehen haben, eine Entlehnung aus dem Griechischen darstellt, ebenso wie das als Ableitung zu fr. *triste* charakterisierte *tristimanie* auf das bereits im Englischen gebildete *tristimania* zurückgeht. Das nur bei Moz 1842 nachgewiesene *matrimoniomanie* wird als burleske Bildung aus nfr. *matrimonium* (1666–1674) + *manie*, fr. *iconomanie* gar als »aus εἰκών abgeleitet ... nach anderen bildungen auf *-manie*« bezeichnet. In wiederum anderen Fällen beschränkt sich das FEW darauf, allgemein von den »Bildungen« *pathomanie, nosomanie* etc. zu sprechen, ohne sich über die Art dieser Bildungsweise genauer zu äußern. Eine solche recht inkonsequente Darstellung überrascht um so mehr, als gerade v. Wart-

---

[1] Ebenso wird fr. *sophomane* als Zusammensetzung von gr. σοφός mit *mane* [sic] bezeichnet.
[2] Zur allgemeinen Frage der Aufnahme dieser Bildungen in die Wörterbücher s. weiter unten, hier 136ff.

burg im FEW allgemein großen Wert auf eine strenge Differenzierung zwischen Ableitung und Zusammensetzung legt[3]. Doch ist dieser schwankende Gebrauch der Terminologie im FEW[4] keineswegs vereinzelt, sondern läßt sich in nahezu der gesamten Literatur aufzeigen und spiegelt letztlich den Forschungsstand in diesem Grenzbereich der Wortbildung zwischen Zusammensetzung und Ableitung. Spricht Nyrop lediglich von einem Suffix *-omanie* bzw. *-omane* in Bildungen wie *blasonomane, éthéromane, morphinomane* oder *jourdainomanie*, während man über die Bildungsweise der gleichfalls erwähnten Formen *anglomanie* und *bibliomanie* nichts erfährt, so schwankt das FEW auch im Artikel MANIA, wo *-manie* als »élément de composition« bezeichnet wird, von dem es gleichzeitig heißt, daß es gegen Ende des 18. Jhs »fut utilisé dans la formation de divers mots composés et devint une sorte de suffixe, encore très vivant«. Während nach Bloch-Wartburg[5] *manie* seit dem 18. Jh. als »deuxième élément de comp. tels qu'*anglomanie*« dient, spricht Proschwitz 101 anläßlich *dramomane* allgemein von den »suffixes *-mane* et *-manie*«. Erneutes Schwanken ist bei DDM festzustellen, wo S. XXXV *-manie* und *-mane* mit den Beispielen *mégalomanie* und *mythomane* zu den »éléments grecs entrant dans la construction de mots français« gezählt werden, während es s. v. *manie* lakonisch heißt: »*-manie* et *-mane* sont des suffixes depuis le XVIIIe s.«, und in seiner Untersuchung zur modernen französischen Suffixableitung nennt Dubois *-manie* und *-mane* ebenso wie *-thérapie, -logie, -technie* u. a. »éléments suffixaux grecs«[6], von denen es heißt, »ils se comportent comme de véritables suffixes capables de s'ajouter à n'importe quelle racine«[7]. Während Junker 116 anläßlich it. *-filo, -fobo, -mane* u. a. von »gelehrten

---

[3] »In meinem Wörterbuch folge ich dem Grundsatz, daß ein Gebilde als Kompositum anzusehen ist, wenn im Moment der Entstehung beide Teile noch als selbständige Wörter in der Sprache vorhanden waren. *Défaire, regarder* sind Ableitungen, *parcourir, surdos* Zusammensetzungen«, W. v. Wartburg, ZRPh 42, 1922, 508; ähnlich auch ib. 505. Zur Problematik dieser Differenzierung s. weiter unten, hier 109ff.

[4] Vgl. etwa auch den Kommentar zu *chirologie*: »ist zusammengesetzt mit dem suffix *-logie* 'lehre'«, FEW 2,633b, zu *histologie*: »Gelehrte zuss. mit *-logie* als suffix zur bildung von wissenschaftsbezeichnungen«, FEW 4,441a, zu *podomètre* und *podologie*: »Wissenschaftliche termini, gebildet aus gr. ποῦς, ποδός in zusammensetzung mit gr. μέτρον 'mass', resp. dem daraus entstandenen fr. *-mètre* (1), mit dem sehr lebenskräftigen fr. ‹suffix› *-logie* (zu λόγος) (2) ...«, FEW 9,274a oder zu *hypsométrie, hypsographie*: »Comp. fr. à l'aide de l'adj. gr. ὕψος et des suffixes *-métrie* et *-graphie*«, FEW 4,528a.

[5] BW s. v. *manie*.

[6] GuilbertAv 324f. bezeichnet *-mètre, -graphe, -logue* u. a. als »éléments à vocation suffixale«.

[7] DuboisSuff 69. – Vgl. ähnlich etwa auch FEW 8,393b zu *-phobie* und *-phobe* (»die beiden ... wie suffixe gehandhabten elemente«) oder FEW 8,397a zu *-phone, -phonie* (»suffixartig«). Dagegen heißt es zu Bildungen wie *astrophile, pantophile, bibliophile, dindonophile* u. a.: »Bei 2 ist *-phile* suffix«.

Pseudosuffixen« spricht[8], schlägt neuerdings LiChing 73f. und 79 für fr. *-phil(i)e, -phob(i)e, -cratie, -culture, -gène* u. a. den nicht sehr glücklich gewählten Terminus »künstliche Suffixe« vor[9]. Da jedoch an keiner der bisher genannten Stellen der Versuch unternommen wurde, eine einigermaßen klare Grenzlinie zwischen Zusammensetzung und suffixaler Ableitung innerhalb dieser Bildungsweise zu ziehen, erscheint es uns angebracht, dieser Fragestellung im folgenden unsere besondere Aufmerksamkeit zu schenken.

2. Synchronie und Diachronie in der Wortbildungslehre

Um einer Antwort auf diese Frage näherzukommen, erscheint indes zunächst eine methodologische Begriffsklärung notwendig. »Die Aufgabe der Wortbildungslehre besteht darin, die Mittel anzugeben, deren man sich bedient, wenn der Wortschatz einer Sprache aus sich selbst heraus, ohne Entlehnungen bei einer anderen Sprachgenossenschaft, vermehrt werden soll, und zu zeigen, welchen Einfluß diese Mittel auf die Bedeutung der Wörter haben«, schreibt 1921 W. Meyer-Lübke[1], und noch die Definition H. Marchands, wonach »word-formation is that branch of the science of language which studies the patterns on which a language forms new lexical units, i. e. words«[2], unterstreicht, wie schon der Terminus »Wortbildung« selbst, das aktive, dynamische Element der Neuprägung lexikalischer Einheiten und charakterisiert damit einen in der Geschichte begründeten Vorgang. Ähnlich versteht auch W. v. Wartburg Wortbildung, wenn er etwa in seiner Besprechung von Meyer-Lübkes Historischer Wortbildungslehre des Französischen zur Frage der Differenzierung von Zusammensetzung und Ableitung betont:

> Für den Historiker aber ist entscheidend, ob die beiden Teile im A u g e n -
> b l i c k d e r E n t s t e h u n g des neuen Wortes noch als solche empfunden
> werden konnten. Nun sind viele Wortbildungen zur Zeit ihrer Neuschöpfung
> Zusammensetzungen gewesen; das Gefühl für den selbständigen Wert der beiden
> Teile ist aber mit der Zeit verloren gegangen: das Wort wurde zur Ableitung.
> Vom Standpunkt des Historikers aus kann also ein Wort als Kompositum zu
> werten sein, der beschreibende Grammatiker wird darin dennoch eine Deriva-
> tion erblicken müssen[3].

Gleichzeitig aber enthält schon dieses Zitat die methodologisch grundlegende Unterscheidung zwischen Sprache als Gegenstand der Untersuchung

---

[8] Dagegen bezeichnet er Bildungen wie it. *aumentomania, esterofilia* u. a. als »substantivische Zusammensetzungen mit präfixalen oder suffixalen, gelehrten, meist lateinischen oder griechischen Wörtern oder Wortbestandteilen« (ib. 108).

[9] Dagegen wird *-logue* von LiChing 69 ohne ein solches Epitheton zu den Suffixen gezählt.

[1] MLFrGr 2, § 2.

[2] MarchandCat 2; ähnlich schon MarchandSynchrAnal 7.

und der jeweiligen Betrachtungsweise, eine Unterscheidung, die v. Wartburg später in seiner Auseinandersetzung mit de Saussures Auffassung von Synchronie und Diachronie ausdrücklich formuliert:

> Uns obliegt es nun, zu untersuchen, ob wirklich zwei gesonderte studienobjekte vor uns liegen, wie Saussures formulierung vorauszusetzen scheint, zwei studienobjekte also, deren jedes seine erklärung in sich selber birgt. ... Meines erachtens liegt die verschiedenheit nicht im gegenstande selber, sondern im standpunkt des betrachters[4].

So entschieden hier eine klare Differenzierung zwischen diesen beiden Ebenen proklamiert wird, hat sie doch v. Wartburg selbst nicht konsequent durchgeführt, wenn er etwa im gleichen Beitrag zu den Verschiebungen im Gebrauch der Pronomina im Spätlatein feststellt:

> Hier halten wir zweifellos eine der wichtigsten ursachen der sprachveränderungen. Sie liegt in gewissen unzulänglichkeiten eines bestimmten sprachlichen systems. Diese unzulänglichkeiten sind selbstverständlich **synchronischen** charakters. Ihre behebung aber, welcher die sprachliche gemeinschaft mehr oder weniger bewußt zustrebt, vollzieht sich in der **diachronie** und führt nun hinüber in einen neuen zustand. Dieser kann, wie wir gesehen haben, wiederum seine schwächen haben und so kommt nochmals bewegung in die masse hinein usf.[5]

Daraus erhellt die ganze Problematik der Theorie vom »Ineinandergreifen von deskriptiver und historischer Sprachwissenschaft«. Gewiß haben wir i n d e r S p r a c h e ein »ineinandergreifen von **statik** und **dynamik**«[6], doch darf uns dies nicht daran hindern, die beiden B e t r a c h - t u n g s w e i s e n säuberlich voneinander zu trennen. Wenn auch v. Wartburg selbst immer wieder auf die drohende Gefahr hinweist, daß »die Gedanken über den Gegenstand mit dem Gegenstand selber verwechselt werden«[7], so hat doch erst in jüngerer Zeit E. Coseriu die Notwendigkeit einer m e t h o d o l o g i s c h e n Trennung mit der erforderlichen Entschiedenheit unterstrichen:

> Una cosa es decir que »Sistema y Movimiento se condicionan recíprocamente« [v. Wartburg], acerca de lo cual no cabe duda, y otra es señalar que la descripción del *sistema* y la descripción del (*sistema en*) *movimiento* se colocan necesariamente en dos perspectivas distintas: no se trata aquí de la realidad de la lengua, sino de la *actitud del investigador*. Lo que es indepen-

---

3 W. v. Wartburg, ZRPh 42, 1922, 505 (Hervorhebung im Original).
4 WartburgIneinandergreifen 8.
5 Ib. 12 (Hervorhebungen im Original).
6 Ibid. (Hervorhebungen im Original).
7 W. v. Wartburg, Betrachtungen über das Verhältnis von historischer und deskriptiver Sprachwissenschaft, in: Von Sprache und Mensch. Gesammelte Aufsätze, Bern 1956, 159–165, Zitat S. 160.

diente de la diacronía es la *descripción sincrónica*, no el *estado de lengua real*, que es siempre »resultado« de otro anterior y, para el propio de Saussure, es »producto de factores históricos«. Es que de Saussure habla, precisamente, de la *descripción*, aunque no distingue con claridad entre el estado de lengua »real« (histórico) y el estado de lengua »proyectado«. ... Así, pues, la antinomia saussureana, erróneamente trasladada al plano del objeto, no es otra cosa que la diferencia entre descripción e historia, y en este sentido ella nada tiene de saussureano, salvo la terminología, y no puede suprimirse ni anularse, porque es exigencia conceptual[8].

Erst jetzt läßt sich in aller Klarheit die Frage nach einer Unterscheidung von Synchronie und Diachronie in der Wortbildungslehre stellen. Ist auch Wortbildung als Gegenstand unserer Betrachtung, wie Sprache überhaupt, ein in der Geschichte begründetes Phänomen, so sind doch zwei Möglichkeiten der sprachwissenschaftlichen Betrachtungsweise zu unterscheiden. Die diachronische Betrachtungsweise fragt allein nach dem historischen Vorgang einer Wortbildung, die synchronische Methode hingegen untersucht das wechselseitige Verhältnis der in einer Wortbildung verbundenen Moneme zu einem gegebenen Zeitpunkt ohne Rücksicht auf ihre jeweilige historische Entstehung. Während so etwa Formen wie mfr. *idolomanie* oder nfr. *tristimanie* als Entlehnungen aus dem Griechischen bzw. dem Englischen in diachronischer Sicht für die französische Wortbildungslehre irrelevant sind, haben sie ihren berechtigten Platz in einer synchronischen Betrachtung, da sie aufgrund der daneben bestehenden Formen mfr. *idole* bzw. nfr. *triste* innerhalb des Französischen als Monemverbindungen mit diesen Basislexemen analysiert werden können[9]. Aufgrund dieser methodologischen Unterscheidung erheben sich freilich Bedenken gegen die Auffassung J. Erbens, wenn dieser von der synchronischen Betrachtungsweise behauptet: »Die Wortbildungslehre ist natürlich in eine synchronische Darstellung nur insoweit einzubeziehen, als es um die zu einer bestimmten Zeit lebendigen Möglichkeiten der Bestandsvermehrung geht«[10]. Wenn Erben auch an einigen Stellen Synchronie und Diachronie in unserem Sinne als methodologische Termini verwendet[11],

---

[8] CoseriuSincronía 11 (Hervorhebungen im Original). Ähnlich ib. 9: »la antinomia *sincronía – diacronía* no pertenece al plano del objeto sino al plano de la investigación: no se refiere al lenguaje, sino a la lingüística«, sowie ders., Sincronía, diacronía y tipología, Actas del XI Congreso Internacional de Lingüística y Filología Románicas (Madrid 1965), Madrid 1968, 269–281, speziell 273.

[9] Zum Problem der Analysierbarkeit in der synchronischen Wortbildungslehre s. vor allem MarchandSynchrAnal.

[10] ErbenWortb 86. Ebenso auch MartinetElém 135 (§ 4–37) sowie zustimmend dazu K. Heger, ZRPh 79,210.

[11] So etwa, wenn er darauf hinweist, daß id. *Kleinstadt* zwar »aus dem bereits im 17. Jahrhundert nachweisbaren Adjektiv *kleinstädtisch* rückgebildet worden ist, d. h. das Substantiv als scheinbares Ausgangswort in Wirklichkeit eine Ableitung aus einer längeren Adjektivbildung ist, ... synchronisch betrachtet ... jedoch *kleinstädtisch* als Adjektiv zu *Kleinstadt* wie *städtisch* zu *Stadt* und an-

so ist doch auch er der Gefahr einer Verwechslung zwischen Gegenstand und Methode der Betrachtung, d. h. zwischen Objektsprache und Metasprache nicht immer entgangen. Deutlich wird diese Vermischung, wenn er etwa schreibt: »Ich möchte deshalb zum Abschluß meines Referats einiges aus einer Wortbildungsuntersuchung der Luthersprache berichten. Es handelt sich a l s o [12] um eine synchronische Beschreibung, die jedoch zahlreiche Ansatzpunkte diachronischer Betrachtung bietet ...«[13]. Verstehen wir jedoch Synchronie und Diachronie als methodologische Termini, so können wir eine synchronische Darstellung nicht auf die Fälle beschränken, bei denen »lebendige Möglichkeiten der Bestandsvermehrung« vorliegen, in eine synchronisch verstandene Wortbildungsstruktur gehört vielmehr alles, »was vom normalen Sprachteilhaber als Wortbildungsbeziehung empfunden wird«[14]. So ist es etwa Aufgabe einer synchronischen Analyse, aus der Reihe der französischen Wochentagsnamen (*lundi, mardi, ... samedi*) durch Segmentierung ein konstant wiederkehrendes Monem -*di* zu gewinnen[15], das mit den jeweils verschiedenen »blockierten Monemen«[16] *lun-, mar-* etc. verbunden ist. Gewiß ist jede Monemverbindung dieser Art »Vorbild für weitere gleichartige Bildungen«[17], die Frage, ob und in welchem Maße dieses Vorbild zur Schaffung von Neubildungen genutzt wird, muß jedoch der diachronischen Betrachtung vorbehalten bleiben. Diese wiederum stellt etwa im vorliegenden Fall fest, daß das Französische in unserer Zeit keine entsprechenden Neubildungen geschaffen hat, wohl aber gegen Ende des 18. Jhs vorübergehend dieses Wortbildungsmuster für die Nomenklatur des Revolutionskalenders (*primidi, duodi, tridi* etc.) herangezogen hat.

Wir folgen in dieser Unterscheidung zwischen Synchronie und Diachronie Zellig S. Harris, für den »the methods of descriptive linguistics cannot

---

dererseits *Kleinstadt* neben *Stadt* wie *Kleinbahn* neben *Bahn* [erscheint]«, ib. 84f. Vgl. ähnlich auch Spycher, Orbis 4,76 zu Beispielen wie d. *findig, gültig* u. a.: »Wir verstehen also unter Ableitung nicht so sehr die durch ein Suffix vollzogene Umsetzung eines Wortes in eine neue Wortklasse, wie sie in der Sprachgeschichte *dann und dort wirklich geschehen ist*, sondern wie sie von den Sprechern der Gegenwartssprache *jetzt und hier gedeutet wird*« (Hervorhebungen im Original).

[12] Von uns gesperrt.

[13] ErbenWortb 89. Noch offensichtlicher ist diese Verwechslung, wenn es wenig später zur Erklärung der auch bei Henzen erwähnten Form d. *Eselist* (Luther) heißt: »Durch eine synchronische Betrachtung wird darüber hinaus der *Esel-jurist* zutage gebracht und damit wohl das fehlende Zwischenglied ergänzt, das die Kombination dieses akademisch vornehmen Suffixes mit *Esel* ermöglicht hat und verstehen läßt«, ib. 91.

[14] PolenzWortb 11. In diesem Sinne auch Fleischer 18.

[15] Zum Monemstatus von -*di* vgl. auch K. Heger, La conjugaison objective en français et en espagnol, Langages 3, septembre 1966, 19–39, speziell 22.

[16] Zum Begriff des blockierten Monems s. MarchandCat 2 sowie Rohrer 49f. Vgl. jetzt auch Fleischer 36f.

[17] PolenzWortb 11.

treat of the degree of productivity of elements, since that is a measure of the difference between our corpus (which may include the whole present language) and some future corpus of the language«[18], sind jedoch gleichzeitig mit H. Marchand der Ansicht, daß eine solche streng synchronische Analyse durch eine diachronische Betrachtung ergänzt werden sollte[19]. Damit stoßen wir wieder auf das bereits berührte Problem vom »Ineinandergreifen von deskriptiver und historischer Sprachwissenschaft«. In dem oben dargelegten Sinne erscheint es uns nützlich, ja notwendig, das sprachliche Phänomen Wortbildung in synchronischer u n d diachronischer Sicht zu untersuchen, da nur eine Verbindung beider Betrachtungsweisen dem komplexen Charakter der Sprache gerecht zu werden vermag[20]. Unerläßlich indes ist eine saubere methodologische Trennung, bei der die einzelnen Schritte nicht miteinander vermischt werden dürfen, weshalb sich auch eine terminologische Differenzierung zwischen der diachronisch verstandenen »Produktivität« eines Wortbildungsmusters einerseits und der auf die synchronische Betrachtung beschränkten und an den zu einem gegebenen Zeitpunkt analysierbaren Bildungen zu messenden »Vitalität« andererseits empfiehlt[21].

In diesem Zusammenhang erscheint es angebracht, zumindest kurz auf die noch heute verbreitete Gleichsetzung von synchronischer mit beschreibender bzw. diachronischer mit erklärender Sprachwissenschaft einzugehen[22]. Zwar wurde bereits von verschiedener Seite zu Recht betont, daß eine solche terminologische Gleichsetzung dem Wesen der zugrundeliegenden Methoden widerspricht und durch ein viergliedriges Schema (beschreibende Synchronie – erklärende Synchronie – beschreibende Diachronie – erklärende Diachronie) ersetzt werden muß[23], dennoch soll noch einmal,

---

[18] Harris 255. In diesem Sinne auch Spycher, Orbis 4,86ff., der nach ähnlichen Überlegungen zu dem Schluß kommt: »Das Problem der Fruchtbarkeit kann also vom synchronischen Standpunkt aus nicht behandelt werden«, ib. 88. Ebenso HansenWorttypen 162 sowie HansenKomp 116.

[19] Vgl. etwa MarchandSynchrAnal 13.

[20] Vgl. dazu auch den Abschnitt »Synchrony in Diachrony« bei MarchandSynchr Anal 9ff.

[21] Vgl. ähnlich HansenWorttypen und HansenKomp sowie zuletzt Gabriele Stein, Primäre und sekundäre Adjektive im Französischen und Englischen, Tübingen 1971, 55f. Vgl. noch Fleischer 66f., der eine Dreiteilung produktiv – aktiv – unproduktiv vorschlägt.

[22] Zur Geschichte dieser Begriffspaare und ihres wechselseitigen Verhältnisses s. auch Hans-Heinrich Lieb, 'Synchronic' versus 'Diachronic' Linguistics: A Historical Note, Linguistics 36, 1967, 18–28. Zum gesamten Fragenkomplex um Synchronie und Diachronie s. jetzt auch den Sammelband Sprache – Gegenwart und Geschichte. Probleme der Synchronie und Diachronie (Sprache der Gegenwart. Schriften des Instituts für deutsche Sprache, Band V, Jahrbuch 1968), Düsseldorf 1969.

[23] S. etwa K. Heger, ZRPh 77, 1961, 147; 79, 1963, 198 und 610; dazu auch K. Baldinger, ZRPh 79, 559 und 564.

nun an einem Beispiel aus der Wortbildung, dieses Verhältnis aufgezeigt werden. Wir greifen zu diesem Zweck auf unseren bereits eingangs erwähnten Beitrag zu dem englischen Lehnsuffix -ette[24] zurück, der uns das wechselseitige Verhältnis der verschiedenen Betrachtungsweisen zu verdeutlichen scheint. Wenn das Englische heute über ein produktives Suffix -ette zur Bezeichnung von Ersatzstoffen (*leatherette, linenette* u. a.) verfügt, so hat es nicht dieses produktive Suffix aus dem Französischen entlehnt, die Entwicklung hat sich vielmehr erst in verschiedenen, zeitlich aufeinander folgenden Stufen vollzogen. Dadurch daß das Französische dem Englischen neben dem Grundwort *satin* auch die Ableitung *satinette* vermittelt hat, entstand sekundär innerhalb des Englischen ein zunächst nur synchronisches Ableitungsverhältnis, dessen »Vitalität« Voraussetzung war für den weiteren Schritt zur »Produktivität« von e. -ette, die sich dann an Neubildungen wie *leatherette* erweist. So kann einerseits die diachronische Feststellung der Wortentlehnung von *satin* und *satinette* das Entstehen eines sprachlichen Zustands im 18. Jh. erklären, ebenso aber ist andererseits die synchronische Analyse dieses Sprachzustands unerläßliches Mittel zur Erklärung der Produktivität des untersuchten Wortbildungsmusters im Englischen.

In diesem Sinne erscheint uns eine gleichermaßen synchronische wie diachronische Betrachtungsweise in der Wortbildungslehre notwendig. So wie H. Marchand seiner Darstellung der Wortbildung der englischen Gegenwartssprache den bezeichnenden Untertitel »A Synchronic-Diachronic Approach« gab, so soll auch in der vorliegenden Untersuchung an einem sprachhistorischen Gegenstand eine fruchtbare Verbindung dieser beiden Methoden versucht werden.

3. Die neulateinische Kompositionsweise als Wortbildungsmittel des Französischen

Nach diesem methodologischen Exkurs können wir uns nun wieder der uns beschäftigenden neulateinischen Kompositionsweise und dem Problem ihrer Integration im Französischen zuwenden. Dabei stellt sich in bezug auf unser Material zunächst die Frage, welchem Teil der Wortbildungslehre etwa die französischen Bezeichnungen *gastromanie, mégalomanie, scamno-manie* oder *mantéomanie* zuzuordnen sind. Ein Blick in die Handbücher der Wortbildungslehre zeigt, daß innerhalb der Wortbildung neben einigen Sonderformen wie Rückbildung, »dérivation impropre«, Abkürzung, Urschöpfung u. ä., deren Zugehörigkeit zu diesem Untersuchungsbereich von der Forschung verschieden beurteilt wird[1], vor allem

---

[24] S. hier 3 n9.
[1] S. dazu zulezt MLPiel 173ff. sowie Rohrer 1of. – Zur Entwicklung vom Orts-

zwei Haupttypen unterschieden werden. Auf der einen Seite die Zusammensetzung als Verbindung zweier auch selbständig auftretender Moneme (»free forms«), auf der anderen Seite die Ableitung als Verbindung eines auch selbständig auftretenden Monems mit einem gebundenen Monem (»bound form«). Schwierigkeiten bereitet dabei vor allem die Präfixbildung, da zahlreiche Präfixe auch als selbständige Elemente auftreten können, so daß diese Bildungsweise von vielen zur Zusammensetzung gerechnet wird[2], während Ableitung dementsprechend mit Suffixbildung identifiziert wird[3].

Da jedoch keines der oben genannten Beispiele ein im Französischen selbständig auftretendes erstes Element enthält, die Formen *gastro-, mégalo-, scamno-* und *mantéo-* vielmehr nur als »bound forms« bezeugt sind, scheiden für diese Fälle nach der genannten Definition Ableitung und Zusammensetzung gleichermaßen aus. Die traditionelle Zweiteilung der Wortbildung erweist sich somit als unzureichend und muß durch eine weiter gefaßte Gliederung ersetzt werden. Wie K. Heger in seiner Besprechung der *Éléments de linguistique générale* ausdrücklich hervorhebt[4], ist eine solche Erweiterung von A. Martinet vorgenommen worden. Neben »composition« und »dérivation« unterscheidet Martinet noch den Fall der »recomposition« aus zwei nur in Verbindungen vorkommenden Monemen vom Typus *thermostat*, der er eine Mittelstellung zwischen Ableitung und Zusammensetzung einräumt[5]. Den Ausgangspunkt dieser Bildungen sieht Martinet in »vocables empruntés à une langue classique«, aus denen dann die einzelnen Moneme gelöst und zu neuen Verbindungen zusammengefügt werden konnten[6]. Eine Berücksichtigung dieses von Martinet zu

---

namen zum Appellativum als Mittel der Wortbildung s. auch Verf., Untersuchungen zur Tuch- und Stoffbenennung in der französischen Urkundensprache. Vom Ortsnamen zum Appellativum, Tübingen 1967, 116ff.

[2] S. dazu G. Gougenheim, Morphologie et formation des mots, FrMod 2, 1934, 289–298, speziell 292.

[3] So etwa bei Nyrop, Henzen u. a. – Zur Diskussion um die Stellung der Präfixbildung innerhalb der Wortbildungslehre s. auch MarchandCat 129 sowie Fleischer 73f.

[4] ZRPh 79, 1963, 210.

[5] MartinetElém 134f. Wenn auch Y. Malkiel in seiner Besprechung den Ausdruck »recomposition« als nicht glücklich bezeichnet, da dieser Terminus zumindest in der Romanistik bereits für andere Erscheinungen (*attingere* > sp. *atañer*) in Anspruch genommen werde (vgl. auch J. Marouzeau, Lexique de la terminologie linguistique, Paris [3]1961 s. v.), so begrüßt er doch die Berücksichtigung dieses »special, ill-defined status of certain learned neologisms (*thermo/stat, télé/guidé*) [which] invites a stimulating comment«, RPhil 15, 1961–62, 147.

[6] Vgl. etwa auch A. Kuhn zu Bildungen wie *physiocratie, physiographie* u. a.: »Daneben hat sich durch den jh.-langen gebrauch der gruppen *physionomie, physiologie* der erste wortteil verselbständigt und bildet nun auch ohne lt. vorbild, gleichsam als präfix, innerhalb des fr. mit fr. oder lt.-gr. grundwörtern neue zuss.«, FEW 8,413. Ähnlich auch FEW 7,355b zu *oniroscopie, onirodynie* und *onirisme*: »2 sind im fr. geschaffene ablt. von dem durch 1 [*onirocrite*, oni-

Recht herausgestellten Bildungstypus würde uns erlauben, fr. *gastroma-nie* und *mégalomanie* in diesem Sinne zu analysieren. Aus Formen wie *gastroraphie* 'suture pour réunir les plaies du bas-ventre' (seit Cotgr 1611, FEW 4,75a), einer Entlehnung aus der schon griechischen Bildung γαστροῤῥαφία einerseits und Entlehnungen vom Typus *typhomanie* andererseits hätten sich die beiden Elemente gelöst und zu der »recomposition« *gastromanie* geführt. Unabhängig von der Frage nach der historischen Entstehung von fr. *gastromanie*, auf die wir noch zurückkommen werden, ist eine solche Analyse doch in synchronischer Sicht vollauf berechtigt. Betrachten wir jedoch fr. *mantéomanie* und *scamno-manie*, so scheint uns nicht einmal eine synchronische Analyse innerhalb des Französischen möglich, die die Entstehung dieser Bildungen erklären könnte[7]. Weder *mantéo-* noch *scamno-* sind aus anderen französischen Verbindungen griechischen bzw. lateinischen Ursprungs bekannt, aus denen das Französische diese Elemente zur Bildung von *mantéomanie* und *scamno-manie* hätte beziehen können. Da also auch die Rekomposition im Sinne Martinets nicht alle Fälle zu erklären vermag, bleibt zunächst als Ausweg nur noch die Erklärung durch Entlehnung, jener neben der Wortbildung bedeutendsten Möglichkeit einer Sprache, ihren Wortschatz zu bereichern. Und in der Tat hatten wir ja im ersten Teil unserer Untersuchung gesehen, daß eine Reihe der ältesten im Französischen bezeugten Formen wie etwa *démonomanie, idolomanie, andromane* oder *œstromanie* ein griechisches Vorbild haben, und auch fr. *typhomanie* setzt letztlich das schon bei Hippokrates belegte gr. τυφομανία fort. Doch ist die Zahl der im Griechischen bezeugten Zusammensetzungen mit μανία im Verhältnis zu der Fülle der französischen Formen äußerst gering, und für keine der vier oben genannten Bezeichnungen läßt sich dort ein Vorbild nachweisen. Gleichzeitig zeigt uns jedoch ein Beispiel wie fr. *typhomanie,* daß auch hier nicht eigentlich eine direkte Entlehnung des griechischen Wortes, sondern eine Übernahme aus dem Neulatein vorliegt, wo *typhomania* lange belegt ist, ehe es in französischer Lautung erscheint. Wir müssen uns daher in jener neulateinischen Gelehrtensprache umsehen, die seit Humanismus und Renaissance das Erbe des Griechischen und des Lateinischen übernommen und auch in besonderem Maße die griechische Kompositionsweise zu neuem Leben erweckt hat. Unsere Aufgabe wird dabei freilich dadurch beträchtlich erschwert, daß die lexikographische Erfassung des Neulateins bis heute noch kaum in Angriff genommen wurde. Immerhin besitzen wir für unsere Zwecke einen ersten wertvollen Ansatz in der Arbeit von Anna Granville Hatcher über *Modern English Word-Formation and Neo-*

---

romance u. a.] in der wissenschaft eingebürgerten wortstamm«. Ebenso FEW 8,14b zu *pathogénésie, pathomanie* u. a.

[7] Eine synchronische Analyse würde lediglich blockierte Moneme als ersten Bestandteil ergeben, die jedoch keine historische Erklärung zulassen.

Latin[8], wo wenigstens ein Aspekt der neulateinischen Zusammensetzung mit reichhaltigem Material eingehend untersucht wird[9]. Wenn auch die uns beschäftigende Bildungsweise mit *-(o)manie* außerhalb von Hatchers Betrachtung blieb, die sich auf eine Untersuchung der kopulativen Komposita beschränkte, so werden wir uns dennoch im folgenden mit ihren Ergebnissen auseinandersetzen müssen.

Um die Bildungen mit *-(o)manie* und *-(o)mane* im Rahmen der neulateinischen Kompositionsweise richtig beurteilen zu können, ist es unerläßlich, auch die parallelen Bildungen mit *-(o)phile* und *-(o)phobe*, *-(o)logie*, *-(o)graphie*, *-(o)mètre* u. a. zu berücksichtigen. Neben unseren Materialien zu *-(o)manie* im ersten Teil der vorliegenden Untersuchung verfügen wir immerhin schon über eine kurz skizzierte Geschichte der ältesten Bildungen auf *-(o)logie* im Französischen von Paul Barbier[10]. Fassen wir daher zunächst die Ergebnisse Barbiers zusammen: Schon das klassische Griechisch besaß eine Reihe Bildungen auf -ολογία (ἀνθολογία, ἀρχαιολογία, ἀστρολογία u. a.), die zum Teil seit dem 14. Jh. ins Französische entlehnt wurden[11]. Seit dem 16. Jh. finden sich im Französischen auch Formen, die im Griechischen kein Vorbild haben, so etwa *anthropologie* (1534, schon 1516 *entropologie*, DatLex, s. auch BW), *pathologie* (1611, nach BW schon 1550), *uranologie* (1583) und *démonologie* (ca. 1597)[12]. Barbier geht nun davon aus, daß all diese Formen keine französischen Bildungen, sondern Entlehnungen aus dem Neulatein sind, wenn er auch nur für *anthropologie* einen älteren neulateinischen Beleg nachweisen kann[13]. Gerade im Hinblick auf den Stand der lexikographischen Erfas-

---

[8] A Study of the Origins of English (French, Italian, German) Copulative Compounds, Baltimore 1951.

[9] S. auch R. Arveiller, De l'importance du latin scientifique des XVIe–XVIIIe s. dans la création du vocabulaire technique français à la même époque, Actas del XI Congreso Internacional de Lingüística y Filología Románicas (Madrid 1965), Madrid 1968, 501–522; vgl. auch ders., Contribution à l'étude des termes de voyage en français (1505–1722), Paris 1963, speziell 529–531.

[10] P. Barbier, French *ornithologie* and early names of sciences in *-ologie*, BarbProc 2,414–422.

[11] Nach den neueren Handbüchern ist fr. *théologie* schon ca. 1240, fr. *étymologie* schon ca. 1160 (in bezug auf Isidors *Etymologiae*) belegt; s. BW.

[12] Schon 1593 *La nouvelle Dœmonologie de la Sorbonne* (par P. Pithou), s. l., 1593 (s. Barbier).

[13] Nicht recht deutlich erscheint die Haltung Darmesteters, der zu diesen Bildungen schreibt: »Quant aux composés de formation récente, ils supposent la création du composé grec qui leur sert de type. Ainsi, *anémoscope* dérive de ἄνεμος et de σκοπεῖν, par l'intermédiaire du mot *ἀνεμόσκοπος, créé d'après les règles de la composition grecque. Nous ne pouvons donner la liste de tous ces composés: la terminologie scientifique y passerait à peu près tout entière«, DarmC 252 (vgl. ähnlich § 278 des Traité de la formation de la langue française im DG; s. dazu auch GuilbertAv 290). Vgl. auch LewickaCompSpont 484, wo nicht ganz zutreffend von »des mots à composition thématique, empruntés au latin ou au grec« die Rede ist, die wenig später als »composés savants« bezeichnet werden.

sung des Neulateins erscheint diese Erklärung trotz ihres hypothetischen Charakters zunächst durchaus plausibel. Ähnlich wie Barbier sieht auch A. G. Hatcher in volkssprachlichen Formen dieses Typus grundsätzlich Entlehnungen aus dem Neulatein, wenn sie etwa schreibt:

> Only one explanation is possible for this type, given its learned word-material: *theologico-moral* must be seen as a loan-word, together with *idolatry, regicide, democracy*: just as *democracy* represents the adaptation to English of Lat. *democratia* (< δημοκρατία), so *theologico-moral* must reflect the Latin compound *theologico-moralis*; similarly we must count with the development: *ethico-politicus* > *ethico-political, historico-cabbalisticus* > *historico-cabbalistical, plano-solidus* > *plano-solid, physico-mechanicus* > *physico-mechanical* etc.[14],

ohne daß sie für solche lateinische Formen Belege nachweisen kann[15]. Wenn

---

Etwas deutlicher LewickaRéflexions 132, wo ausdrücklich zwischen »emprunts (*géographie, philosophie,* etc.)« und »créations savantes (*télégraphe, automobile,* etc.)« differenziert wird. Wenn H. Lewicka dazu allerdings schreibt, es handle sich bei diesen Bildungen nicht um einen »type de formation français, mais ... d'un procédé repris aux langues classiques«, so werden zu Unrecht historische Ergebnisse in die Sprachbeschreibung hereingetragen. Gewiß ist dieser Bildungstypus im Französischen nicht autochthon, aber gerade als »procédé repris aux langues classiques« ist er zu einem im Französischen produktiven und damit zu einem französischen Wortbildungsmuster geworden. Entsprechendes gilt auch für die Darstellung bei Knud Togeby, der die bei Nyrop als Suffixe behandelten *-icide, -olâtre, -omanie* und *-ophobie* als Bestandteile von »composés contenant des mots latins ou grecs« aus der französischen Suffixlehre ausschalten möchte (ebenso zu *-ite, -ose, -ine, -ana, -asque, -ado, -ol* und *-skoff,* Togeby 172); zu Togeby s. auch DuboisSuff 23. – Völlig unzulänglich erscheint uns schließlich die Darstellung dieses Wortbildungstypus bei Tollemache. Zwar spricht dieser häufig, so etwa anläßlich it. *aeriforme, apiciforme, arboriforme* etc. von »nuove formazioni italiani« (Tollemache 252), wobei er freilich die Rolle des Neulateins völlig außer acht läßt, oder er bezeichnet solche Zusammensetzungen als »ricalcati sui modelli classici« (ib. 256), schließt sie jedoch ausdrücklich als nichtitalienische Bildungsweise (»poichè veramente esse non fanno parte della composizione italiana«, ib. 249) aus der italienischen Wortbildungslehre aus (»abbiamo escluso sistematicamente ogni parola di formazione dotta«, ib. 14). Die bei Tollemache ständig anzutreffende Verwechslung von Diachronie und Synchronie führt dazu, daß solche, zum Teil sicher innerhalb des Italienischen gebildete, in jedem Fall aber analysierbare Formen wie etwa *autosuggestione, radioattivo* u. a. im gleichen Abschnitt (Parte IV: Composti di origine non italiana) behandelt werden wie reine Entlehnungen vom Typus *controllo* oder *albergo,* die im Italienischen von Anfang an einfache, nicht analysierbare Moneme darstellen. Zutreffender die Behandlung bei M. Regula/J. Jernej, Grammatica italiana descrittiva su basi storiche e psicologiche, Bern-München 1965, 72ff. (Composti di origine dotta), wenn auch die jeweilige Zuordnung der genannten Beispiele nicht in allen Fällen zu überzeugen vermag; s. dazu auch die Kritik von Aldo di Luzio, Archiv 204, 1967, 224.

[14] Hatcher 56.

[15] Ähnlich etwa auch H. E. Keller anläßlich mfr. nfr. *sanguifique, sanguifier:* »geht auf wohl nur zufällig nicht belegtes mlt. **sanguificus* bzw. **sanguificare*

A. G. Hatcher auch selbst diese kategorische Behauptung etwas später wieder relativiert, indem sie ergänzend sagt:

> It need not, of course, be assumed that all the examples above represent the adaptation of individual Latin compounds already existing; it is quite possible that e. g. *physico-theosophical* was coined in English with no identical Latin model. Perhaps, however, it would be better to say that any learned Englishman of the seventeenth century who would coin such a compound had already conceived in Latin the potential model (*physico-theosophicus*) on which to base the actual English compound he was to form. In either case, then, we would have ultimately to do with adaptation of a Latin compound to English (at least in the period in question)[16],

so bleibt diese Ausgangshypothese jeweiliger Wortentlehnung aus dem Neulatein letztlich doch als (unbewiesene) Kernthese in ihrer gesamten Untersuchung bestehen. Betrachten wir jedoch erneut die eingangs erwähnten Formen fr. *mantéomanie* und *scamno-manie,* so erheben sich doch ernsthafte Bedenken gegen eine solche verallgemeinernde Darstellung. Fällt es schon schwer, in dem 1905 vereinzelt bezeugten *mantéomanie* eine Entlehnung aus einem nur zufällig nicht belegten **manteomania* des Gelehrtenlateins zu sehen, so ist eine solche Annahme im Falle des 1763 bezeugten *scamno-manie* mehr als unwahrscheinlich. Nachdem nun aber für diese Einzelfälle Entlehnung aus dem Neulatein mit weitgehender Sicherheit auszuschließen ist, umgekehrt aber auch keines der bisher genannten Wortbildungsmittel zur Erklärung dieser französischen Formen herangezogen werden kann, erscheint es unzweifelhaft, daß die Darstellung der Möglichkeiten der französischen Wortbildung über Martinets Erweiterung hinaus ergänzungsbedürftig ist. Das Französische verdankt dem Neulatein nicht nur eine Fülle zusammengesetzter Lehnwörter, aus denen es selbst durch Rekomposition im Sinne Martinets zahlreiche Neubildungen schaffen kann, es hat vielmehr zusammen mit diesen Wortentlehnungen ein vollständiges Wortbildungsmuster aus dem Neulatein übernommen[17]. Unter diesem dem Neulatein entlehnten Wortbildungsmuster, das wir im folgenden im Anschluß an H. Marchand als »Zusammensetzung auf neulateinischer Grundlage« bezeichnen, verstehen wir Bildungen, die mit latinisierten Elementen nach neulateinischem Kompositionsschema i n n e r h a l b   d e s   F r a n z ö s i s c h e n geschaffen wurden[18]. Daß eine sol-

---

zurück«, FEW 11,178b; s. auch FEW 14,91b zu nfr. *uxoricide* (1628; < mlt. **uxoricida*).

[16] Hatcher 133f.

[17] Vgl. dazu auch Galliot 208 und 265 sowie besonders GuilbertAstr 303.

[18] Vgl. dazu MarchandSynchrAnal 16 (ebenso MarchandCat 6f.), der von »word-formation on a Neo-Latin basis« spricht. Im Bereich der Suffixableitung hat schon Nyrop, Bd. III, § 298ff. auf dieses Bildungsprinzip auf fremder Grundlage hingewiesen. – Zu Recht betont Marchand, daß das Neulatein Elemente griechischen und lateinischen Ursprungs in gleicher Weise umfaßt. Es besteht

che Bildungsweise mit fremden Elementen im Französischen keineswegs vereinzelt ist, zeigt etwa auch das moderne Beispiel fr. *footing*, wo im Französischen mit den englischen Elementen *foot* und *-ing* eine im Englischen selbst zumindest in dieser Bedeutung nicht bezeugte Ableitung geprägt wurde[19]. An anderer Stelle haben wir darauf hingewiesen, daß uns die französische Bildung *footing* noch nicht dazu berechtigt, in *-ing* ein innerhalb des Französischen voll integriertes Lehnsuffix zu sehen[20]. Das nach englischem Muster mit englischen Elementen im Französischen gebildete *footing* stellt lediglich eine Übergangsstufe in der Entwicklung

---

daher kein Anlaß, so wie etwa Darmesteter (s. auch GuilbertAv 292f.) in Fällen wie *minéralogie, coxalgie* oder *squamoderme* von hybriden Bildungen zu sprechen. Wenn auch im Neulatein sowie bei der Bildung französischer Zusammensetzungen auf neulateinischer Grundlage eine Tendenz festzustellen ist, Elemente gleichen Ursprungs zusammenzufügen (vgl. etwa Esquirols Kritik an der Bildung *tristimanie* hier 24 n46 oder den Artikel *omniphage* bei DictMéd 1822; s. auch GuilbertAstr 292 zu *aréologie* und *aphroditologie*), so muß doch erneut betont werden, daß auch die aus dem Griechischen ins Neulatein übernommenen Elemente mit ihrer Übernahme Bestandteile des neulateinischen Monemschatzes geworden sind, so daß der Vorwurf der hybriden Bildung an der synchronisch erfaßbaren Sprachwirklichkeit vorbeigeht. Vgl. in diesem Sinne schon Hermann Paul, Prinzipien der Sprachgeschichte, Halle ³1898, 375: »Wenn man Bildungen wie *Purist* und *Purismus* wegen der Mischung aus einem lateinischen und einem griechischen Elemente beanstandet, so ist das insofern nicht zutreffend, als sie weder lateinische noch griechische, sondern deutsche, respektive französische Bildungen sind«; ähnlich auch J. Marouzeau, Notre langue. Enquêtes et récréations philologiques, Paris 1955, 83. Das gleiche gilt auch für die im allgemeinen diachronisch argumentierende neuere Sprachkritik, wenn etwa René Georgin in einem Abschnitt »Les mots hybrides« schreibt: »Quant à *microfilmage*, de formation récente, on peut y distinguer trois éléments: un préfixe grec *micro*, un mot anglais *film* et le suffixe français d'origine latine *age*; c'est vraiment le roi des mots polyglottes«, GeorginPour 30. Abgesehen davon, daß *micro-* und *film* ebenso Moneme des heutigen Französisch sind wie das dem Latein entstammende Suffix *-age*, ist nfr. *microfilmage* natürlich keine unmittelbare Verbindung dieser drei Moneme, sondern eine suffixale Ableitung zu dem gleichfalls französischen *microfilm*. Zur diachronischen Argumentation in der Sprachkritik s. auch H.-J. Heringer, Karl Kraus als Sprachkritiker, Muttersprache 77, 1967, 256–262, speziell 257f. sowie P. v. Polenz, ib. 72 (»Der ganze Sprachpurismus beruht auf dem methodologischen Irrtum der Vermischung von Diachronie und Synchronie«).

[19] Zu solchen »faux anglicismes nés en France« s. etwa Bonnaffé IX, Kurt Glaser, Neologismus und Sprachgefühl im heutigen Französisch, Giessen 1930, 10 sowie Louis Deroy, L'emprunt linguistique, Paris 1956, 63f. Vgl. auch Carstensen 252f., der ähnliche Fälle im Deutschen (z. B. *Dressman, Showmaster*) als Scheinentlehnungen bezeichnet.

[20] ZRPh 83, 1967, 444f. Zur gleichen Frage s. auch J. Klare, BRPh 5, 1966 [1968], 178, W.-D. Stempel, Zur Problematik nichtlateinischer Suffixe im Romanischen, in: Romanische Etymologien, hg. von H. Meier und W. Roth, Bd. 1: Vermischte Beiträge I, Heidelberg 1968, 120–161, speziell 123 + n7 sowie vor allem L. Söll, *Shampooing* und die Integration des Suffixes *-ing*, Verba et Vocabula. Ernst Gamillscheg zum 80. Geburtstag, München 1968, 565–578 (zu *footing* speziell 575 + n19).

zum Lehnsuffix dar, ohne daß der letzte Schritt von der Vitalität zur Produktivität bereits vollzogen wäre. Ganz ähnlich müssen wir auch die Zusammensetzungen auf neulateinischer Grundlage im Französischen werten. Daß auch dieser Kompositionstypus nur ein Zwischenglied der fortschreitenden Integration der neulateinischen Kompositionsweise im Französischen bildet, soll im folgenden Kapitel aufgezeigt werden.

Nachdem wir nun aber aufgrund der französischen Bildungen *mantéo-manie* und *scamno-manie* über einzelne Wortentlehnungen hinaus die Entlehnung eines gesamten Wortbildungstypus postulieren dürfen, stellt sich um so dringlicher die Frage, in welchem Maße Barbiers und Hatchers Annahme jeweiliger Wortentlehnung aus dem Neulatein berechtigt ist. Gewiß mögen zahlreiche französische Formen aus dem Neulatein entlehnt sein, selbst wenn uns entsprechende neulateinische Belege bis heute fehlen[21], doch müssen wir gleichermaßen auch mit der Möglichkeit französischer Neubildung auf neulateinischer Grundlage rechnen, die selbst dann noch nicht grundsätzlich ausgeschlossen werden darf, wenn eine ältere Entsprechung im Neulatein bezeugt ist[22]. Die nur schwer zu treffende diachronische Entscheidung zwischen Entlehnung und französischer Neubildung ist auch hier erst nach sorgfältiger Prüfung jedes einzelnen Falles anhand umfangreicher Materialien möglich[23]. Während so etwa kein Zweifel besteht, daß mfr. *idolomanie* in Simon Goularts Übersetzung aus der griechischen Form ἐιδολωμανία [sic] der lateinischen Vorlage übernommen und adaptiert wurde, müssen wir schon im Fall von *gastromanie* diese Frage offen lassen, wo zwar Trév 1721 auf eine lateinische Entsprechung *gastromania* verweist, diese jedoch ebensogut eine sekundäre Latinisierung der ursprünglich im Französischen geprägten Bildung dar-

---

[21] So schreibt Arveiller zu Recht: »On risque de prêter au français la création d'un mot technique nouveau, soit par dérivation à partir d'un mot français, soit par utilisation de racines grecques ou latines, soit par attribution d'un sens nouveau, qui serait propre à notre langue, à un mot existant déjà. Il peut ne s'agir, dans les trois cas, que d'un simple emprunt à un terme de latin scientifique non remarqué jusqu'alors par les lexicographes«, R. Arveiller, De l'importance du latin scientifique des XVIe–XVIIIe s. dans la création du vocabulaire technique français à la même époque, Actas del XI Congreso Internacional de Lingüística y Filología Románicas (Madrid 1965), Madrid 1968, 502. Dies trifft wohl auch für einen nicht geringen Teil der im Kapitel 3 des ersten Teils der vorliegenden Untersuchung behandelten Bildungen aus der medizinischen Fachsprache zu.

[22] In Fällen wie nfr. *viticole* 'qui vit ou qui croît dans les vignes' (AcC 1842–Lar 1876) ist die Annahme einer Entlehnung aus dem Lateinischen (< *viticola* 'Weinbauer', FEW 14,560b) schon aus semantischen Gründen abzulehnen.

[23] Zur Problematik einer Differenzierung zwischen Entlehnung und eigenständiger Neubildung s. auch unsere hier 101 n1 zitierte Arbeit (dort besonders S. 124–126) sowie Einige Aspekte der sprachlichen Entlehnung (dargestellt an zwei Anglizismen im Galloromanischen), Festschrift Walther von Wartburg zum 80. Geburtstag, Tübingen 1968, Bd. II, 461–480, speziell 464.

stellen kann. Hinzu tritt noch die bereits erwähnte Möglichkeit der Re-komposition, die sicher bei *astromanie* (1587) vorliegt, die aber etwa auch im Fall des erstmals bei Gui Patin belegten *bibliomanie* (seit 1654) nicht ausgeschlossen werden darf[24]. Noch etwas weiter führt uns das gleichfalls bei Patin bezeugte *peregrinomanie* 'maladie de voyager'. Auch hier scheint wieder eine französische Zusammensetzung auf neulateinischer Grundlage vorzuliegen. Da jedoch daneben seit mittelfranzösischer Zeit ein volks-sprachliches Verb *peregriner* 'faire de longs voyages; vogager à l'étran-ger' bezeugt ist (s. FEW 8,234a), ließe sich die Form *peregrinomanie* zu-mindest synchronisch auch als eine rein französische Bildung von einem Grundwort *peregriner* aus interpretieren. Auf diese Fälle doppelter Bezugsmöglichkeit und ihre Konsequenzen für die weitere Entwicklung unseres Wortbildungstypus werden wir im folgenden zurückkommen.

Halten wir zunächst als vorläufiges Ergebnis unserer bisherigen Über-legungen fest: Entgegen der Annahme Barbiers und Hatchers müssen wir bei dem uns beschäftigenden Kompositionstypus zwischen Entlehnung und französischer Neubildung unterscheiden[25]. Innerhalb der Entlehnun-gen aus dem Griechisch-Lateinischen ließe sich noch differenzieren zwi-schen Formen, die schon im klassischen Griechisch bezeugt sind (z. B. τυφο-μανία) und solchen, die erst im Neulatein gebildet wurden (so wohl eine Reihe der medizinisch-fachsprachlichen Bildungen wie etwa *nymphoma-nia, nostomania, philopatridomania*). Indes scheint diese Differenzierung in unserem Fall entbehrlich zu sein, da auch die schon im Griechischen ge-bildeten Zusammensetzungen im allgemeinen über das Neulatein ins Fran-zösische gelangt sein dürften (so sicher fr. *typhomanie*). Bei den franzö-sischen Neubildungen wiederum ist zu unterscheiden zwischen Fällen der Rekomposition im Sinne Martinets (so *astromanie,* vielleicht auch *gastro-manie, bibliomanie* u. a.) und Zusammensetzungen mit griechischen bzw. lateinischen Elementen nach neulateinischem Kompositionsschema, ohne daß diese Elemente im Französischen bereits in anderen Verbindungen vor-handen sind (*mantéomanie, scamno-manie* u. a.). Einige dieser französischen Zusammensetzungen auf neulateinischer Grundlage lassen sich zumindest synchronisch auch auf französischer Grundlage analysieren (so z. B. *pe-*

---

[24] Vgl. die Entlehnung *bibliothèque* (seit 1493, BW) sowie *bibliographie* (seit 1633, BW).

[25] Daß die Notwendigkeit einer solchen Differenzierung in diesem Bereich noch heute keineswegs uneingeschränkte Anerkennung gefunden hat, zeigen Beispiele wie etwa der FEW-Artikel *steganós,* wo mfr. nfr. *stéganographie, stéganographi-que* unter die Zusammensetzungen gestellt und als Bildungen »mit den beiden viel verwendeten elementen *-graphie* und *-graphique*« bezeichnet werden, ob-wohl gleichzeitig darauf hingewiesen wird, daß *stéganographie* »offenbar von Jean Tritheim (1462–1516) geschaffen worden ist in seinem werk *Steganogra-phia* (Lyon 1531)«, FEW 12,251b. Vgl. ähnlich den Kommentar zu *nostalgie,* FEW 7,196a.

regrinomanie) und stellen damit bereits eine weitere Stufe der Integration dieses aus dem Neulatein entlehnten Wortbildungstypus innerhalb des Französischen dar.

4. Zum Verhältnis von Zusammensetzung und Ableitung

Wie bereits mehrfach angedeutet wurde, sind die Grenzen zwischen Zusammensetzung und Ableitung nur fließend. Dies gilt nicht nur für die in ihrer Stellung innerhalb der Wortbildungslehre umstrittene Präfixbildung[1], sondern ebenso für die Suffixbildung[2] und in besonderem Maße für den uns beschäftigenden neulateinischen Kompositionstypus. So schreibt J. Dubois zu Recht:

> Il est très artificiel de considérer *-ose* (suffixe médical indiquant la maladie) comme un suffixe, mais *-thérapie* (suffixe médical indiquant le traitement) comme un lexème, *-eur* (suffixe technique indiquant une machine) comme un suffixe et *-graphe* (suffixe technique indiquant un appareil enregistreur) comme un mot[3],

ohne dabei freilich mit dem gewählten Beispiel *-graphe* die traditionelle Differenzierung zwischen Zusammensetzung und Ableitung in ihrem Kern zu treffen, da *-graphe* im Französischen nicht als selbständiges Wort verwendet werden kann. Dagegen zeigt das Beispiel *-thérapie* ebenso wie etwa das italienische Adverbialsuffix *-mente* (neben it. *mente* s. f.) oder fr. *-ana*, aus dem sich im 18. Jh. ein autonomes Lexem *ana* herausgebildet hat, ohne daß dadurch *-ana* seit diesem Zeitpunkt seinen Suffixcharakter verloren hätte[4], daß sich die herkömmliche Unterscheidung zwischen Zusammensetzung und Ableitung nicht in allen Fällen aufrechterhalten läßt. Wir müssen vielmehr damit rechnen, daß neben einem freien Lexem ein homonymes gebundenes Wortbildungslexem[5] bestehen kann[6]. Entscheidend

---

[1] Vgl. dazu hier 101.

[2] Vgl. dazu hier 2. Daß solche Interferenzen zwischen Zusammensetzung und Suffixableitung im Französischen keineswegs, wie LewickaRéflexions 133 (ebenso jetzt auch LewickaLangue 2,8) meint, auf den Fall der adverbbildenden *-ment* beschränkt sind, dürfte aus den folgenden Betrachtungen deutlich hervorgehen.

[3] DuboisSuff 3. Im Gegensatz etwa zur Terminologie Martinets, die auch wir im folgenden übernehmen (s. Anm. 5), verwendet Dubois hier den Terminus »lexème« als Synonym zu »mot«.

[4] S. dazu auch ZRPh 83, 1967, 444.

[5] Entsprechend der Unterscheidung Martinets in die einem »inventaire limité« angehörigen Morpheme und die einem »inventaire illimité« angehörigen Lexeme sind auch die Wortbildungsmoneme der Gruppe der Lexeme zuzuordnen. Vgl. dazu schon 1922 W. v. Wartburg: »dürfen wir aber die Augen vor der Tatsache nicht verschließen, daß die Sprache in ihrem lebendigen Fluß imstande ist, stets neue Derivationsmittel, Suffixe wie Präfixe, auszukristallisieren und deren R e - g i s t e r also n i e a l s g e s c h l o s s e n erklärt werden darf«, Zur Neubildung

ist dabei, wie Dubois zu Recht betont, die jeweilige syntagmatische Verwendung, die allein die Zuordnung zu einer dieser beiden Kategorien erlaubt. Wie willkürlich und dem Untersuchungsgegenstand unangemessen eine rein äußerliche Differenzierung zwischen »free form« und »bound form« ist, darauf weist neuerdings auch Friedrich Braun in seiner Besprechung einer Arbeit von Leonhard Lipka[7], der etwa d. *alkoholfrei* als Zusammensetzung wertet, entsprechendes *alkoholhaltig* dagegen als Suffixableitung aus seiner Betrachtung ausscheiden muß, da *-haltig* im Deutschen nicht als selbständiges Wort vorkommt[8]. Aus all diesen Gründen schlägt Dubois vor, auf die herkömmliche Differenzierung zu verzichten, um als einziges Bestimmungskriterium eines Suffixes seine Fähigkeit zur »reproduction analogique« gelten zu lassen:

> Sur ce point encore, pour la distinction entre base et suffixe, il faut s'en remettre au critère de reproduction analogique: si au sentiment des locuteurs l'unité linguistique est disponible pour des formations nouvelles, il s'agit d'une particule, en ajoutant cependant que le syntagme formé doit alors toujours revêtir la même forme ou succession[9].

Ganz im gleichen Sinne schreibt L. Guilbert:

> On entendra par dérivation tout mécanisme qui engendre une unité de signification nouvelle, qu'il s'agisse de la dérivation selon la définition courante c'est-à-dire par l'adjonction de suffixes ou de préfixes à une base et par com-

---

von Präfixen, Miscellanea Linguistica dedicata a Hugo Schuchardt per il suo 80.º anniversario (1922), Bibl. dell' »Archivum Romanicum«, Serie II: Linguistica, Vol. 3, Genève 1922, 116–125, Zitat S. 124f. (von uns gesperrt). Vgl. etwa auch Q. Mok, Neoph 48, 1964, 97: »Le préfixe RE- est un morphème à valeur lexicale« sowie zuletzt L. Lipka, FestsMarchand 128 (im Gegensatz etwa zu H. Pilch, ib. 165): »Die WORTBILDUNG beschäftigt sich mit den Zusammensetzungen aus lexikalischen (semantischen) Morphemen. Diese bilden eine offene Klasse, die ständig bereichert wird, aus der aber auch laufend Elemente ausscheiden«. – Daß die Unterscheidung Lexem – Morphem nicht mit der Unterscheidung »free form« – »bound form« parallel verläuft, wurde in letzter Zeit mehrfach zu Recht betont. Vgl. etwa K. Heger, La conjugaison objective en français et en espagnol, Langages 3, septembre 1966, 19–39, speziell 21f.; W. Rothe, Strukturen des Konjunktivs im Französischen, Tübingen 1967, 42. – Daß andererseits auch zwischen Lexem und Morphem nur fließende Grenzen bestehen, unterstreicht zuletzt B. Pottier, Sémantique du fini et sémantique du non-fini, Actes du Xe Congrès International des Linguistes (Bucarest, 28 août – 2 septembre 1967), II, Bucarest 1970, 385–389 (s. auch Hegers Besprechung von Martinet Elém in ZRPh 79, 1963, 194–212, speziell 207).

6 Vgl. etwa ähnlich zu e. *burger/-burger* K. Wächtler, FestsMarchand 239; s. jetzt auch Fleischer 64.

7 L. Lipka, Die Wortbildungstypen *waterproof* und *grass-green* und ihre Entsprechungen im Deutschen, Diss. Tübingen, Bamberg 1966.

8 Vgl. F. Braun, Muttersprache 77, 1967, 182. Zu *-haltig* s. noch Fleischer 256.

9 DuboisSuff 3.

position, ou qu'il s'agisse de formations syntagmatiques résultant d'une expansion jointe à un mot base[10],

was auch ihn zu der Annahme einer Doppelfunktion solcher Moneme als »free form« u n d »bound form« veranlaßt:

L'élément *vision*, au même titre que *nef* présente la particularité de remplir la double fonction d'élément suffixé et de lexème autonome. Il n'en doit pas moins être considéré dans les formations recensées ci-dessus comme élément suffixé et non comme le second élément d'une formation composée. Le principe de ces créations en effet réside dans la série analogique à partir du terme *télévision* d'où le second élément *vision* a été détaché pour former, à partir de bases différenciées *cosmo, monde*, les nouvelles unités *cosmovision* et *mondovision*[11].

In einer neueren Arbeit zur Zusammensetzung im Französischen wirft nun Chr. Rohrer Dubois vor, daß er zu dieser neuen Definition des Suffixes allein nach dem Kriterium der »reproduction analogique« durch eine Überbewertung der neulateinischen Bildungen gelangt sei. Nicht ganz konsequent ist Rohrer dabei freilich, wenn er im Hinblick auf Dubois' Argumentation hinzufügt: »Für wie viele Franzosen sind *gène, graphe, algie, ase* wirkliche Wörter und nicht u n a n a l y s i e r b a r e B e s t a n d - t e i l e irgend eines unbekannten Wortes?«[12], obwohl er selbst an anderer Stelle dem französischen »native speaker« durchaus ein Verständnis für die neulateinische Wortbildungsgrundlage zugesteht: »Selbst der einfache Sprecher weiss, dass *français* in der Komposition durch *franco-* ersetzt wird, oder dass für *foie* in gewissen, genau abgegrenzten Kontexten *hépatique* verwendet wird«[13]. So möchte Rohrer die neulateinischen Bildungen als einem Subsystem des Französischen zugehörig ausschließen, so daß nur noch Bildungen wie *position-clef, poste-clef, mot-clef, usine-pilote, classe-pilote, ferme-pilote* zur Unterstützung der Theorie von Dubois übrigbleiben würden[14]. Doch auch diese Beispiele will Rohrer nicht als Belege für Suffixbildung gelten lassen, »solange das zweite Glied in *position-clef* noch mit der autonomen Form *la clef de la chambre, la clef du mystère* identifizierbar ist«[15]. Wenn aber Dubois feststellt, daß das Ele-

---

[10] GuilbertAstr 285. Vgl. auch noch ib. 298ff. das Kapitel »La dérivation par composition«.

[11] Ib. 295. Für eine Bildung mit gebundenem Lexem *-nef* spricht etwa auch das im Anschluß an *aéronef* von Anfang an konstante maskuline Genus von *astronef*; s. dazu ib. 316.

[12] Rohrer 16 (von uns gesperrt).

[13] Ib. 51. Daß freilich auch die Wahl solcher Varianten keineswegs durch »genau abgegrenzte Kontexte« bestimmt und somit prädiktabel wird, diese Varianten vielmehr nicht unbedingt »in komplementärer Distribution stehen« (ibid.), zeigen Dubletten wie *fleurimanie – florimanie, poissomanie – piscomane* im ersten Teil der vorliegenden Untersuchung.

[14] Rohrer 16.

[15] Ibid.

ment -*clé* »parti d'un terme comme *position-clé* ... joue le rôle d'un superlatif: le *mot-clé* est le mot le plus important, le terme central ou principal
d'une époque, d'un texte, etc., l'*industrie-clé* n'est pas seulement l'industrie
qui commande un secteur de l'économie, c'est aussi l'industrie la plus importante d'un pays«[16], so ist eine solche Identifizierbarkeit nur noch in gene-
tischer Sicht gegeben, weshalb auch Rohrer selbst im weiteren Verlauf
seiner Arbeit die Interpretation Dubois' für eine synchronische Wortbildungslehre durchaus zu akzeptieren scheint[17].

Doch auch die von Rohrer aufgeworfene Frage der Subsysteme bedarf
unseres Erachtens noch einiger Erläuterungen. Wir stimmen Rohrer zu,
wenn er Bildungen wie *trutticulture* oder *judéo-arabe* und damit den gesamten Komplex der französischen Bildungen auf neulateinischer Grundlage einem solchen Subsystem des Französischen zuweist[18]. Die im gleichen
Zusammenhang genannten Formen *insecticide* oder *voyoucratie* aber sind
im Französischen nicht anders zu interpretieren als etwa Bildungen wie
insectier (s. FEW 4,710a) oder *voyouterie, voyoutisme* (s. FEW 14,373b).
Mögen auch die Suffixe -*icide* und -*(o)cratie* ihren Ursprung in einem
Subsystem des Französischen haben, die auf französischer Grundlage
gebildeten Formen *insecticide*[19] und *voyoucratie* aber zeigen gerade, daß
sie im Französischen selbst, d. h. innerhalb des französischen Wortbil-
dungssystems vital und auch produktiv geworden sind.

Die Kritik Rohrers an Dubois und sein eigener Versuch, die herkömmliche
Differenzierung zwischen Zusammensetzung und Ableitung nach dem
Kriterium der Autonomie der Moneme zu rechtfertigen, ist somit in keinem der beiden Fälle zwingend. So hat auch Rohrer selbst im weiteren
Verlauf seiner Untersuchung ausdrücklich betont, daß ein anderes als
das von ihm befolgte Einteilungsschema »den sprachlichen Fakten gerech-
ter wird«[20]. Er bezieht sich dabei auf Coseriu, der in einem jüngeren
Beitrag zwischen »modification«, »développement« und »dérivation« unterscheidet[21], wobei letztere nach Rohrers Worten »einen grossen Teil
der traditionellen Ableitungen sowie fast die gesamte Komposition um-
fasst«[22]. Dieser Verzicht auf eine formale Differenzierung zwischen

---

[16] DuboisSuff 71 (s. auch RobSuppl s. v. -*clé*). Ähnlich gilt für -*pilote*: »peu à peu
le second élément *pilote* devient ainsi l'équivalent d'un élément superlatif (mé-
lioratif)«, DuboisSuff 71.

[17] S. dazu Rohrer 97f.

[18] Rohrer 51f.

[19] Im Gegensatz zu *voyoucratie* wäre *insecticide* immerhin synchronisch auch auf
neulateinischer Grundlage analysierbar, doch ändert dies nichts an der gleichzei-
tigen Zugehörigkeit dieser Form zum Wortbildungssystem des Französischen.

[20] Rohrer 183.

[21] E. Coseriu, Structure lexicale et enseignement du vocabulaire, Actes du Premier
Colloque International de Linguistique Appliquée, organisé par la Faculté des
Lettres et des Sciences humaines de l'Université de Nancy (26–31 octobre 1964),
Nancy 1966, 175–217, speziell 213–216.

[22] Rohrer 182.

Zusammensetzung und Ableitung ist nicht auf den neulateinischen Typus beschränkt. Wie sehr aber auch gerade dort eine solche Unterscheidung willkürlich und damit fragwürdig wird, zeigt etwa das Verhältnis der Bildungen auf *-(o)manie* und *-(o)logie*. Erstere wären demnach den französischen Zusammensetzungen zuzuordnen, da daneben auch eine autonome Form *manie*[23] besteht, während die Bildungen auf *-(o)logie* einer solchen Stütze entbehren und daher als Ableitungen bezeichnet werden müßten[24]. Es erscheint daher als zweckmäßig, die auf dem Kriterium der Autonomie der Moneme beruhende Differenzierung zwischen Zusammensetzung und Ableitung im folgenden aufzugeben und im Anschluß an Dubois und Guilbert jedes zweite Kompositionselement als Suffix zu bezeichnen, sobald seine Fähigkeit zur »reproduction analogique« erwiesen ist. Um so bedeutsamer aber ist in unserem Bereich eine andere Differenzierung, und hier findet die Kritik an Dubois ihre volle Berechtigung. Wir erinnern uns, daß schon Nyrop von einem Suffix *-omane* bzw. *-omanie* in Bildungen wie *blasonomane, opiomane* und *jourdainomanie* sprach, während Formen wie *anglomane* oder *bibliomanie* unerklärt blieben[25]. Ebenso finden wir bei Nyrop die Suffixe *-icide, -olâtre, -ophobe* und *-ophobie*, die durch Formen wie *députicide, tsarolâtre, prêtrophobe* und *prêtrophobie* belegt werden. Kriterium zur Suffixbestimmung ist somit für Nyrop das Vorhandensein eines französischen Grundworts. Die gleiche Differenzierung, die wir in unserer Besprechung zu Dubois übernahmen[26], wird auch von H. Marchand durchgeführt: »In wfnb [= wordformation on a native basis of coining] we have termed suffixes such terminal elements as can be tacked on to an English word«[27]. Auf den uns beschäftigenden Wortbildungstypus angewandt heißt es:

Occasionally they [= the terminal elements] develop into suffixes attached to an English word (wfnb), as in *bumpology, bumposopher* (both jocular from *bump* 'protuberance on the cranium as the sign of special mental faculties'),

---

[23] Dagegen fehlt im Französischen autonomes **mane*, so daß solche Bildungen in jedem Fall als »dérivations régressives« (so auch Nyrop, Bd. III, § 537) interpretiert werden müßten, auch wenn eine entsprechende Form auf *-(o)manie* nicht nachzuweisen ist.

[24] In diesem Sinne unterscheidet etwa W. v. Wartburg zwischen *hydrologie* einerseits und *hydromètre, hydrothérapie* andererseits. Zwar bezeichnet er sämtliche Bildungen dieses Typus als Zusammensetzungen, bemerkt jedoch weiter im etymologischen Kommentar: »Unter II stehen die zuss. von *hydro-* mit subst., die für sich und in andern zuss. lebten (*statique, mètre, -logie, -graphie, thérapie, cotyle, dynamique*)«, FEW 4,522b. Da jedoch ohne Zweifel all diese Formen in gleicher Weise gebildet wurden, erscheint auch hier der Verzicht auf eine solche

[25] S. hier 5. Nicht verständlich ist daher, daß im Gegensatz zu *anglomane* die Form *hispanolâtre* (§ 415) zu den Suffixbildungen gerechnet wird.

[26] ZRPh 83, 1967, 440–446, speziell 443f.

[27] MarchandCat 218.

*bancomania, creamometer, dollolatry, hurrygraph, leatheroid, queenomania, scrib-
blemania, speedometer, storiology, weatherology,* and others. But on the whole,
these terminal elements coin words within the lines of wffb [= word-formation
on a foreign basis of coining][28].

Dieser entscheidende Übergang von der neulateinischen zur französischen
Wortbildungsgrundlage, der von Dubois völlig außer acht gelassen wurde,
soll im folgenden Kapitel anhand der französischen Bildungen auf *-(o)manie*
in seinem historischen Verlauf aufgezeigt werden.

5. Von der neulateinischen zur französischen Wortbildungsgrundlage

Um den historischen Übergang von der neulateinischen zur französischen
Grundlage innerhalb der französischen Bildungen auf *-(o)manie* bzw.
-(o)mane zu erkennen, ist als erster Schritt eine streng synchronische Analyse notwendig. Als Ausgangspunkt dazu dient uns der bereits mehrfach
erwähnte methodologisch grundlegende Artikel von Hans Marchand über
»Synchronic Analysis and Word-Formation«[1], wo dieser, in deutlichem
Gegensatz etwa zu Bloomfield, aber auch zur Praxis zahlreicher tradi-
tioneller Wortbildungslehren[2] als Grundvoraussetzung einer synchronischen Analyse von einer Wortbildung als einer Kombination von zwei oder
mehreren Monemen mit vollem Recht fordert: »It must ... be analysable
from the standpoint of the signifié as well as that of the signifiant«[3].
Innerhalb der »word-formation on a Neo-Latin basis« unterscheidet
Marchand vier Kategorien[4]:

1) A word may appear as a complete alien in Neo-Latin form, as *hyper-aesthesia, panopticon, panorama, post-abdomen, pre-retina / nectarium, spermarium.*
2) A combination has an English form but is not analysable as a composite on
an English basis. Examples are *insecticide, pomiculture, spermaduct, amorph-
ous, alogous, hypertrophy, barbate, barbellate, funambulist, pugilist.* 3) A combination is derived on a Neo-Latin basis but its elements can be analysed as
allomorphs of English morphemes: in *an-electric,* an- is considered an allo-

---

[28] Ibid.
[1] MarchandSynchrAnal passim.
[2] Marchand wendet sich vor allem gegen Henzen und Koziol.
[3] MarchandSynchrAnal 18. Die gleiche Forderung stellt, wenngleich nicht so ex-
plizit, schon Meyer-Lübke im Vorwort seiner französischen Wortbildungslehre;
s. MLFrGr 2, VII f. – Eine Berücksichtigung des signifié bei einer Monemanalyse
vermißt man auch bei BuyssensMots. Gerade aufgrund seiner semantischen Entwicklung ist das dort erwähnte d. *Sänfte* synchronisch nicht »artikuliert«, sondern nur e i n nichtanalysierbares Monem. Ebenso läßt Buyssens offensichtlich
die Möglichkeit der Polysemie von Monemen außer acht, wodurch freilich seine
Kritik an einer synchronischen Betrachtung der Wortbildung (»on ne dégage que
de vagues tendances«, BuyssensMots 22) gegenstandslos wird.
[4] MarchandSynchrAnal 16. Ebenso MarchandCat 7.

morph of *a-*, in *scient-ist, scient-* can be considered an allomorph of *science*.
4) A combination consists of two non-native elements which are, however, combined on a native basis, as *hyper-sensitive, action-al*.

So sehr diese Gliederung, die letztlich zurückzuführen ist auf den Gegensatz a) innerhalb des Englischen nicht analysierbar (1, 2) – b) innerhalb des Englischen analysierbar (3, 4), als theoretischer Rahmen berechtigt erscheint, bedarf sie doch einer kritischen Überprüfung. So ist etwa e. *panorama* zwar 1789 von dem schottischen Maler Robert Barker aus den griechischen Elementen πᾶν und ὅραμα ohne direktes englisches Vorbild auf neulateinischer Grundlage geschaffen worden[5], doch ist es heute synchronisch analysierbar aufgrund einer Reihe englischer Wörter wie *pan-american, pan-anglican, panchromatic* einerseits und *cosmorama, diorama, cinerama* bis zu Bildungen wie *cyclorama, colorama* und *newsorama*[6] andererseits. Das gleiche gilt auch für die Gruppe 2, wo etwa e. *insecticide*, wiederum rein synchronisch gesehen, zum einen ein auch selbständig vorkommendes Lexem *insect* enthält, zum andern durch die Bildungen *tyrannicide, bactericide* u. a. analysierbar wird. Umgekehrt ist nicht recht verständlich, welchen Unterschied Marchand bei der synchronischen Analyse von *hyper-aesthesia* (Gruppe 1) und *hyper-sensitive* (Gruppe 4) sieht. Beide sind in gleicher Weise analysierbar in das ihnen gemeinsame *hyper-* und ein auch als selbständiges Lexem im Englischen vorkommendes *aesthesia* bzw. *sensitive* und unterscheiden sich gerade dadurch von *hypertrophy* (Gruppe 2), dem kein autonomes Lexem **trophy* zur Seite steht, das jedoch trotzdem, wiederum im Gegensatz zur Darstellung Marchands, aufgrund von e. *atrophy* innerhalb des Englischen analysierbar ist[7]. Wenn daher Marchand auch mit vollem Recht fordert: »The natural synchronic description will therefore be to describe foreign-coined words on the basis of the structural system to which they belong«[8], so hat er doch einen entscheidenden Punkt nicht in ausreichendem Maße berücksichtigt. Zahlreiche der von ihm zitierten Beispiele mögen zwar diachronisch Bildungen auf neulateinischer Grundlage sein, ihre Eigenart besteht aber gerade darin, daß sie synchronisch a u c h auf englischer Grundlage analysierbar sind, was trotz der Aufnahme der Gruppe 3 in Marchands Schema nicht deutlich genug hervortritt.

---

[5] S. FEW 18,91a.
[6] S. zu diesen Bildungen John Lotz, American Speech 29, 1954, 156–158.
[7] So schreibt Marchand zwar zu Recht: »*Hyper-* in *hypersensitive* is a prefix, but *hyper-* in *hypertrophy* is not, as *-trophy* is not a word« (MarchandCat 132), doch berührt dies nicht die Frage der Analysierbarkeit. – Während also Dubois in zu geringem Maße das Verhältnis Grundwort – Ableitung bei der Bestimmung von Suffixen bzw. der Frage nach der Integration des neulateinischen Wortbildungstypus berücksichtigt, faßt Marchand offensichtlich die Grenzen der Analysierbarkeit zu eng.
[8] MarchandSynchrAnal 16.

Es scheint uns daher, daß Marchands Gliederung für unsere Zwecke in folgender Weise zu modifizieren ist. Beschränken wir unsere Betrachtung zunächst noch auf solche Bildungen, die synchronisch im Rahmen des Neulateins analysierbar sind, so sind zwei Gruppen zu unterscheiden:

1. Formen, die nur auf neulateinischer Grundlage analysierbar sind
2. Formen, die sowohl auf neulateinischer Grundlage als auch innerhalb der untersuchten Volkssprache, in unserem Fall des Französischen analysierbar sind,

wobei innerhalb dieser zweiten Gruppe noch unterschieden werden könnte zwischen

a) Formen, die in gebundene Moneme analysierbar sind
b) Formen, die ein im Französischen auch frei vorkommendes Monem enthalten.

Betrachten wir unter diesem Gesichtspunkt die ältesten Bildungen auf -(o)manie bzw. -(o)mane, so ergibt sich folgendes Bild. Die siebzehn ältesten im Französischen belegten Formen lassen sich alle, unabhängig von der diachronischen Frage nach ihrer jeweiligen historischen Entstehung, mit neulateinischen Mitteln analysieren. Neben dem allen gemeinsamen aus dem Griechischen übernommenen Monem -man(i)e enthalten zwölf (démonomanie, idolomanie, andromane, hippomanie, astromanie, œstromanie, tyrannomanie, bibliomanie, gastromanie, érotomanie, typhomanie, nymphomanie) ein weiteres Monem griechischen Ursprungs, zu denen noch die mit einem Personennamen griechischen Ursprungs gebildete Form Telemacomanie tritt. Bei zwei Bildungen ist dieses Monem lateinischen Ursprungs, während im Fall von jésuitomanie und tulipomanie dieses Element erst im Neulatein erscheint.

Von diesen siebzehn Formen sind fast alle zur Zeit ihres ersten Auftauchens auch innerhalb des Französischen analysierbar. Lediglich das über das Neulatein aus dem Griechischen entlehnte typhomanie sowie die vereinzelte Entlehnung œstromanie (1587) lassen sich zur Zeit ihres ersten Auftretens nicht mit französischen Mitteln analysieren, während das erste Element von andromane, hippomanie, bibliomanie, gastromanie und érotomanie dem Französischen schon durch ältere mit andro-, hippo-, biblio-, gastro- und éroto- gebildete Formen vertraut ist. Die restlichen zehn Formen enthalten ausnahmslos Moneme, die auch als autonome Lexeme im Französischen längst bezeugt sind[9].

---

[9] Fr. pape (seit Alexius, BW), démon (seit 16. Jh., im 13. Jh. demoygne, BW), idole (seit 13. Jh., ydele schon im Rolandslied, BW), astre (seit 1372, BW), jésuite (seit 1548, DDM), tyran (seit ca. 980, BW), peregrin 'voyageur' (1375; Huls

Die synchronisch-deskriptive Methode erlaubt uns somit, die französischen Formen auf -(o)manie von Anfang an als Zeugen einer vitalen Bildungsweise auf französischer Grundlage zu betrachten. Anders stellt sich die gleiche Frage freilich in diachronischer Sicht. Gewiß k ö n n t e n Formen wie *démonomanie* oder *tulipomanie* als Ableitungen[10] zu fr. *démon* bzw. *tulipe* entstanden sein[11], sie m ü s s e n es aber nicht, da mit der Entlehnung, der Rekomposition und der Zusammensetzung auf neulateinischer Grundlage andere Entstehungsmöglichkeiten gegeben sind, deren Vitalität und Produktivität zu jener Zeit mit Sicherheit bezeugt ist. Wenn nun aber auffällt, daß bei den zehn ältesten Formen, die ein im Französischen auch selbständig vorkommendes erstes Element enthalten, dieses Monem in allen Fällen eine griechische oder lateinische bzw. neulateinische Entsprechung hat, so erscheint uns für diese Formen doch eine Erklärung als Bildung auf neulateinischer Grundlage (bzw. als Entlehnung, wie gerade im Fall einiger der ältesten im Französischen bezeugten Formen) gerechtfertigter als die Annahme einer Ableitung auf französischer Grundlage, ohne daß diese letztere freilich grundsätzlich ausgeschlossen werden dürfte.

Einen eindeutigen Beweis für die Produktivität der Bildungsweise auf französischer Grundlage oder – in der Terminologie Nyrops und Marchands – für die Entstehung einer Bildung durch suffixale Ableitung haben wir hingegen erst in dem Augenblick, in dem andere Erklärungsmöglichkeiten von vornherein ausgeschlossen sind, d. h. sobald wir Formen mit einem französischen Grundwort finden, das keine Entsprechung im Neulatein hat[12]. Hier scheint sich sogleich das 1738 bezeugte *Voltairomanie*

1607–1614; *peregriner* 'faire de longs voyages; voyager à l'étranger' Molin; Est 1549–1625, FEW 8,234a), *tulipe* (seit 1611, *tulipan* 1600, BW), *nymphes* '2 replis membraneux voisins du méat urinaire de la femme' (seit Hornk 1599, FEW 7,258a) sowie der Eigenname *Télémaque*.

[10] Bzw. Zusammensetzungen. Aufgrund der Überlegungen im vorangehenden Kapitel verzichten wir im folgenden auf eine solche Differenzierung zugunsten der Unterscheidung zwischen neulateinischer und französischer Grundlage.

[11] Dagegen ist eine solche Erklärung, im Gegensatz zur Darstellung des FEW, in den folgenden Beispielen aus verschiedenen Gründen von vornherein auszuschließen. So sprechen etwa schon semantische Gründe gegen eine Erklärung von nfr. *gérontocratie* 'gouvernement confié à des vieillards' als Ableitung zu nfr. *géronte* 'sénateur de Sparte ou de Crète (t. d'hist. anc.); juge des chrétiens grecs' (so FEW 4,123a), chronologische Gründe gegen eine Erklärung von nfr. *partologie* 'science des accouchements' (Boiste 1803–Lar 1874) als Ableitung zu mfr. nfr. *part* 'accouchement' (1481; 1555; Cresp 1606–Trév 1771) (so FEW 7,694a), wohingegen es etwa zu nfr. *vitrifier* 'fondre une substance de manière à la transformer en verre ou à lui donner les qualités du verre' (seit 1540) zu Recht heißt: »ist nicht von fr. *vitre* [in der Bedeutung 'verre (matière)' nur afr. bei RoseM] abgeleitet, sondern durch gelehrte ablt. aus lt. *vitrum*«, FEW 14,569a.

[12] Dabei ist freilich zu beachten, daß vereinzelte, in Analogie zu lexikalischen Vorbildern geschaffene Formen noch keineswegs die Produktivität eines Wortbildungstypus erweisen, solange eine solche Wortprägung isoliert bleibt. S. dazu unseren Beitrag Wortbildung und Analogie, ZRPh 86, 1970, 538–545.

als Erstbeleg für die vollständige Integration dieses Kompositionstypus innerhalb des Französischen anzubieten. Daß jedoch auch dieses Beispiel einer eingehenden kritischen Prüfung nicht standzuhalten vermag, soll im folgenden gezeigt werden.

Wie wir im dritten Kapitel dieses Teils darzulegen versuchten, ist die Zusammensetzung auf neulateinischer Grundlage ein produktives Wortbildungsmittel der französischen Sprache geworden. Dabei verwendet der französische Sprecher anstelle der ihm im Französischen zur Verfügung stehenden Formen die griechischen oder lateinischen bzw. neulateinischen Entsprechungen als wortbildende Elemente. Da nun aber im Falle eines Eigennamens bei einer Bildung auf neulateinischer Grundlage dieser französische Eigenname häufig nicht oder nur schwerlich durch eine anderslautende neulateinische Entsprechung ersetzt werden kann, scheint es uns, daß auch Fälle wie *Voltairomanie* noch nicht eindeutig eine solche Zusammensetzung auf neulateinischer Grundlage ausschließen[13] und daher nicht als Belege für einen endgültig vollzogenen Übergang von der neulateinischen zur französischen Grundlage innerhalb der französischen Bildungen auf *-(o)manie* herangezogen werden dürfen. Um dies durch eine Parallele zu verdeutlichen, erscheint es zweckmäßig, noch einmal auf die von Dubois zusammengestellten Bildungen auf *-thérapie* zurückzukommen. Zu diesem »élément suffixal grec« schreibt Dubois:

> l'élément s'ajoute à des racines grecques: *cyanothérapie* ..., *érythrothérapie* ..., *galactothérapie* ..., *hormonothérapie* ..., *oxygénothérapie* ..., *urothérapie* ..., *thermothérapie* ..., *sympathicothérapie* ..., *kinésithérapie* ..., *ergothérapie* ..., *colothérapie* ..., *mécanothérapie* ...; il entre aussi en composition avec des bases latines, françaises et même des noms propres: *curiethérapie* ..., *vaccinothérapie* ..., *vertébrothérapie* ..., *insulinothérapie* ..., *radiumthérapie* ..., et même avec des mots composés: *ultrasonothérapie* ...[14]

---

[13] Vgl. allerdings latinisiertes *Voltariana* (1748) neben jüngerem *Voltairiana* zu Beginn des 19. Jhs, s. A.-F. Aude, Bibliographie critique et raisonnée des ana français et étrangers, Paris 1910 s. v. – Zu solchen Dubletten s. auch MarchandAltern 96, wo vielleicht nicht genügend die Möglichkeit der Latinisierung französischer Eigennamen bei Ableitungen berücksichtigt wird. Zu den von Ortsnamen abgeleiteten latinisierenden Ethnica s. Heinz Jürgen Wolf, Die Bildung der französischen Ethnica (Bewohnernamen), Genève – Paris 1964, speziell 180ff.; zu entsprechenden Ableitungen von Personennamen vgl. außer den bereits bei MarchandAltern erwähnten Fällen etwa auch *corneillien – cornélien* (s. dazu MLPiel § 29 sowie ZRPh 83, 1967, 110) als Ableitung zu *Corneille, giralducien* zu *Giraudoux* neben vereinzelten *géralducien, giraldusien* und *giraudouesque* (Gabriel Marcel, s. GeorginPour 39 n1; s. auch noch Vie et Langage 1962, 207f. sowie André Goosse, Façons de parler 1, Gembloux 1971, 222), *rimbaldien* zu *Rimbaud, romanien* zu Jules *Romains* (s. GeorginPour 39), *sanbovien* zu *Sainte-Beuve* (Vie et Langage 1952, 345) u. a.

[14] DuboisSuff 69.

Fr. *vaccinothérapie, vertébrothérapie, insulinothérapie* und ebenso auch *ultrasonothérapie* lassen zwar bei einer synchronischen Analyse die französischen sprachlichen Zeichen *vaccin, vertèbre, insuline* und *ultrason* erkennen, diese sind jedoch ausnahmslos lateinischen Ursprungs und erlauben ebensogut eine Analyse auf neulateinischer Grundlage. Als Ausnahme bliebe somit auch hier wiederum nur eine Bildung mit einem Personennamen (*curiethérapie*), die allein eine Ableitung auf französischer Grundlage bezeugen würde. Das oben Gesagte scheint uns indes zu verbieten, ein innerhalb des Französischen voll integriertes Wortbildungselement *-(o)thérapie* anzusetzen, solange keine schlüssigeren Belege vorliegen[15].

Nachdem wir nun aber auch *Voltairomanie* als eindeutigen Beleg für eine solche Integration ausschalten müssen, stellt sich erneut die Frage, auf wann der endgültige Übergang von der neulateinischen zur französischen Grundlage innerhalb der Bildungen auf *-(o)manie* datiert werden kann. Wir erinnern an die bereits eingangs zitierten chronologischen Angaben des FEW, wo es zu dieser Bildungsweise heißt:

> Frm. *-manie* 'élément de composition servant à former des mots désignant le goût immodéré de qn pour qch.' (dp. 1754, FrMod 19,209), *-mane* 'élément de composition servant à former des mots désignant qn qui a un goût immodéré pour qch.' (dp. env. 1780)[2].
>
> Fin 18e siècle fr. *manie* fut utilisé dans la formation de divers mots composés et devint une sorte de suffixe, encore très vivant.
>
> 2) Le plus ancien composé de ce type est *anglomanie, -mane.*

Diese Angaben lassen sich nun aufgrund unserer Materialien wesentlich korrigieren. Als Erstdatum des »élément de composition« *-manie* gilt jetzt 1567 (*papimanie* 'zèle excessif pour le pape') bzw. bereits 1546, wenn wir den semantisch abweichenden Beleg bei Rabelais berücksichtigen[16]. Fragen wir jedoch nach dem Erstbeleg des daraus enstandenen Suffixes, d. h. der ersten Bildung dieses Typus auf französischer Grundlage, so ist das vom FEW erwähnte, seit 1754 bezeugte *anglomanie* noch weitaus weniger schlüssig als etwa das schon 1738 nachgewiesene *Voltairomanie* oder auch Fälle wie *démonomanie, tulipomanie* u. ä., da wir es hier wiederum mit neulateinischer Alternanz zu tun haben. Einige Bildungen des ethnischen Typus wie *gallomanie* und *germanomanie* neben den begrifflich entsprechenden Adjektiven *français* und *allemand* weisen gar neulateinische

---

[15] Analog ist das Verhältnis der bei Garnier-Delamare bezeugten Formen auf *-(i)forme*. Neben zahlreichen Bildungen mit erstem Element griechischen oder lateinischen bzw. neulateinischen Ursprungs (*cataleptiforme, choréiforme, chyliforme; digitiforme, filiforme, hordéiforme* u. a.) fallen wiederum zwei mit Personennamen gebildete Formen als Ausnahmen auf: *basedowiforme* und *riedériforme*. Vgl. daneben allerdings auch *mûriforme* neben latinisierendem *moriforme* (s. dazu auch FEW 6/III,157b).

[16] Für entsprechendes *-mane* ist als Erstdatum 1552 (Rabelais) anzusetzen.

Suppletion auf. All diese Bildungen können daher nicht als Belege für ein solches »Suffix« gewertet werden, doch handelt es sich durchweg um Formen, die innerhalb des Französischen gebildet zu sein scheinen. Als Möglichkeiten der historischen Erklärung bleiben somit nur die Zusammensetzung auf neulateinischer Grundlage oder die Rekomposition im Sinne Martinets. So ließe sich etwa daran denken, daß diese Bildungen im Anschluß an Zusammensetzungen vom Typus *anglo-français, franco-allemand* auf dem Wege der Rekomposition geschaffen wurden. Dazu bedarf es an dieser Stelle eines Exkurses zum ethnischen Kompositionstypus.

Die eingehendste, wenn nicht überhaupt die einzige Untersuchung dieser Bildungsweise verdanken wir Anna Granville Hatcher[17]. Innerhalb des ethnischen Kompositionstypus, den sie auf lateinische Bildungen wie *Gallo-Graecus* zurückführt, die ihrerseits nach griechischem Vorbild geschaffen wurden, unterscheidet Hatcher die determinativen Zusammensetzungen (*Gallo-Graeci*, ursprünglich ʻGallier, die nach Griechenland gewandert warenʼ) von den kopulativen Zusammensetzungen (*anglo-français* = englisch und französisch). Während es sich bei den griechischen und lateinischen Formen ausschließlich um determinative Zusammensetzungen handelt, entwickelt sich daraus erst im Laufe des 16. Jhs innerhalb des Neulateins über die Zwischenstufe zweisprachiger Wörterbücher (1530 *Lexicon Graeco-Latinum*) der kopulative Typus, der nach Hatcher erstmals durch die 1590 erschienenen *Monomachiae Hungaro-Turcicae* eindeutig bezeugt ist. Dagegen ist in den Volkssprachen der kopulative Typus erst sehr viel später belegt, im Italienischen erstmals 1742 *Italo-Siciliano*, im Französischen erst zur Zeit der Revolution (*anglo-prussien* bei Desmoulins), im Englischen nicht vor dem 19. Jh. (*Indo-European*, seit 1814)[18].

Ohne Hatchers Differenzierung zwischen determinativem und kopulativem Typus in Frage stellen zu wollen, erscheint uns doch eine weitere Differenzierung für die Herausbildung der ethnischen Komposita innerhalb der Volkssprachen entscheidender. Während etwa die ältesten volkssprachlichen Formen (z. B. fr. *gallo-grec* schon 1549 bei Du Bellay, Hatcher 58; fr. *anglosaxon* schon 1560 bei Pasquier[19]) ausnahmslos Entlehnungen aus schon älteren lateinischen Zusammensetzungen darstellen[20], scheinen volkssprachliche Neubildungen, abgesehen von dem völlig anders gearteten deutschen Typus, erst im Laufe des 18. Jhs entstanden zu sein. Hierher gehört it. *Italo-Siciliano* ebenso wie fr. *anglo-prussien*. Da jedoch solche Zusam-

---

[17] Hatcher passim. Eine Zusammenfassung der wichtigsten Ergebnisse Hatchers bietet MarchandCat 88ff.

[18] Hatcher 151. – Dagegen hat das Deutsche von Anfang an statt der latinisierenden Komposition mit -o- eine direkte Fügung (erstmals 1648 *Braunschweig-Lüneburgisch*).

[19] Est. Pasquier, Recherches de la France (1560), Paris 1665, 652. In den Wörterbüchern seit Trév 1721, während RobPt die Bildung auf 1740 datiert.

[20] Vgl. etwa schon mlt. *angulsaxnus* (946, DC).

mensetzungen im allgemeinen nicht oder nur sporadisch erfaßt werden[21], sind die bisherigen chronologischen Angaben in den meisten Fällen sicher noch um einiges zu korrigieren. So finden wir etwa im Französischen schon 1750 die Form *britannico-hanovrien*[22], und auch die folgenden Formen sind alle noch im 18. Jh. bezeugt und liegen zum größten Teil vor Hatchers Erstbeleg für diesen Kompositionstypus im Französischen[23]:

1771 Grammaire double *franco-latine*[24]
1776 Courier de l'Europe, gazette *anglo-française*
1787 Histoire d'une *Franco-Indienne*[25]
1788 Considérations sur l'ordre de Cincinnatus, ou imitation d'un pamphlet *anglo-américain*[24]
1791 Vœu d'un agriculteur *rhéno-français*[24]
1792 *franco-barbares*[26]
1793 *orléanico-anglo-prussien*[27]
1798 *Anglo-Chouans*[28]
1799 Brick Bolding, ou qu'est-ce que la vie? Roman *anglo-franco-italien*[24]

Wenn uns diese Belege auch erlauben, das Erstdatum für den ethnischen Kompositionstypus im Französischen um einige Jahre heraufzurücken, so ist er doch um die Mitte des 18. Jhs noch nicht so vital, daß er für die

---

[21] Eine bemerkenswerte Ausnahme bildet hierbei RobPt. – Auf die mangelnde Berücksichtigung der Sprach-, Völker- und Ländernamen hat erst kürzlich Bodo Müller anläßlich fr. *occitan* hingewiesen, das auch erstmals bei Robert (Rob 1951) gebucht ist (B. Müller, *Langue d'oc, Languedoc, Occitan*, in: Verba et Vocabula, Ernst Gamillscheg zum 80. Geburtstag, München 1968, 323–342, speziell 341f. + n72). Sicher sind die Datierungen Roberts gerade in diesem Bereich, wo Vorarbeiten nahezu völlig fehlen, in noch stärkerem Maße als gewöhnlich nur vorläufig und revisionsbedürftig (vgl. auch unsere Korrektur zu *anglosaxon*), doch ist es das unbestreitbare Verdienst der Redaktoren von Rob und RobPt, durch die Aufnahme solcher Formen und die vorläufige Datierung die Datenforschung auf diesem Gebiet überhaupt erst in Gang gebracht zu haben. Nur so etwa war es auch möglich, daß fr. *étrusque*, das bei BW, DDM, FEW u. a. fehlt, jedoch immerhin bei RobPt mit dem Erstdatum 1853 vezeichnet ist, neuerdings auf 1534 (!) vordatiert wurde; s. Raymond Arveiller, Contribution à l'étude du lexique français: nouvelles datations, in: Verba et Vocabula 29.

[22] Br 6,123 n9, der diese Form aus D'Argenson, Journal et Mémoires, éd. Rathery, t. VI, Paris 1864, 131 (»ces deux rois *britannico-hanovriens*«) zitiert. Allerdings wird dieser Beleg nicht bestätigt durch die Ausgabe des Marquis d'Argenson (Bibliothèque Elzévirienne), t. III, Paris 1857, 310, wo es lediglich heißt: »des deux rois *hanovriens*«.

[23] Wir verzichten in der folgenden Liste bewußt auf die von Hatcher durchgeführte Differenzierung von determinativen und kopulativen Komposita.

[24] Barbier.

[25] Supplément aux Supercheries littéraires dévoilées et au Dictionnaire des ouvrages anonymes de J.-M. Quérard et A.-E. Barbier par G. Brunet, Paris s. d., Appel aux bibliophiles XCV.

[26] Br 9,859 n1.

[27] Br 10,109.

[28] Ranft 140.

Entstehung der Formen *anglomanie, francomanie* etc. verantwortlich gemacht werden dürfte. Vor allem aber die schon im 16. Jh. bezeugten Formen *Celtophile* und *Francophile*[29] zeigen, daß das Französische lange vor der Herausbildung eines eigenen ethnischen Kompositionstypus *anglofrançais* über solche Wortbildungselemente verfügte, mit denen es auf neulateinischer Grundlage Zusammensetzungen wie das seit 1754 bezeugte *anglomanie* schaffen konnte.

Doch haben wir mit diesen Bildungen noch nicht das Endstadium erreicht, sie bilden vielmehr nur eine Zwischenstufe innerhalb der Gesamtentwicklung von der Zusammensetzung auf neulateinischer Grundlage bis zur vollständigen Integration im Französischen. Wie wir bereits sahen, bleibt der ethnische Typus nicht auf latinisierende Zusammensetzungen wie *anglomanie, gallomanie* u. a. beschränkt, sondern wenig später wird im Anschluß an diese Formen *étrangéromanie* (1765) gebildet, mit welchem der Schritt zur Ableitung auf französischer Grundlage endgültig vollzogen ist. Wenn wir aber den Übergang von der neulateinischen zur französischen Wortbildungsgrundlage im Anschluß an Nyrop, Marchand u. a. gleichsetzen mit dem Übergang vom Kompositum zur suffixalen Ableitung, so dürfen wir als Form dieses neuentstandenen Suffixes nicht, wie es in den meisten Arbeiten geschieht, *-manie* ansetzen, sondern, wie schon Nyrop richtig erkannte, vokalisch anlautendes *-omanie*[30], da nun keine Zusammensetzungen auf neulateinischer Grundlage mehr vorliegen, die nach den Regeln der neulateinischen Komposition einen Fugenvokal verlangen, sondern innerfranzösische Ableitungen, wo ein solcher Fugenvokal keine Berechtigung mehr hätte[31].

Aber schon vor 1765 finden wir eine eindeutige Ableitung auf französischer Grundlage in der Vincent de Gournay (gest. 1759) zugeschriebenen Form *bureaumanie*, so daß wir den endgültigen Übergang von der Zu-

---

[29] S. hier 47 n1.

[30] Bzw., bei streng phonologischer Betrachtungsweise, die Varianten *-tomanie, -nomanie* etc.; s. dazu noch hier 135 n47.

[31] Ohne die Differenzierung zwischen neulateinischer und französischer Wortbildungsgrundlage zu berücksichtigen, spricht BarbProc 2,414ff. allgemein vom Suffix *-ologie,* jedoch von den Suffixen *-graphie* und *-métrie.* Interessant ist in unserem Zusammenhang die Bemerkung Marchands: »Pratiquement donc, tous les sfs [suffixes] commencent par une voyelle«, MarchandAltern 99 (vgl. allerdings unsere vorangehende Anmerkung). Es ist daher unverständlich, daß MarchandCat im Index of English morphemes (S. 505ff.) zwar *-ocracy* und *-ology* (neben *-cracy* und *-logy*), aber lediglich konsonantisch anlautendes *-mania* verzeichnet. HansenMakk 57ff. spricht zwar zu Recht von den englischen Suffixen *-ocracy, -(o)graph, -olatry, -ology* und *-opolis,* erwähnt jedoch als französische Entsprechungen nur *-cratie, -graphe* und *-logie.* Völlig unzulänglich die Darstellung bei J. M. Berman, Contribution on Blending, Zeitschrift für Anglistik und Amerikanistik 9, 1961, 278–281 (speziell 280 zu e. *speedorama, gaseteria* u. a.), wo im übrigen nie zwischen Wortmischung und suffixaler Ableitung differenziert wird; s. dazu die Kritik von HansenWortverschmelzungen.

sammensetzung auf neulateinischer Grundlage zur französischen Ableitung innerhalb der Bildungen auf -(o)manie und damit die Entstehung eines neuen Suffixes -(o)manie im Französischen auf spätestens 1759 datieren dürfen. Solche Ableitungen werden nun in der 2. Hälfte des 18. Jhs häufiger. Fr. *foutromanie* (1775), *peinturomanie* (1781), *splinomanie* (1782), *mariageomanie* (1784) und *clubinomanie* (1791) sind nur einige der ältesten Bildungen, die nicht nur die anhaltende Vitalität des Suffixes -omanie in der 2. Hälfte des 18. Jhs, sondern nun auch seine Produktivität bezeugen. Daß dieses neuentstandene Suffix auch im 19. und 20. Jh. nichts von seiner Produktivität eingebüßt hat, läßt sich leicht aus den Materialien des ersten Teils der vorliegenden Untersuchung ersehen[32].

Beispiele wie fr. *foutromanie* (1775) zeigen uns aber gleichzeitig noch einen weiteren Schritt im Integrationsprozeß dieser Bildungsweise. Die ursprünglich griechische Kompositionsweise ist ein im Griechischen ebenso wie im Neulatein auf Nominalstämme beschränkter Bildungstypus. Mit dem Übergang ins Französische hat sich diese Bildungsweise jedoch auch auf Verbalstämme ausgedehnt. Konnte schon das 1655 bezeugte *peregrinomanie* sowohl nominal als auch verbal analysiert werden, so häufen sich nun im Französischen die Fälle, in denen nicht ohne weiteres bestimmt werden kann, ob ein Nominal- oder ein Verbalstamm vorliegt. Aus solchen doppelbezüglichen Formen wie etwa *dansomanie* (vgl. daneben 1800 *La Manie de la danse*, s. hier 47 n44) bezog nun das Suffix sekundär die Möglichkeit, auch an reine Verbalstämme zu treten, was zu Bildungen wie *foutromanie* führte[33].

Nachdem nun aber der Übergang von der neulateinischen zur französischen Wortbildungsgrundlage oder, in der traditionellen Terminologie, die Entstehung des Suffixes -omanie und die Möglichkeit neuer suffixaler Ableitungen seit der Mitte des 18. Jhs mit Sicherheit bezeugt ist, erhebt sich erneut die Frage nach der Interpretation jener doppelbezüglichen Formen, die uns bereits weiter oben beschäftigt hatten. Bei dem seit 1694 bezeugten *tulipomanie* hatten wir uns trotz der Möglichkeit einer synchronischen Analyse innerhalb des Französischen für die Erklärung als Zusammensetzung auf neulateinischer Grundlage entschieden, da eindeutige Belege für suffixale Ableitung zu jener Zeit noch nicht vorliegen. Anders stellt sich aber nun die Frage, wenn 1776 im Französischen die Formen

---

[32] Vgl. etwa *dansomanie* (1800), *vaudevillomanie* (1801), *escrimomanie* (1806), *chassomanie* (1810), *mascaradomanie* (1817), *tartanomanie* (1842), *tendro-manie* (1853), *galonomanie* (1871) u. a. bis hin zu den jüngsten Ableitungen wie *vedettomanie* (1963), *ramamanie* (1963), *tiltomanie* (1965), *testomanie* (1967), *gadgetomanie* (1967), *soucoupomanie* (1968), *flicomanie* (1968), *trudeaumanie* (1968) und *pilotomanie* (1971), wobei freilich in einzelnen Fällen die Möglichkeit der Wortentlehnung aus dem Englischen berücksichtigt werden muß.

[33] Nur vereinzelt finden sich auch Ableitungen zu Adjektiven, so etwa das von Flaubert geprägte *tendro-manie* (1853). Vgl. dagegen bei den Bildungen auf neulateinischer Grundlage *tristimanie*, *aménomanie* u. a.

duellomanie und *dramomanie*, 1782 *théâtromanie*, 1795 *philosophomanie* oder im 19. Jh. *autographomanie* und *admiromanie* auftauchen. Während Darmesteter, Gohin, Brunot u. a. *dramomanie* zur »composition grecque« rechnen, werden Formen wie *admiromanie* allgemein als »hybride« Bildungen bezeichnet[34]. Daß sich die Bezeichnung »hybrid« innerhalb eines neulateinischen, also das Griechische und das Latein in gleicher Weise umfassenden Kompositionstypus nicht aufrechterhalten läßt, haben wir weiter oben darzulegen versucht. Daneben zeigen all diese Formen aber noch eine andere Schwierigkeit. Wiederum ist in allen Fällen ein Grundwort griechischen oder lateinischen Ursprungs enthalten, so daß aufgrund einer synchronischen Analyse Zusammensetzung auf neulateinischer Grundlage in gleichem Maße wie Ableitung auf französischer Grundlage möglich ist. Im Gegensatz zu Fällen wie *tulipomanie* sind nun aber auch vom diachronischen Gesichtspunkt der Entstehung dieser Bildungen beide Möglichkeiten gegeben. Ob daher *dramomanie* eine französische Ableitung zu fr. *drame* oder aber eine im Französischen auf neulateinischer Grundlage gebildete Zusammensetzung ist, muß letztlich ebenso offenbleiben wie die entsprechende Frage nach der Entstehung von *duellomanie* oder *admiromanie*[35]. Die große Zahl dieser doppelbezüglichen Formen erlaubt uns allenfalls die Feststellung, daß das nun auf französischer Grundlage produktive Suffix *-omanie* – aufgrund seiner historischen Entstehung – in besonderem Maße an Grundwörter griechischen oder lateinischen Ursprungs tritt.

Fassen wir noch einmal die Ergebnisse unserer bisherigen Überlegungen zusammen. Wie wir gesehen haben, erlaubt uns erst eine gleichzeitige Berücksichtigung von Synchronie und Diachronie, die französischen Formen auf *-(o)manie* in jedem einzelnen Fall richtig zu beurteilen. Bei der s y n - c h r o n i s c h e n Fragestellung nach der Analysierbarkeit müssen wir drei Fälle unterscheiden:

I. Nur innerhalb des Neulateins analysierbar
Synchronie: II. Im Neulatein und im Französischen analysierbar
III. Nur innerhalb des Französischen analysierbar

Eine völlig andere Gliederung des Materials ergibt sich aufgrund der d i a c h r o n i s c h e n Frage nach der jeweiligen Entstehung einer Form auf *-(o)manie*:

---

[34] S. hier 106 n18.
[35] Dagegen sprechen in einem Fall wie *modimane* semantische Gründe für eine Erklärung als Suffixableitung, da jede Monemverbindung »must ... be analysable from the standpoint of the signifié as well as that of the signifiant« (s. hier 114). Eine solche Analyse aber ist nur mit Hilfe von fr. *mode*, nicht aber mit dem semantisch abliegenden lt. *modus* möglich.

	1. Entlehnung	a) Griechisch → Neulatein → Französisch
		b) Neulatein → Französisch[36]
Diachronie:		
	2. Franz. Bildung	a) Rekomposition b) Zusammensetzung auf nlt. Grundlage c) Ableitung auf fr. Grundlage

Dabei können 2a und 2b aufgrund einer synchronischen Analyse ebenso wie 1a und 1b sowohl I als auch II repräsentieren und sind daher oft nur schwer von diesen zu trennen. Dagegen erlaubt uns die synchronische Trennungslinie zwischen II und III, den diachronischen Schluß von der Entstehung eines neuen produktiven Suffixes *-omanie* und damit der vollständigen Integration dieses Wortbildungstypus im Französischen um die Mitte des 18. Jhs zu ziehen[37].

6. Das Problem des Bindevokals

Wir haben bereits darauf hingewiesen, daß allein Nyrop von einem französischen Suffix *-omanie* (bzw. *-omane*) spricht, während sonst allgemein von den Wortbildungselementen *-manie* und *-mane* die Rede ist. Dies

---

[36] Vom Standpunkt der Synchronie aus ist bei diesen Fällen zwischen I und II zu unterscheiden, während III entfällt. – In einzelnen Fällen wäre hier auch das Englische (*tristimanie*) oder das Deutsche (*dipsomanie*) als gebende Sprache zu nennen.

[37] Die entscheidende Rolle jener Formen, die synchronisch sowohl innerhalb des Neulateins als auch der Volkssprache analysierbar sind, bei der Entstehung neuer Suffixe wird von Marchand offenbar nicht genügend berücksichtigt, wenn er etwa zu *-ocracy* (in Formen wie *landocracy, mobocracy, cottonocracy*) schreibt: »The speaker with a knowledge of Greek isolates *-ocracy* 'rule' in a series of Greek-coined words and introduces it as a derivative element into the structural system of English«, MarchandCat 212. Um aus Formen wie *démonomanie, tulipomanie* u. a. ein Suffix *-omanie* zu gewinnen, sind trotz des historischen Ursprungs dieser Bildungen Kenntnisse des Griechischen ebenso wie des Neulateins grundsätzlich entbehrlich. Ganz in diesem Sinne ausdrücklich Uriel Weinreich, Languages in Contact. Findings and Problems, New York 1953, 31: »The presence of the pair in the recipient language enables even its unilingual user to analyze the two-morpheme compound into a base and affix, and to extend the affix to other, indigenous bases«. Dagegen verkennt Klaus Hansen ebenso wie Marchand die Bedeutung der doppelbezüglichen Formen, wenn er etwa zur Entstehung der englischen Suffixe *-ocracy* und *-ology* schreibt: »Wie der eigentlich zum Stamm gehörige Vokal *-o-* dieser Ableitungselemente zeigt, sind sie erst nachträglich aus semantisch verwandten Lehnwörtern wie *aristocracy, plutocracy* bzw. *biology, geology, meteorology, phrenology, theology* entwickelt worden, die sich nicht mit einfachen Wortstämmen verknüpfen ließen und deren Bildungsweise daher mißverstanden wurde« (HansenMakk 57; s. auch ib. n27).

führt uns zur Frage des Bindevokals im Rahmen der neulateinischen Kompositionsweise und seines Fortlebens im Französischen, einer Frage, der im folgenden unsere besondere Aufmerksamkeit gelten soll.

Im vorangehenden Kapitel war das Problem des Bindevokals als Kompositionselement der Zusammensetzung auf neulateinischer Grundlage und seine Zugehörigkeit zu dem auf französischer Grundlage produktiven Suffix in der Form -omanie angedeutet worden. Hier soll uns nun vor allem die Frage der Wahl des jeweiligen Vokals beschäftigen. Es ist bekannt, daß sich im Griechischen von den -o-Stämmen aus -o- als »Kompositionselement« generalisiert hat[1]. Dem steht im Lateinischen als üblicher Verbindungsvokal -i- gegenüber[2]. Dies veranlaßt Marcel Galliot zu der folgenden Feststellung:

> L'usage, en français normal, est très net, conforme à celui des langues anciennes: quand le premier élément est *latin*, voyelle de liaison -*i*-: *aquil-i-fer*, *agr-i-cola*, *carn-i-vore*, *verm-i-fuge*, etc. ...; quand le premier élément est grec, voyelle -*o*-: ἱππ-ό-δρομος, εἰκον-ο-κλαστής, *itchthy-o-phage* [sic], *hygr-o-mètre*, etc. ..., – sauf, bien entendu, si la nature des sons mis en présence rend inutile l'insertion d'une voyelle: φιλ-άνθρωπος, *télé-phone*[3].

Schon die Wahl der genannten Beispiele zeigt die methodische Unzulänglichkeit einer solchen Aussage. In allen Fällen liegen Bildungen mit zwei Elementen lateinischen oder zwei Elementen griechischen Ursprungs vor, aus denen sich natürlich noch nicht bestimmen läßt, welches der beiden Elemente für die Wahl des Verbindungsvokals den Ausschlag gibt. Ebenso wie J. Giraud[4] und R. Georgin[5] hält auch J. Marouzeau[6] den ersten Bestandteil für entscheidend, so daß er Bildungen wie *capillo-gène*, die in einem solchen Fall allein aussagekräftig wären, zu den zahlreichen Ausnahmen rechnen muß[7]. Ähnlich betrachtet Galliot in dem von ihm unter-

---

[1] S. dazu Albert Debrunner, Griechische Wortbildungslehre, Heidelberg 1917, §§ 129ff.

[2] S. dazu besonders Françoise Bader, La formation des composés nominaux du latin, Paris 1962, §§ 13 und 24.

[3] Galliot 302f.

[4] »le français emploie la voyelle de liaison *o* quand le premier élément est grec«, GiraudCin 221.

[5] »dans les mots composés, le premier élément, s'il se termine en *o*, est toujours d'origine grecque: *mégalomane* et le moderne *discothèque* en font foi. Les radicaux tronqués empruntés au latin sont, au contraire, en *i*: *curviligne, calorifuge, tardigrade*«, René Georgin, Jeux de mots. De l'orthographe au style, Paris 1957, 133f.

[6] J. Marouzeau, Procédés de composition en français moderne, FrMod 25, 1957, 241–247.

[7] Vgl. auch *vaccinogène, pigmentogène* u. a. Allerdings ist dabei zu berücksichtigen, daß gerade die Bildungen auf -*gène* im Französischen ein gewisses Schwanken in der Wahl des Bindevokals aufweisen, was auf die Existenz von lt. -*gena*, -*genus* neben gr. -γενής (s. dazu etwa Fr. Bader, La formation des composés

suchten Bereich der Reklamesprache Fälle wie *disc-o-thèque*, *Gaz-o-gène*
u. a. als Beispiele eines »emploi irrégulier«, von dem er feststellen muß:

> Mais il s'en faut que ces règles, assez délicates, soient toujours observées par des
> gens dont certains ignorent s'ils ont affaire à des radicaux grecs ou latins:
> 1° avec voyelle -*i*- quand le premier élément est *grec*: ce cas ne se rencontre
> pour ainsi dire jamais. ...
> 2° avec voyelle -*o*- quand le premier élément est *latin, français*, etc. ...
> C'est au contraire ici un phénomène extrêmement fréquent. C'est que la for-
> mation en -*o* est le type des formations savantes les plus répandues, et qu'un
> grand nombre de gens y recourent quand ils veulent donner au mot qu'ils for-
> gent cet aspect savant. ...
> Cette tendance est si forte qu'on rencontre le -*o*- même après des noms
> d'homme (ou de marque): *Sax-o-phone, Jaz-o-lite*[8].

Doch zeigt eine genauere Untersuchung aufgrund umfangreicher Materialien, daß, im Gegensatz zur üblichen Darstellung, zumindest in der
Mehrzahl der Fälle das zweite Kompositionselement für die Wahl des
Verbindungsvokals entscheidend ist. Einige ausgewählte Dubletten mögen
als Belege dafür zunächst genügen:

capillogène	–	capilliforme
vaccinogène	–	vaccinifère
pomologie	–	pomiforme
insectologie	–	insecticide
populomanie	–	populicide
aéromane	–	aériforme
hystéromanie	–	hystériforme
grévomanie	–	gréviculture
oléomètre	–	oléiculture
vinomètre	–	vinicole
pétrographie	–	pétricole
gélatinographie	–	gélatiniforme

---

nominaux du latin, Paris 1962, § 485) zurückzuführen sein dürfte. Vgl. etwa im
Französischen neben Formen wie *hydrogène, pathogène, gazogène, typhogène,
lacrymogène* sowie den bereits erwähnten *vaccinogène* und *pigmentogène* (s. noch
weitere Belege bei DuboisSuff 70, wo es irrtümlich heißt: »-*gène* indique l'élément tirant son origine d'un autre représenté par la racine«), die alle die heute
allein produktive Bedeutung 'qui engendre' aufweisen (s. dazu auch Galliot 266),
das aus lt. *nubigena* 'von Wolken erzeugt' entlehnte *nubigène* 'descendant de la
nuée, épithète des Centaures' (AcC 1838–Lar 1874, FEW 7,220b), aber auch Bildungen wie *obésigène* 'qui engendre l'obésité' (seit Besch 1845, FEW 7,262a),
fumigène 'qui produit de la fumée' (seit Ende 19. Jh., DDM), *plutonigène, ra-
chitigène, strumigène, tétanigène* (alle DuboisSuff 70), *emboligène* und *cancérigène* (beide Garnier-Delamare), wobei freilich in einer Reihe von Fällen das -*i*-
bereits im ersten Element enthalten ist, so daß wir es eigentlich mit Zusammensetzungen ohne Fugenvokal zu tun haben (s. dazu noch hier 131). Historisch
nicht gerechtfertigt ist neben *fumigène* auch die Form *cancérigène*, an deren
Stelle die Académie des Sciences daher auch *cancérogène* empfiehlt (s. RobPt).
[8] Galliot 303.

testacéographie	–	testacéiforme
ostréophage	–	ostréiculture
anthérophage	–	anthérifère
budgetophage	–	budgetivore
papyrographe	–	papyrifère
gypsographie	–	gypsifère
vaginoscopie	–	vaginiforme
nectarothèque	–	nectarifère
pappophores	–	pappifère
pisolithe	–	pisiforme
digitoplastie	–	digitigrade

So erklären sich die Formen *discothèque* und *Gazogène* ebenso wie *Saxophone* und *Jazolite* zwanglos aufgrund des griechischen Ursprungs des zweiten Kompositionselements.

Wie sehr das zweite Element für die Wahl des Verbindungsvokals bestimmend ist, zeigen etwa auch die Bildungen mit dem aus dem Lateinischen übernommenen Monem *-forme*. Sind Formen wie *digitiforme, vacciniforme, spiciforme* u. a. noch ohne Aussagewert, so zeigen doch schon Bildungen wie die bei Garnier-Delamare verzeichneten medizinischen Termini *cataleptiforme* und *zostériforme* mit einem ersten Bildungselement griechischen Ursprungs, wie sehr sich das *-i-* bei diesem Typus verallgemeinert hat[9]. Vor allem aber die Bildungen mit Eigennamen (*basedowiforme, riedériforme*, s. Garnier-Delamare) und insbesondere die Ableitungen zu französischen Appellativa (*mûriforme* neben latinisierendem *moriforme*, s. hier 119 n15) zeigen nachdrücklich, daß das erste Element für die Wahl des Bindevokals belanglos ist. Entsprechendes läßt sich auch für die Bildungen mit *-(i)fère*[10], *-(i)vore*[11] und *-(i)cide*[12] feststellen.

Es soll indes nicht verschwiegen werden, daß die zuletzt aufgezeigte Tendenz keineswegs alle Fälle erfaßt. Gelegentlich hat sich auch das erste Bildungselement mit einem festen Kompositionsvokal verbunden. So etwa

---

[9] Juilland verzeichnet neben ca. 50 Bildungen auf *-iforme* lediglich zwei Formen auf *-oforme*: *iodoforme* und *chloroforme*, doch liegt in beiden Fällen ein völlig anderes Bildungselement vor; s. dazu Galliot 273, der noch gleichgebildetes *Bronchoforme* erwähnt. Ebenso *empyroforme*, s. LarMens avril 1911. Eine tatsächliche Ausnahme bildet daher lediglich das von Rousseau verwendete *anthropoforme* (s. Li sowie Gohin 288), wo neben dem möglichen Einfluß des sehr viel vitaleren gleichbedeutenden *anthropomorphe* assimilatorische Wirkung der beiden übrigen *-o-* nicht auszuschließen ist.

[10] Vgl. etwa *chylifère, thyrsifère, florifère, calorifère, caténifère, caudifère, costifère, granifère, oculifère, ovarifère; caoutchoutifère, casquettifère* (zu beiden s. DatLex).

[11] Vgl. etwa *apivore, carnivore, granivore, ignivore, piscivore, radicivore; budgétivore* (s. DatLex), *truffivore* (s. FEW 13/II,384b), *moussivore* (s. FEW 16,568a), *encrivore* (SVSuppl 1894).

[12] Vgl. etwa *canicide, homicide, lapicide, matricide, régicide, uxoricide; insecticide, raticide; hannetonicide* (SVSuppl 1894), *lièvricide* (Le Charivari, 8. 2. 1854, 3), *républicide* (s. FEW 10,315b).

im Fall von *hydro-*, wie wir es in Zusammensetzungen mit griechischen Elementen vom Typus *hydrogène, hydrographe, hydromètre* etc. finden. Dies führt nun auch sekundär zu einer Bildung *hydrofuge*, die neben *fébrifuge, imbrifuge, lucifuge* oder *vermifuge* der von uns beobachteten Tendenz zunächst zu widersprechen schien[13].

Dennoch gilt als genereller Verbindungsvokal *-i-*, sobald das zweite Kompositionselement lateinischen Ursprungs ist. Ebenso hat sich bei den zweiten Kompositionselementen griechischen Ursprungs in einer Reihe von Fällen *-o-* als fester Kompositionsvokal herausgebildet. So etwa bei *-(o)cratie, -(o)crate* (vgl. neben *gynécocratie, gérontocratie* auch Bildungen wie *nobilocratie, sanguinocrate, culocratie,* s. Ranft; *robinocrate,* Br 6,1161, s. auch Br 10,109, 866, *clubocratie,* Ranft 126, *braillardocratie,* DarmN 248, *bancocratie, bourgeoisocratie, canaillocratie,* alle DDM)[14] oder *-(o)lâtre,* das schon Nyrop ausdrücklich als Suffix verzeichnet hatte (vgl. neben *gastrolâtre, nécrolâtre, hispanolâtre* u. a. auch *wagnerolâtre, hugolâtre, scribolâtre,* alle Nyrop, Bd. III, § 415, *zolâtre*[15] sowie *rimolâtre*[16]*, tabacolâtre* [Balzac], Matoré 99, 101, *tsarolâtre,* Nyrop. l. c. u. a. m.)[17]. Indes scheint sich bei den aus dem Griechischen übernommenen Elementen im allgemeinen nicht die gleiche Einheitlichkeit des Vokals herausgebildet zu haben, wie wir sie etwa bei *-(i)forme* feststellen konnten. Wir hatten bereits im Fall von *-gène* ein deutliches Schwanken zwischen *-o-* und *-i-* gesehen, das sich durch den doppelten Ursprung dieses Monems erklären ließ[18]. Ebenso sind bei *-graphe, -graphie,* wo aufgrund des bisher Gesagten *-o-* zu er-

---

[13] Vgl. auch *anthropoforme* neben *anthropomorphe, anthropologie, anthropophage* u. a. Ähnlich erklärt sich vom Stammwort *moto-* aus die Form *motoculture* neben den sonst üblichen Bildungen auf *-(i)culture* (vgl. außer den bei Juilland zitierten Formen noch *agrumiculture, colombiculture, riziculture* und *gréviculture,* DuboisSuff 70). Allerdings sind auch sonst, zumindest in der Fachsprache der Medizin, Bildungen mit *-o-* durchaus nicht selten; vgl. etwa bei Garnier-Delamare neben *infanticulture, puériculture* Bildungen wie *coproculture, hémoculture, spermoculture, splénoculture, médulloculture* u. a. Vgl. auch *pomiculteur* neben *pomoculture.* Dagegen scheint *xyloculture* neben belegtem *xyliculture* eine irrtümliche Bildung Littrés zu sein, s. LiS.

[14] Zu *sacerdocratie,* Ranft 124, *bureaucratie, voyoucratie* u. a. s. weiter unten.

[15] S. dazu M. Stephan, Das französische Zugehörigkeitsadjektiv in seiner historischen Entwicklung, Diss. Mainz 1948 [Masch.schr.], S. 86, wo all diese Formen zu Unrecht zu dem Suffix *-âtre* gerechnet werden. Zum Verhältnis *-âtre* – *-lâtre* s. auch G. Gougenheim, Suffixe *-âtre* = *-lâtre,* FrMod 14, 1946, 113f.

[16] »Il est vrai qu'après certaines mésaventures poétiques dont on rit encore le *rimolâtre* de la Gazette de France doit se sentir de la méfiance à son propre endroit«, Le Charivari, 1. 7. 1877, 1c.

[17] Zu *hugolâtre* ebenso wie etwa zu *janinlâtre* (vgl. auch *janinphile,* beide Matoré 316) s. noch weiter unten. Das bei Br 9,728 n8 erwähnte *populâtre* (Mercier) erklärt sich durch Haplologie ähnlich wie das dem Suffix zugrundeliegende Ausgangswort *idolâtre* (< gr. εἰδωλολάτρης). Ebenso *zolâtre* < *Zola.* Zur Haplologie s. noch hier 132 n30.

[18] S. hier 126 n7.

warten wäre, Bildungen mit -i- durchaus nicht selten[19]. Das gleiche Schwanken zwischen -o- und -i- findet sich auch bei -mètre, -métrie, wo neben
hydromètre, podomètre, pluviomètre, salinomètre oder accéléromètre
zahlreiche Bildungen mit -i- wie etwa altimètre, calorimètre, opacimètre
und planimètre nachweisbar sind[20]. Sehr viel einheitlicher ist dagegen die
Wahl des Verbindungsvokals bei den Zusammensetzungen mit -phile[21] und
-phobe[22], wo das -o- im allgemeinen zu einem festen Bestandteil des zweiten Elements geworden ist, wenn auch hier vereinzelte Belege mit -i- nicht
fehlen[23].

---

[19] Vgl. etwa bei Garnier-Delamare biligraphie, densigraphie, mogigraphie, pali-
graphie, stratigraphie u. a. Ebenso navigraphe (FEW 7,68a), planigraphe (FEW
9,32b), curvigraphe (Br 9,1223) u. a.

[20] Vgl. etwa auch pulsomètre neben pulsimètre (beide Besch 1845), sphéromètre
neben sphérimètre (s. FEW 12,170a). Dieses Schwanken zwischen -o- und -i-
zeigt, daß das Fehlen von -o- bei tensimètre nicht, wie DuboisSuff 43 vermutet,
als Zeugnis für ein »véritable suffixe« -mètre gewertet werden darf. S. dazu
auch ZRPh 83, 1967, 445. – In Fällen wie dosimètre (GuilbertAstr 293) ist dis-
similatorischer Einfluß denkbar; s. dazu hier 134. Zu Fällen wie débitmètre s.
hier 132.

[21] Vgl. etwa astrophile (Rabelais–Brantôme, FEW 8,383a), bibliophile (nach BW,
DDM und RobPt seit 1740, jedoch schon 1728 »Que deviendrois-je, moi & tous
les autres Rats qui aiment les Livres, (appellez pour cela Rats Bibliophiles) si
les Libraires n'avoient pas soin de nous fournir de tems en tems des Livres de
l'espece dont est celui-ci?«, Lettre d'un rat calotin, à Citron Barbet, au sujet de
l'histoire des chats, par M. de Montgrif. A Ratopolis, 1728, 19), patriophile
(1786, Br 6,136), métrophile (1802, De la mélomanie, et de son influence sur la
littérature. Par J. F. R. Métrophile, Paris 1802), œnophile (seit Land 1836,
DDM); anglophile (seit Boiste 1823, DDM), turcophile (seit AcC 1836, FEW 8,
383b), francophile (seit Land 1836, DDM; daneben vereinzelt schon 1591,
s. hier 47 n1), russophile (nach FEW 8,383b seit LittréS 1877, jedoch schon 1854,
s. hier 69 den Beleg zu potichomanie), slavophile (seit 1872, RobPt), celtophile (seit 1876, FEW 8,383a; daneben schon 1578 als Personenname, s. hier 47
n1); moliérophile (1879 und SVSuppl 1894, s. hier 54 n21), dantophile (SVSuppl
1894); négrophile (seit Voltaire, FEW 8,383a), dindonophile (1825, FEW 8,383a),
cannophile (1834, Balzac, s. DatLex), juivophile (Huysm 527; SVSuppl 1894), tim-
brophile (Lar 1907–1949, FEW 13/II,454b; ebenso schon SVSuppl 1894), trom-
pettophile (Colette, GeorginPour 42; s. auch LiChing 79, wo trompettephile verdruckt ist) u. a. m.; s. noch weitere Belege FEW 8,383.

[22] Vgl. etwa hydrophobe (seit Oud 1640; daneben schon 1314 hydrophobie, < lt.
< gr., DDM), aérophobe (seit Trév 1752; s. noch GuilbertAv 300), brontophobe
(Schwan 1798), nécrophobe (seit Boiste 1829; daneben schon 1793 nécrophobie,
FEW 7,91b); anglophobe (seit Boiste 1823, DDM), gallophobe (seit Besch 1845,
FEW 8,393b), francophobe (seit Lar 1872, ibid.), germanophobe (seit Lar 1922,
ibid.); libre-échangeophobe (1861, Le Charivari, 7. 10. 1861, 1b), prêtrophobe
(nach FEW 9,358b seit Lar 1907, jedoch schon 1869, DuboisVoc 383; dann auch
SVSuppl 1894 und LarI), bourgeoisophobe, militairophobe, rageophobe und
peinturophobie (alle SVSuppl 1894), négrophobe (seit Lar 1907, FEW 7,135a;
ebenso schon SVSuppl 1894) u. a. m.

[23] So etwa im Titel von Sentiment d'un harmoniphile sur différents ouvrages de
musique, Amsterdam et Paris 1756 (s. Barbier) oder auch parisphobe (SVSuppl
1894) neben parisophobe (so etwa Le Charivari, 20. 5. 1876, 1b), doch ist in bei-

Dieses Verhältnis der beiden Fugenvokale -o- und -i- soll im folgenden anhand der umfangreichen Materialien des ersten Teils der vorliegenden Untersuchung bei den französischen Bildungen auf *-manie* im einzelnen geprüft werden. Denn wie unser Material deutlich erkennen läßt, hat sich auch *-manie* nicht ausnahmslos mit einem -o- verbunden. Sehen wir ab von dem aus gr. χορομανία entlehnten *chorémanie* und den mit griechischen Elementen entsprechend gebildeten Zusammensetzungen *clopémanie, dikémanie, lypémanie* u. a., so finden sich immer noch einige, wenn auch nicht sehr zahlreiche Formen, die von der üblichen Kompositionsweise auf -o- abweichen. Ohne Schwierigkeiten erklären sich dabei Fälle wie *bureaumanie, tableaumane, jeannomanie, malboroughmanie, fandangomanie* oder *trudeaumanie*, bei denen schon das Grundwort auf /o/ auslautet, so daß lediglich die vokallosen Formen *-manie, -mane* angefügt zu werden brauchten[24]. Aber auch andere Auslautvokale des ersten Kompositionselements können die Verwendung dieser vokallosen Variante bewirken. So erklären sich etwa *dadamanie* und *polkamanie* zu den französischen Grundwörtern *dada* und *polka* oder in jüngerer Zeit *cinémanie*[25] und *kurosawamanie*[26]. An Fälle wie *bureaumanie* und *tableaumane* lassen sich auch *trahisomanie* und das zu *ballon* gebildete *ballomanie, fusiomanie* und *guéridomanie* ebenso wie die vereinzelt bezeugten Formen *maiso-manie, amphitriomanie* und *destitutiomanie* anschließen, wo das auslautende /õ/ des Grundworts beim Zusammentreffen mit unserem Suffix denasaliert und auf diese Weise die Form *-omanie* wiederhergestellt wird. Doch bietet sich bei auslautendem Nasalvokal des Grundworts noch eine zweite Möglichkeit an: das mit Vokal anlautende Suffix *-omanie* kann auch, ähnlich wie bei den oralen Vokalen[27], eine Restitution des historisch geschwundenen Konsonanten, in diesem Fall eines Nasalkonsonanten bewirken, wodurch sich mit der jeweils entsprechenden Vokalalternanz[28] Formen wie *blasonomane, révolutionomane, galonomanie, espionomanie, expositionomanie, garamonomanie*[29], *rubanomanie, tartanomanie, jardinomanie, vaccinomanie, jourdainomanie* erklären.

---

den Fällen das -i- bereits im Grundwort enthalten wie umgekehrt das -o- etwa in *casinophile* (SVSuppl 1894); s. dazu noch hier 132. Zu *féliphile* s. hier 133.

[24] Vgl. ähnlich *bureaucratie, sacerdocratie, hugolâtre, casinophile* u. a.

[25] S. dazu allerdings noch weiter unten Anm. 30.

[26] Vgl. ähnlich auch *cocufier* zu *cocu* neben üblichem *-ifier* wie etwa *bêtifier* zu *bête*. Daß freilich die Wahl zwischen diesen beiden Varianten im jeweiligen Einzelfall frei ist, zeigt etwa das Nebeneinander von *statufier* und *statuomanie*, s. FEW 12,246b. Zu den Bildungen ohne eigenen Bindevokal gehören auch Fälle wie *voyoucratie, janinphile, janinlâtre* (s. hier 129 n17) u. a. Die Berücksichtigung dieser vokallosen Suffixvarianten macht auch die Polemik von Thérive 2,81 gegen Formen wie *accubus, trolleybus* etc. (nach Thérive Bildungen von »techniciens en général sans culture philologique«) hinfällig.

[27] Vgl. etwa /ratomani/ neben /ra/, /baletomani/ neben /balɛ/.

[28] Zur Vokalalternanz in der synchronischen Wortbildungslehre s. besonders MarchandAltern (zur Denasalierung speziell 100f.); H. Marchand, Über zwei Prin-

131

Neben diesen noch leicht verständlichen Formen finden wir jedoch auch einige Bildungen mit dem für lateinische Zusammensetzungen charakteristischen -i-. Dabei lassen sich etwa *parodie-manie, magi-manie* oder auch *chinoiseriemanie* ähnlich wie *polkamanie, cocufier* oder *harmoniphile* zwanglos als Bildungen mit der Variante *-manie* begreifen, wobei in den beiden ersten Fällen bezeichnenderweise das *-i-* durch Bindestrich vom Suffix abgetrennt und *-manie* damit schon äußerlich als vokallose Suffixvariante charakterisiert ist. Auch in Fällen wie dem latinisierenden *armorimanie* oder auch bei *oreximanie* (vgl. fr. *orexie*) und *syphilimanie* (vgl. fr. *syphilis*) erklärt sich das *-i-* wohl durch seine Zugehörigkeit zum ersten Bildungselement[30], wobei wir freilich im letzteren Fall noch ein

---

zipien der Wortableitung, in ihrer Anwendung auf das Französische und Englische, Archiv 190, 1954, 217–221; ders., Sur quelques traits qui distinguent le système dérivatif du français d'aujourd'hui de l'ancien système, Dialogues 3, Istanbul 1953, 133–139; ders., Eine neue morphologische Alternierung im Französischen, ZFSL 70, 1960, 215–217; vgl. auch Wolfgang Rothe, Traditionelle und moderne französische Sprachlehre, Lebende Sprachen 10, 1965, 181–185, speziell 183.

[29] Mit wortspielerischem Anklang an *monomanie*.

[30] Dagegen erklären sich Bildungen wie *régimanie* (zu *régime*) oder *lacrymanie* (vgl. auch *lacrimaturge*, Proschwitz 139) durch Haplologie ebenso wie *idolâtre, zolâtre* (s. hier 129 n17) oder auch *gentilhomanie, aquariummanie* und *diplomanie* (s. dazu Galliot 327; ähnlich e. *grammaniac*, Vie et Langage 1960, 160). Vgl. etwa auch *photographile* (hier 70) neben *photographomane* und *photographolâtre, autographile* neben *autographophile*, s. M. Burns, La langue d'Alphonse Daudet, Paris 1916, 155. Nicht völlig auszuschließen ist eine solche Erklärung durch Haplologie auch bei dem bereits oben genannten *cinémanie*, das so als Bildung *cinéma + -manie* (vgl. etwa bei GiraudCin *cinémaphile, cinémaphobie, cinémaphone, cinémathèque* u. a.) entstanden sein könnte, wenngleich die sehr viel vitaleren Formen *cinéphile, cinéphobe* u. a. Girauds Erklärung (*ciné + -manie*, ebenso schon P. Zumthor, Abréviations composées, Amsterdam 1951, 21) wahrscheinlicher machen. Durch Haplologie erklärt auch HansenWortverschmelzungen 133 entsprechend gebildetes e. *cinemania* (vgl. daneben e. *filmania!*), ohne freilich auf die andere Entstehungsmöglichkeit (vgl. e. *cinerama*) hinzuweisen. Noch stärker verschmolzen sind die Formen *ingmar-bergmanie* und *cinéromaniaque* (ebenso d. *Wustmanie*, FestsWandr 141 n25; e. *gigmania*, Nicholson 48), vielleicht auch *sportsmanie*, wo allerdings nicht mit Sicherheit zu bestimmen ist, ob als Grundwort *sportsman* oder aber nur *sport* anzusetzen ist. – Zu dieser Bildungsweise allgemein s. noch Klaus Hansen, Haplologische Wortverschmelzungen, Sprachpflege 9, 1960, 244f.; zahlreiche Beispiele auch bei Carstensen 47f. sowie Richard Fenzl, Der Spieltrieb im amerikanischen Zeitungsstil, Mitteilungsblatt des Allgemeinen Deutschen Neuphilologenverbandes 17, 1964, 61–68, speziell 64. – Daß freilich auch hier die Sprache frei wählen kann zwischen der haplologischen Verschmelzung und der voll ausgebildeten Ableitung, zeigt das Nebeneinander von *sportsmanie* und *sportmanomanie*, *batmanie* neben *batmanmanie*, *ramanie* neben *ramamanie* ebenso wie etwa vereinzeltes *médiocrocratie* (Vill 1912) neben geläufigerem *médiocratie* (s. dazu FEW 6/I,615a). Vgl. auch zum Personennamen *Hobbema* die Ableitung *hobbemamanie*, wo selbst die Doppelung der Silbe *-ma-* in Kauf genommen wurde, während diese im Fall von *panoramanomanie* durch Einfügen eines etymologisch nicht gerechtfertigten *-n-* vermieden wurde.

Schwanken zwischen *syphilomanie* und *syphilimanie*[31] (daneben auch *syphiliomanie*)[32] hatten feststellen können. Größere Schwierigkeiten bereitet schon *tristimanie*, wo eine Erklärung des *-i-* durch Assimilation[33] kaum ausreichen dürfte. Wenn auch fr. *tristimanie* als Entlehnung aus e. *tristimania* in diachronischer Sicht aus der französischen Wortbildungslehre ausscheidet, so gilt es doch, eine Erklärung des von der synchronischen Ableitungsstruktur des Französischen abweichenden *-i-* zu finden. Als Bildung auf neulateinischer Grundlage enthält e. *tristimania* bzw. das daraus entlehnte fr. *tristimanie* ein lateinisches Grundwort *tristis* mit *-i-*Stamm wie etwa auch lt. *lenis,* das in *Léniforme* 'antiseptique non irritant' (Galliot 273) gleichermaßen eine Zusammensetzung auf *-i-* eingegangen ist, obwohl, wie wir weiter oben gesehen haben[34], das Wortbildungselement *-forme* in dieser Bedeutung allgemein einen Bindevokal *-o-* verlangt (*chloroforme, iodoforme, Bronchoforme, empyroforme*). Ebenso finden wir *-i-* anstelle des zu erwartenden *-o-* in der bei SVSuppl 1894 verzeichneten Bildung *féliphile* 'Katzenfreund', wo wiederum ein *-i-*Stamm im lateinischen Grundwort vorliegt. Es scheint daher, daß gerade die Zugehörigkeit des Grundworts zur dritten Deklinationsklasse mit *-i-*Stamm im Fall von *tristimanie* entgegen der bisher aufgezeigten Tendenz die Wahl des *-i-* bestimmt hat, und so wären auch die vorher genannten Formen *oreximanie* und *syphilimanie* ohne Rückgriff auf fr. *orexie* bzw. *syphilis* aus dem neulateinischen Kompositionsschema heraus verständlich.

Wiederum anders stellt sich die Frage bei *papimane, papimanie*, wo gleichfalls ein *-o-* als Bindevokal zu erwarten wäre. Ebenso findet sich bei Marnix gegen Ende des 16. Jhs vereinzelt die Form *papi-latre* (*Devots papi-coles, papi-latres, papi-manes*, Hu s. v. *papicole*), die ihr *-i-* vielleicht dem Vorbild des schon älteren *papicole*[35] verdankt, wo das *-i-* als Bindevokal durch den lateinischen Ursprung des zweiten Kompositionselements bedingt ist. Daß im Fall von *papi-latre* die Bildungsweise mit *-i-* jedoch als ungewöhnlich und nicht dem französischen Wortbildungsmuster entsprechend empfunden wurde, zeigt die Umgestaltung des Hapaxlegomenon *papi-latre* in *papolâtre*, das seit Fur 1701 allein bezeugt ist[36]. Wenn dagegen *papimane* und *papimanie* ihr *-i-* bis heute zu halten vermochten, so liegt dies wohl allein an der Autorität Rabelais', mit dem diese burleske Wortschöpfung seither ständig verbunden geblieben ist[37]. Als vereinzelte

---

[31] Ebenso *syphiliphobie* neben *syphilophobie*, s. Garnier-Delamare.
[32] Zu einem ähnlichen Schwanken zwischen *chimithérapie* und *chimiothérapie* vgl. R. Étiemble, Le jargon des sciences, Paris 1966, 118.
[33] Vgl. ähnlich *syphilimanie, syphiliphobie, syphiligraphie, syphilimétrie,* Garnier-Delamare.
[34] S. hier 128 n9.
[35] Nach FEW 7,572a seit Trév 1771, doch bezeugt Huguet das Wort noch vor Marnix bei Estienne.
[36] S. FEW 7,572a.
[37] S. dazu hier 10.

Wortprägung bleibt *papimane* mit seinem ungewöhnlichen Bindevokal daher zwar ungeklärt[38], die Umgestaltung *papolâtre* aber bestätigt erneut die von uns aufgezeigte Tendenz zur Wahl des Bindevokals -o- bei den Komposita mit zweitem Element griechischen Ursprungs.

Noch immer aber bleiben mit *aérostatimanie, florimane, fleurimanie, noctimanie* und *modimane*[39] einige Formen aufgrund unserer bisherigen Überlegungen unerklärt. Für das vereinzelte *aérostatimanie* ist jedoch mehrfach die Variante mit Bindevokal -o- bezeugt[40], die ebenso wie im Fall von *papolâtre* die Bemühung um eine systemgerechte Komposition kennzeichnet. Bei *modimane, florimane* und *noctimanie* dagegen fällt auf, daß in all diesen Bildungen schon das Grundwort bzw. das erste Element der Zusammensetzung ein -o- enthält, so daß in diesen Fällen eine dissimilatorische Wirkung dieses -o- angenommen werden kann[41]. Eine solche Erklärung, die auch der Variante *curiosimanie* (neben *curiosomanie*) gerecht würde[41a], könnte nun auch die 1786 vereinzelt bezeugte Form *figarotimanie* verständlich machen, an deren Stelle wir nach dem oben Gesagten *figaromanie* erwarten müßten[42]. Ebenso wie im Fall der Nasalvokale (*trahisomanie – galonomanie*) bieten sich auch bei den oralen Vokalen zwei Möglichkeiten an: entweder Verzicht auf einen Bindevokal (*bureaumanie, jeannomanie*) oder aber Restituierung des historisch geschwundenen (*balletomanie, soldatomanie, boulangeromanie*) bzw. Einfügung eines neuen Konsonanten (vgl. *numéro – numéroter, Marivaux – marivaudage, bon Dieu – bondieusard, coucou – coucouler, Dumas – dumanisme* [s. SVSuppl 1894] u. a.), wobei -t- im Französischen bevorzugt herangezogen wird[43]. Daraus erklärt sich einerseits *figariste*[44], andererseits Formen wie *figarotin, figarotique* und *figarotisme*[45]. So wird auch

---

[38] Allenfalls ließe sich an eine Analogiebildung nach dem bereits genannten *papicole* denken, doch fehlen für dieses Belege vor Rabelais.

[39] Ebenso *modiphile*, s. hier 66 n43.

[40] S. hier 44 n10.

[41] Im Falle dieser Erklärung wäre dann *fleurimanie* sekundär durch *florimane* beeinflußt worden. – Zur dissimilatorischen Verwendung von Ablautformen in der Wortbildung s. E. Gamillscheg, Grundzüge der galloromanischen Wortbildung, in: E. Gamillscheg und L. Spitzer, Beiträge zur romanischen Wortbildungslehre, Genève 1921, 54; Knud Togeby, Qu'est-ce que la dissimilation?, Romance Philology 17, 1963/64, 642–667, speziell 648f.

[41a] Vgl. auch vereinzeltes *clitorimanie* neben jüngerem *clitoromanie*.

[42] So ist etwa entsprechend gebildetes *figarolâtre* tatsächlich belegt, s. DuboisVoc 182.

[43] S. dazu Nyrop, Bd. III, § 89, MLFrGr 2, § 26, MarchandAltern 99 sowie zuletzt G. Stein, La dérivation française et le problème des consonnes intercalaires, CahLex 18, 1971, 43–64; zu -t- s. auch A. Dauzat, Tableau de la langue française, Paris 1939, 76f., Thérive 2,189f. und 3,20f. sowie B. Hasselrot, Etudes sur la formation diminutive dans les langues romanes, Uppsala – Wiesbaden 1957, 199.

[44] Proschwitz 335.

[45] Alle bei Proschwitz 335. S. auch DuboisVoc 306. MLPiel § 30 erwähnt noch

das -*t*- in *figarotimanie* verständlich, während das -*i*- wiederum auf dissimilatorische Wirkung des im Grundwort enthaltenen -*o*- zurückgehen dürfte[46].

Unsere bisherigen Ergebnisse aus den vorangehenden Kapiteln lassen sich daher aufgrund der obigen Überlegungen in folgender Weise modifizieren und präzisieren. Aus dem griechischen Substantiv μανία entstand über die nach griechischem Muster (τυφομανία) im Französischen gebildeten Zusammensetzungen auf neulateinischer Grundlage (*bibliomanie, anglomanie; peregrinomanie, tulipomanie*) innerhalb des Französischen ein auf französischer Grundlage produktives Suffix -*omanie* bzw. -*omane* (*étrangéromanie*) mit den durch die phonologische Umgebung bedingten, aber nicht automatisierten Varianten -*manie*, -*mane* (*bureaumanie, polkamanie, tableaumane*) und -*imanie*, -*imane* (*figarotimanie, modimane*)[47]. Ist damit der Bindevokal nahezu sämtlicher französischer Bildungen auf -*manie* erklärt, so haben wir doch immer noch einige von den bisher aufgezeigten Tendenzen abweichende Fälle außer acht gelassen. Gerade die Belege aus dem neuesten Französisch zeigen einige Bildungen mit vokallosem -*manie*, die einer weiteren Erklärung bedürfen. Weder in *batmanmanie* noch in *hiltonmanie, beatlemanie* oder *rollsmanie* erscheint nach dem bisher Gesagten die Variante -*manie* gerechtfertigt. Nun fällt aber auf, daß in all diesen Formen ein Grundwort (bzw. Eigenname) englischen Ursprungs vorliegt[48]. Das Englische aber besitzt neben der Kompositionsweise auf neulateinischer Grundlage und den daraus neu entstandenen, auf englischer Grundlage produktiven Suffixen, die es zu einem großen Teil mit dem Französischen gemeinsam hat, seit altersher ebenso wie das Deutsche eine eigenständige Nominalkomposition Determinans – Determinatum[49]. Dieser Kompositionstypus erlaubt es dem Englischen, neben Zusammensetzungen auf neulateinischer Grundlage wie etwa *Italomania* oder *Graiomania* und Ableitungen auf englischer Grundlage mit dem Suffix -*omania* (*scribbleomania, queenomania, bancomania*) auch eigenständige Kompositionen mit dem englischen Substantiv *mania* (*Beatle* + *mania* >

---

figarisme. – Vgl. etwa auch bei Beaumarchais nebeneinander *aérambule* und *aérotambule* (sowie als dritte Variante *aéro-ambulant*), s. Proschwitz 317.

[46] Zum dissimilatorischen Wechsel von -*o*- und -*i*- vgl. etwa auch *Frivolipolis* neben den zahlreichen hier 8 n13 genannten Ortsnamen auf -*opolis*.

[47] Es wurde bereits darauf hingewiesen, daß bei einer streng phonologischen Analyse die Zahl der Varianten noch beträchtlich erhöht werden müßte (/omani/, /tomani/, /nomani/, /mani/, /imani/, /timani/, ergänzt durch die zum Teil damit verbundenen Vokalalternanzen).

[48] Ebenso im Fall des schon im 19. Jh. bezeugten *skating-manie*; zu *sportsmanie* s. hier 132 n30.

[49] Vgl. dazu etwa MarchandCat 6off., Henzen §§ 22ff. – Zur Klassifizierung der verschiedenen Typen determinativer Nominalkomposita im Englischen s. auch Anna Granville Hatcher, An Introduction to the Analysis of English Noun Compounds, Word 16, 1960, 356–373.

Beatlemania)[50] zu bilden, wobei nun natürlich ein Bindevokal nicht mehr am Platze ist[51]. Ein Wort wie fr. *beatlemanie* kann daher als Entlehnung aus dem Englischen aufgefaßt werden, wodurch das Fehlen des -o- hinreichend erklärt wäre. Doch ist es keineswegs notwendig, für jede einzelne der genannten französischen Formen ein englisches Vorbild ausfindig zu machen. Fr. *hiltonmanie, batmanmanie* oder *rollsmanie* brauchen nicht aus dem Englischen entlehnt zu sein, sie können ebensogut auch innerhalb des Französischen auf englischer Grundlage gebildet worden sein, wie wir es bereits im Fall von fr. *footing* weiter oben gesehen hatten[52]. Sollte diese Hypothese zutreffen, so hätte das Englische im Bereich unserer Bildungen auf *-manie* das Französische nicht nur um einige lexikalische Einheiten (*beatlemanie*, vielleicht auch *trudeaumanie*)[53] bereichert, sondern darüber hinaus dem Französischen in jüngster Zeit wenigstens in Ansätzen ein neues Wortbildungsmuster vermittelt, das im Französischen selbst in den synchronisch parallel analysierbaren Bildungen vom Typus *bureaumanie, polkamanie* eine vitale Stütze fand.

7. Lexikalisierung der Bildungen auf -(o)manie und das Verhältnis langue – parole im Rahmen der Wortbildungslehre

Es wurde bereits weiter oben darauf hingewiesen, daß von den ca. 500 im ersten Teil der vorliegenden Untersuchung zusammengestellten französischen Bildungen auf *-(o)manie* bzw. *-(o)mane* nur etwa 70 im FEW verzeichnet sind. Im Gegensatz zu dem sämtliche Epochen des Galloromanischen umfassenden FEW ist die Zahl der aufgenommenen Formen in den

---

[50] Vgl. etwa neben *scribbleomania* schon 1792 *scribblemania*, s. dazu und zu den übrigen zitierten englischen Formen OxfDict s. v. *-mania*; ähnlich *colorophobia* neben *colorphobia*, DictAm s. v. – Zum englischen Kompositionstypus vgl. etwa auch die Belege für *mulberry mania* (1839, 1885) und *gold mania* (1849) im DictAm.

[51] Ebenso auch im Deutschen etwa *Amerikamanie* (so Carstensen 16, 266, 267) gegenüber fr. *américomanie, américanomanie*. Daß das Deutsche vielfach die einheimische Nominalkomposition der neulateinischen Bildungsweise vorzieht, haben wir an anderer Stelle aufzuzeigen versucht; s. FestsWandr 147f. – Vgl. ähnlich die englischen Formen auf *-plane*, wo neben den auf neulateinischer Grundlage analysierbaren Zusammensetzungen mit -o- (*aeroplane, hydroplane, avroplane, gyroplane, monoplane, helicoplane, cycloplane, ornithoplane, hippoplane* u. a.) zahlreiche im Englischen auf einheimischer Grundlage gebildete Nominalkomposita bezeugt sind: *airplane, warplane, waterplane, seaplane, battleplane, sailplane, powerplane, jetplane, boatplane, shipplane* u. a.; s. dazu Svante Stubelius, *Airship, Aeroplane, Aircraft. Studies in the History of Terms for Aircraft in English*, Göteborg 1958, 325–329.

[52] S. hier 106f.

[53] Gerade ein Beispiel wie e. *Trudeau-Mania* (s. hier 91 + n36) zeigt deutlich die Möglichkeit einer gegenseitigen Beeinflussung dieser beiden Kompositionstypen.

modernen synchronischen Wörterbüchern naturgemäß noch sehr viel geringer. So verzeichnet etwa Juilland in seinem rückläufigen Wörterbuch des Französischen lediglich 17 Bildungen[1], und auch im *Petit Robert* scheint die Zahl der gebuchten Formen nicht sehr viel größer zu sein[2].

Eine noch sehr viel größere Diskrepanz zwischen der Zahl der von uns zusammengetragenen Bildungen und der in den modernen Wörterbüchern aufgenommenen Formen ergibt sich, wenn wir unsere Betrachtung auf die auf französischer Grundlage geschaffenen Ableitungen beschränken. Es fällt auf, daß die überwiegende Mehrzahl der bei Juilland, RobPt und im *Dictionnaire du français contemporain* verzeichneten Formen der medizinischen Fachsprache angehört oder zumindest ursprünglich diesem fachsprachlichen Bereich entstammt und erst sekundär in die Allgemeinsprache drang. Die Bildungen aus diesem Bereich aber sind ausnahmslos auf neulateinischer Grundlage analysierbar, so daß von den Ableitungen auf französischer Grundlage lediglich *décalcomanie* als voll lexikalisierte Form verzeichnet ist. Dieses aber hat infolge seiner Bedeutungsentwicklung sich so sehr von seiner ursprünglichen Bildungsweise gelöst, daß es heute nicht mehr in gleichem Maße wie die anderen Ableitungen auf *-omanie* analysierbar ist[3]. Hat nun gerade dieser Verlust der Motivation

---

[1] Erich Mater, Rückläufiges Wörterbuch der deutschen Gegenwartssprache, Leipzig 1965 enthält unter ca. 140 000 Stichwörtern für das Deutsche nur 12 Bildungen unseres Typus.

[2] Von den bei Juilland verzeichneten Formen fehlen bei RobPt *anticomanie* und *musicomane*, während darüber hinaus nur noch *cocaïnomanie, démonomanie, héroïnomanie, mythomanie, nymphomanie, pyromanie* und *verbomanie* gebucht sind. Noch geringer ist die Zahl der Bildungen, die im *Dictionnaire du français contemporain* (Paris, Larousse, 1966) Aufnahme gefunden haben. Von den bei Juilland oder RobPt verzeichneten Formen finden sich dort nur noch 11.

[3] Vgl. dazu etwa DuboisSuff 8: »Les dérivés une fois formés ont tendance à échapper aux lexèmes de base et à perdre leur motivation. Si ce phénomène de lexicalisation n'est pas compensé par la formation de nouveaux dérivés, le suffixe perd son caractère propre«; s. auch BuyssensMots 21, der allerdings zu weit geht, wenn er schreibt: »Lorsqu'un mot dérivé ou composé est accepté par la communauté, il cesse d'être conçu comme un dérivé ou un composé«. Mit der Aufnahme eines Wortes in den Wortschatz einer Sprachgemeinschaft ist noch nicht zwangsläufig der Verlust der Motivation bzw. der Analysierbarkeit verbunden. So fährt auch Buyssens selbst anläßlich d. *Sänfte,* fr. *vêtement* mit Recht fort: »il peut changer de signifié de façon à ne plus rappeler ses origines« (ibid.), aber erst dann hört die Bildung auf »d'être conçu comme un dérivé ou un composé«. Es erscheint uns daher nützlich, den Begriff der Lexikalisierung auf all diejenigen Bildungen auszuweiten, die sich bei einer synchronischen Untersuchung als Einheiten des Wortschatzes der *langue* erweisen (vgl. Polenz Wortb 27). Aufgrund dieser Definition aber, nach der »lexikalisiert« nicht mehr identisch ist mit »nicht analysierbar«, ergibt sich die Notwendigkeit, die übliche Unterscheidung »lexikalisiert« – »nicht lexikalisiert« durch ein dreistufiges Differenzierungsschema zu ersetzen:

    1. lexikalisiert, nicht analysierbar (Bildungen, die synchronisch nur 1 Monem enthalten; so etwa d. *kostbar, ruchbar,* PolenzWortb 11)

dazu geführt, daß *décalcomanie* in den französischen Wortschatz integriert wurde und heute als längst lexikalisierte Form betrachtet werden kann, so konnten sich alle übrigen Ableitungen nicht in diesem Maße lexikalisieren, sondern sind zum größten Teil lexikalische Eintagsfliegen geblieben, die daher auch zu Recht in den Wörterbüchern fehlen. Was jedoch für die Lexikologie gilt, gilt keineswegs für die Wortbildungslehre, und so scheint uns etwa Dauzats Kritik an Hasselrot ungerechtfertigt, wenn er diesem vorwirft, seine Schlüsse seien zu einem großen Teil lediglich auf ephemeren Bildungen aufgebaut[4]. Die Bedeutung solcher ephemerer Bildungen hat schon Spitzer zu Recht betont:

> Erst die stilistische Betrachtung gibt uns das Verständnis für die sonst unerklärliche Verwendung des Suffixes. Besonders instruktiv sind hierbei die A u g e n b l i c k s b i l d u n g e n , die der Ausdruck der Sprache einer Zeit l a t e n t e r Tendenzen sind, Vorreiter der nachrückenden Sprachentwicklung, stilistische Wagnisse, die die Gemeinsprache vielleicht ratifiziert[5].

Doch müssen wir wohl noch einen Schritt weitergehen. Gewiß sind Bildungen wie *mariageomanie* oder *gouvernementomane* vom lexikologischen Standpunkt aus stilistische Wagnisse und mögliche Vorreiter der nachrükkenden Sprachentwicklung, unter dem Gesichtspunkt der Wortbildung jedoch charakterisieren sie einen *fait de langue*, wie etwa auch aus dem folgenden Kommentar von P. v. Polenz zu den mehr als 9500 im rückläufigen Wörterbuch von E. Mater registrierten Bildungen auf -*ung* deutlich hervorgeht:

> Das sind selbstverständlich bei weitem noch nicht alle -*ung*-Wörter, die es in der deutschen Sprache gibt, weil noch hunderte oder tausende weiterer -*ung*-Wörter nach bestimmten Transformationsmustern für Ableitung und Zusammensetzung üblich oder möglich sind. Aber das sind nicht alles Einheiten des Wortschatzes der »langue«. Ein sehr großer Teil von ihnen stellt nur Syntag-

---

2. lexikalisiert, analysierbar (Bildungen, die zwar eine synchronische Monemanalyse erlauben, aber dennoch als Einheiten des Wortschatzes der *langue* gelten müssen; so etwa fr. *satinette, lundi*)

3. nicht lexikalisiert, analysierbar (hierher gehören die zahllosen nach einem gegebenen Wortbildungsmuster geprägten lexikalischen Eintagsfliegen, so etwa auch die überwiegende Mehrzahl der Bildungen auf -*(o)manie*)

Daß die Unterscheidung zwischen Gruppe 2 und 3 weitgehend der Unterscheidung Coserius zwischen *norma* und *habla* entspricht, dürfte im folgenden deutlich werden. Vgl. in diesem Sinne jetzt auch M. Martinet, Composition, dérivation et monèmes, FestsMarchand 144–149, speziell 147.

[4] Dauzat, FrMod 23, 1955, 19f.; ähnlich auch Hietsch 85 sowie Q. Mok, Le préfixe *re*- en français moderne: Essai d'une description synchronique, Neoph 48, 1964, 97–114, speziell 109ff., der zwischen »créations intentionnelles« und »créations non-intentionnelles« unterscheiden möchte. S. dazu noch ZRPh 83, 1967, 441.

[5] L. Spitzer, Archivum Romanicum 7, 1923, 196.

men der »parole« dar, die nach einer durchaus überschaubaren Zahl von Wortbildungsmustern der »langue« verstehbar bzw. bildbar sind[6].

Diese Differenzierung zwischen Lexikologie und Wortbildungslehre übersieht auch Lipka, wenn er unter Berufung auf Coserius Begriff der Norm[7] die Aufgabe der Wortbildungslehre charakterisiert:

> Es ist ... sinnlos, alle nur einmal in der Rede oder im Druck auftauchenden Komposita dieser Typen erfassen und sammeln zu wollen, ganz abgesehen davon, daß ein derartiges Unterfangen praktisch unmöglich wäre. Augenblicksbildungen sind Erscheinungen der »parole« und als solche unendlich. Die beschreibende Sprachwissenschaft muß sich auf die »Norm«, auf die in einer bestimmten Sprache wirklich vorkommenden und gebräuchlichen Bildungen und Erscheinungen beschränken, diese aber möglichst vollständig erfassen[8].

Gewiß gehören Bildungen wie *mariageomanie* oder *gouvernementomane* als lexikalische Einheiten nicht zur Norm der französischen Sprache. Um jedoch die Vitalität und Produktivität des ihnen zugrundeliegenden Wortbildungsmusters und damit ihre Systemhaftigkeit feststellen zu können, sind zunächst umfangreiche Belegsammlungen notwendig, bei denen die Frage der Lexikalisierung im oben angedeuteten Sinn irrelevant ist. Daß dieses System aber im Bereich der Wortbildung auch zur »Norm« des Französischen zu rechnen ist, zeigt die Fülle der Materialien im ersten Teil der vorliegenden Untersuchung, ohne die eine solche Aussage nicht möglich wäre.

Umgekehrt müssen wir uns aber nun fragen, mit welcher Berechtigung dennoch eine so große Zahl von Bildungen auf *-(o)manie* in den Wörterbüchern vor allem des 18. und 19. Jhs verzeichnet ist. Der Grund dafür liegt nicht in einem stärkeren Grad der Lexikalisierung solcher Bildungen in den vergangenen Jahrhunderten, sondern allein in der unterschiedlichen

---

[6] PolenzWortb 27 (Sperrung von uns). Zutreffend wird dieses Verhältnis von Lexikologie und Wortbildungslehre etwa auch von G. v. Proschwitz formuliert: »Un nouvel événement amène une nouvelle mode et, souvent, des mots nouveaux. Éphémères ou durables, peu importe, ces termes sont très instructifs, car ils nous renseignent sur la formation des mots à une époque donnée«, Proschwitz 320 (Sperrung von uns). Vgl. etwa auch E. Coseriu, Sprache. Strukturen und Funktionen, XII Aufsätze zur Allgemeinen und Romanischen Sprachwissenschaft, Tübingen 1970, 25: »kann für die allgemeine Sprachwissenschaft (und nicht allein für die Ästhetik oder die Literaturkritik) ein sog. *Hápax legómenon*, eine nur einmal belegte Form, ebenso interessant sein wie andere Neuschöpfungen, die sich ausgebreitet haben«.

[7] S. dazu besonders E. Coseriu, Sistema, norma y habla, in: CoseriuTeoría 11–113, speziell 78f. sowie ders., Structure lexicale et enseignement du vocabulaire, Actes du premier colloque international de linguistique appliquée, organisé par la Faculté des Lettres et des Sciences humaines de l'Université de Nancy (26–31 octobre 1964), Nancy 1966, 175–217, speziell 203–208.

[8] Leonhard Lipka, Wasserdicht und grasgrün. Zwei Wortbildungstypen der deutschen Gegenwartssprache, Muttersprache 77, 1967, 33–43, Zitat 34f.

Anlage der Wörterbücher. Bemühen sich die Autoren der modernen sprachwissenschaftlichen Wörterbücher im allgemeinen, nur den Teil des Wortschatzes aufzunehmen, dem eine sprachliche Realität im Rahmen der *langue* zukommt[9], so sind die Wörterbücher von Furetière oder den Pères de Trévoux über Boiste, Mozin, Landais und Bescherelle bis zu Larousse in ihrem Drang nach Vollständigkeit oft bemüht, möglichst viele Wörter aufzunehmen, sofern diese nur irgendwann einmal belegt sind[10]. Ein aus unseren Materialien willkürlich herausgegriffenes Beispiel möge zur Illustration genügen. Wir hatten gesehen, daß Gui Patin in zwei Briefen von 1655 und 1656 das wohl von ihm geprägte *peregrinomanie* verwendete. Diese Belege blieben den Patres von Trévoux nicht verborgen, und so finden wir in deren Wörterbuch seit der Auflage von 1743 ein Stichwort *pérégrinomanie*, unter dem die beiden Stellen aus Patin zitiert werden. Selbst der von den Verfassern noch ausdrücklich hinzugefügte erläuternde Kommentar

> Ce sont deux mots factices, qu'il est bon d'expliquer à ceux qui n'entendent pas le Grec ni le Latin. Patin en emploie assez souvent de semblables; & comme ses lettres sont fort connues, même du beau sexe, de courtes notes pour l'explication de ces sortes de mots, n'auroient pas été inutiles dans les différentes éditions qui ont paru.

konnte die Autoren der zahlreichen kompilatorischen Wörterbücher des 19. Jhs, so z. B. Boiste, Mozin, Landais und Bescherelle nicht daran hindern, diese offensichtliche Augenblicksschöpfung Patins von Wörterbuch zu Wörterbuch und von einer Auflage zur nächsten mitzuschleppen, ohne daß diese Bildung, im Gegensatz etwa zu dem gleichfalls erstmals bei Patin bezeugten *bibliomanie,* wohl je in den französischen Wortschatz gedrungen ist[11].

Doch sind die Autoren dieser Wörterbücher noch sehr viel weiter gegangen. Sie beschränkten sich keineswegs darauf, in konservativer Haltung zahlreiche längst nicht mehr vitale Bildungen weiterhin zu verzeichnen, sie sind darüber hinaus auch noch in großem Maße wortschöpferisch tätig. Denn wie unsere Materialien zeigen, kommt seit Raym 1824, also fast zwei Jahrhunderte nach der Patinschen Augenblicksprägung *peregrino-*

---

[9] Vgl. dazu etwa RobPt S. IX: »Des créations de fantaisie, objets de modes passagères, n'ont pas été retenues«. Dagegen wurden veraltete, literarische Termini im *Petit Robert* zum Teil mitaufgenommen. Noch sehr viel strenger ist die Auswahl der verzeichneten Wörter im *Dictionnaire du français contemporain,* wo auch auf fachsprachliche Termini und dergl. verzichtet wird.

[10] Vgl. dazu auch Br 12,542.

[11] Vgl. dazu allgemein K. Baldinger, Autour du »Französisches Etymologisches Wörterbuch« (FEW). Considérations critiques sur les dictionnaires français: Aalma 1380 – Larousse 1949, RPFil 4, 1951, 342–373. Zu einem ähnlichen Beispiel aus dem Bereich der Entlehnungen s. jetzt O. Jänicke, *Pansétéréche* und *palache,* zwei fiktive Wörter des Französischen, ZRPh 85, 1969, 506–510.

manie, die danach gebildete Form *pérégrinomane* hinzu, der sich wenig später die Bildungen *pérégrinomaniaque* und *pérégrinomanique* anschließen. Der lexikologische Aussagewert dieser Bildungen, die wohl nie außerhalb der Wörterbücher in Gebrauch waren, ist daher gleich null, wohl aber können auch sie uns wertvolle Aufschlüsse zur Wortbildung geben. Gerade Raym 1824 war uns im ersten Teil unserer Untersuchung häufig als Erstbeleg für Formen auf *-(o)mane* begegnet, deren Entsprechung auf *-(o)manie* schon früher bezeugt war[12]. Es scheint daher, daß Raym 1824 mehr oder weniger automatisch zu jeder *-(o)manie*-Bildung eine Entsprechung auf *-(o)mane* schuf, die natürlich wiederum keinen lexikologischen Aussagewert besitzt, uns aber zeigt, daß das Französische zu Beginn des 19. Jhs über dieses Wortbildungsmittel frei verfügen konnte.

Nach diesen Überlegungen stellt sich nun die Frage, wie sich ein historisch ausgerichtetes Wörterbuch angesichts des oben skizzierten Verhältnisses von Wortbildung und Lexikalisierung und der konservativen Haltung der Mehrzahl der Wörterbücher zu verhalten hat. Betrachten wir zu diesem Zweck die Angaben des FEW zur Wortfamilie von nfr. *pérégrinomanie*:

Nfr. *pérégrinomanie* f. 'maladie de voyager' (ca. 1670, s. Trév 1743); *pérégrinomane* (s. adj.) '(celui) qui a la manie des voyages' (Boiste 1829–Besch 1845; »inus.« Land 1851), *peregrinomaniaque* (AcC 1842–Besch 1858)[13].

Daß ein längst veraltetes oder nur vereinzelt in Texten bezeugtes Wort sich oft Jahrhunderte lang in den Wörterbüchern zu halten vermag, ist eine den Lexikographen wohlvertraute Erscheinung. Entsprechend verzichtet v. Wartburg darauf, im Fall von *pérégrinomanie* auf Boiste, Mozin u. a. zu verweisen und beschränkt sich zu Recht auf die bei Trév 1743 verzeichneten Belege aus Patin[14]. Als sehr viel schwieriger erwies sich die Frage im Fall der Formen auf *-(o)mane* und *-(o)maniaque,* wo ein entsprechender »Originalbeleg« fehlt, so daß die weitere Darstellung des FEW den Eindruck erweckt, als seien die Formen *pérégrinomane* und *pérégrinomaniaque* im Gegensatz zu *pérégrinomanie* im 19. Jh. vital[15], obwohl die entsprechenden Angaben in den Wörterbüchern jener Zeit natürlich in beiden Fällen gleichermaßen der lexikologischen Aussagekraft

---

[12] So etwa *typhomane, œstromane, hystéromane, plantomane, sophomane, tyrannomane, postéromane* u. a. Umgekehrt tritt bei älteren *-(o)mane*-Bildungen seit Raym 1824 die Entsprechung auf *-(o)manie* hinzu, vgl. etwa *éleuthéromanie, admiromanie.*

[13] FEW 8,234a.

[14] Vgl. ähnlich FEW 4,543a + n3 zu *ignorantifier* (Molière), FEW 7,355a + n1 zu *onirocrite* (Rabelais), FEW 10,123b + n32 zu *ratopolis* (La Fontaine).

[15] Dieser Eindruck wird noch verstärkt durch das hinzugefügte »inus.« Land 1851, das ex silentio auf den Gebrauchswert von nfr. *pérégrinomane* bei Boiste 1829–Besch 1845 schließen läßt.

entbehren. Verzichtet das FEW – mit vollem Recht – darauf, für *pérégri-nomanie* die Wörterbücher von Boiste, Mozin u. a. zu zitieren, so müßte es folgerichtig, wie dies tatsächlich in einzelnen Fällen geschehen ist[16], auch die entsprechenden Angaben zu *pérégrinomane* und *pérégrinomaniaque* unterdrücken, diese Formen dürften daher im FEW überhaupt nicht erscheinen[17]. Aber selbst im Fall der Belege aus Patin stellt sich die Frage, ob sie Anspruch auf einen Platz in einem »linguistischen« Wörterbuch[18] haben. P. v. Polenz schreibt zum Mengenproblem in der Lexikographie:

> Sowohl in einem deskriptiven wie in einem ableitenden Wörterbuch muß nur der Teil des »Wortschatzes« gebucht werden, der sich aus den Grundlexemen und den mehr oder weniger lexikalisierten Wortbildungen zusammensetzt[19].

Verstehen wir »lexikalisiert« in dem von uns weiter oben aufgezeigten Sinne, so ist dieser Forderung voll und ganz zuzustimmen. Setzen wir jedoch »Lexikalisierung« gleich mit »Verlust der Analysierbarkeit«, so reduziert sich damit das Wörterbuch auf ein Lexeminventar, dessen linguistischer Aussagewert zwar außer Frage steht, das aber doch über die Lexemebene hinaus durch Einheiten höherer Ränge ergänzt werden sollte, um die gerade die jüngste Forschung sich wieder zu bemühen beginnt[20]. In diesem Sinne ist es Aufgabe eines linguistischen Wörterbuchs, verstanden als Wörterbuch der lexikologischen Norm, lexikalisierte Bildungen wie *monomanie, opiomane, décalcomanie* u. a. zu buchen. Der Platz für die zahlreichen ephemeren Wortbildungen wie *pérégrinomanie, mariageomanie, tableaumane* u. a. aber ist nicht das Wörterbuch, sondern die Wortbildungslehre, die nicht darauf verzichten kann, für jedes Wortbildungselement umfangreiche Inventare zu erstellen, aus denen Wesen und Geschichte des Einzelmonems erst in ihrer ganzen Vielfalt zutage treten.

8. Zur Semantik von fr. -(o)manie

Nachdem wir uns bisher fast ausschließlich mit der Ausdrucksseite der Bildungen auf -(o)manie beschäftigt haben, sollen im folgenden einige se-

---

[16] Vgl. etwa *typomane, -ique, postéromane.*

[17] Aus rein praktischen Gründen wäre allenfalls in einer Fußnote mit dem entsprechenden Kommentar auf diese Formen hinzuweisen.

[18] Vgl. W. v. Wartburg: »Der unterschied zu andern grossen wörterbüchern lässt sich leicht auf eine einfache, klare formel bringen: der Thesaurus Linguae Latinae, der Oxford English Dictionary usw. sind *philologische* Wörterbücher, das FEW ist ein *linguistisches* Wörterbuch des Galloromanischen«, FEW 2/I, S. III.

[19] PolenzWortb 26f.

[20] Vgl. etwa Klaus Heger, Die Semantik und die Dichotomie von Langue und Parole. Neue Beiträge zur theoretischen Standortbestimmung von Semasiologie und Onomasiologie, ZRPh 85, 1969, 144–215, speziell 199ff. sowie ders., Monem, Wort und Satz, Tübingen 1971.

mantische und stilistische Fragen erörtert werden. Die verschiedenen Bedeutungen von fr. -(o)manie gehen bereits aus der Darstellung des ersten Teils hervor und können hier kurz zusammengefaßt werden. Ausgangsbedeutung ist ebenso wie beim entsprechenden Substantiv 'folie délirante; égarement d'esprit, aliénation mentale', eine Bedeutung, die sich im Bereich der medizinischen Fachsprache vom Griechischen bis zu den jüngsten französischen Bildungen auf neulateinischer Grundlage zu halten vermochte. Seit den ältesten französischen Bildungen läßt sich jedoch gleichzeitig eine deutliche semantische Verlagerung zu 'passion excessive, goût excessif, déraisonnable' nachweisen, die sich mit der Übernahme dieser Bildungsweise aus der Fachsprache der Medizin in die Allgemeinsprache vollzogen hat[1]. In vielen Fällen wird auch eine innerhalb der medizinischen Fachsprache gebildete Zusammensetzung sekundär in die Allgemeinsprache übernommen, wodurch sie eine entsprechende semantische Verschiebung erfährt[2]. Die im Französischen ins Zentrum gerückte allgemeinsprachliche Bedeutung 'goût excessif' charakterisiert -(o)manie, -(o)mane im allgemeinen als Antonym zu -(o)phobie, -(o)phobe, vgl. etwa Wortpaare wie *anglomanie – anglophobie, patriomanie – patriophobie*[3], *musicomane – musicophobe*[4] u.a. Dagegen wird in der medizinischen Fachsprache dieser Bedeutungsgegensatz vielfach neutralisiert, so daß etwa *nosophobie* lediglich eine Unterart der *nosomanie* charakterisiert[5].

---

[1] Ein ähnliches semantisches Verhältnis liegt bei *-isme* vor, wo neben medizinisch-fachsprachlichen Bildungen wie *alcoolisme, barbiturisme, morphinisme, véronalisme* u.a. (s. dazu etwa Georges Heuyer et Louis Le Guillant, De quelques toxicomanies nouvelles, in L'Hygiène Mentale. Journal de Psychiatrie appliquée 25, 1930, 65–90, speziell 84) vereinzelt allgemeinsprachliche Bildungen mit der Bedeutung 'goût excessif' auftreten. Vgl. etwa *américanisme* 'admiration outrée pour les idées et les usages d'Amérique' (»L'américanisme, en France, a succédé à l'anglomanie«, Ac 1932; s. auch Rob sowie FEW 18,7b), *footballisme* 'manie du football' (Jules Verne, FEW 18,64a; s. auch Vill 1912), *pamphlétarisme* 'manie du pamphlet' (FEW 18,90b), *ridiculisme* 'manie de tourner (qch, qn) en ridicule' (Mercier 1801, FEW 10,401a) u.ä.; s. auch bei SVSuppl 1894 Bildungen wie *amphitryonisme, annexion(n)isme, barricadisme, béjartisme, créationisme, étoilisme, exhibition(n)isme, lampionisme* und *moliérisme* sowie ib. s.v. *caporalomanie*.
[2] Vgl. etwa *monomanie* 'délire partiel, psychose limitée à un seul ordre de faits' > 'idée fixe, obsession, marotte, dada'; *mégalomanie* 'délire, folie des grandeurs' > 'ambition, orgueil démesurés; goût du colossal'. Während bei *mégalomanie* beide Bedeutungen in verschiedenen Sprachbereichen nebeneinander weiterbestehen, ist *monomanie* infolge des Übergangs in die Allgemeinsprache als medizinischer Fachterminus heute stark zurückgetreten; s. dazu Porot sowie RobPt s.v.
[3] Zu diesem s. Merc 1801.
[4] S. dazu FEW 6/III,265a.
[5] »*Nosophobie* s.f. Méd. Crainte excessive d'une maladie souvent imaginaire, une des formes de la nosomanie«, Lar 1878. Eine solche semantische Differenzierung fehlt FEW 7,194a, wo beide Formen gleich definiert werden. Ähnlich auch *graphomanie – graphophobie, syphilomanie – syphilophobie*; vgl. etwa »Chez le graphomane dépressif, à la suite d'un choc émotif pénible, peut apparaître la

Daneben hatten wir gesehen, daß *-(o)manie* im Anschluß an Bodins *Demonomanie* vorübergehend eine Bedeutungsverschiebung zu 'traité' erfuhr, die sich in zwei verschiedene Richtungen (*Voltairomanie*; *Fleurimanie*) entfalten konnte[6]. Eine ganz spezifische Bedeutungsentwicklung von 'goût excessif' zu neutralem 'procédé' und dann sogar vereinzelt auch zur Bezeichnung des Resultats einer Handlung erfuhr im 19. Jh. *potichomanie* und im Anschluß daran *décalcomanie*, das sich jedoch gerade durch diese semantische Verschiebung von den übrigen Bildungen auf *-(o)manie* loslöste und erst in jüngster Zeit die analog danach geprägte Augenblicksbildung *encromanie* nach sich zog.

Wie schon aus den ältesten französischen Bildungen deutlich hervorgeht, ist mit dem Übergang unseres Bildungstypus aus der Fachsprache in die Allgemeinsprache vielfach eine humoristisch-affektive Nuance verbunden[7]. Wenn wir daher den genauen semantischen Gehalt dieser Bildungen

---

graphophobie, forme très fréquente de la graphomanie, dont l'évolution est irrégulière«, Ossip-Lourié, La graphomanie, Paris 1920, 47; »il fut guéri de sa syphilomanie«, Sava Petrowitch, De la nostomanie, Thèse Médec. Paris 1866, 30 neben »Parmi les variétés de nosomanie, nous avons observé le plus souvent la syphilophobie«, ib. 31 (s. auch Garnier-Delamare s. v.). – Zu einer vereinzelten Verwendung des Substantivs *phobie* anstelle von *manie* s. Thérive 1,58f.

[6] S. dazu hier 37.

[7] Vgl. ähnlich etwa auch die bereits erwähnten Formen *cinématite* (hier 87 n3), *espio(n)nite* (hier 84 n58), *flipperite* (hier 90 n24), *manifestite* (hier 81 n16), *patriotite* (hier 59 n62), *siglite* (hier 89 n17), *théâtrite* (hier 52 n3) und *wagnérite* (hier 82 n32). S. dazu auch DuboisSuff 68, der noch die allgemeinsprachlichen Bildungen *obusite* (1918), *néologite*, *substantivite*, *invertite* und *jargonite* (alle 1956) erwähnt; ebenso Schweiz *flemmingite* 'paresse chronique' (FEW 8,392a), Paris *fonctionnarite* 'désir immodéré de devenir fonctionnaire' (FEW 3,860a), *orgueillite* (A. Gide, s. GeorginProse 37 sowie Rheims s. v.), *policite* (A. Fabre-Luce, s. Rheims) und *tauromachite* (H. de Montherlant, ibid.). LiChing 73 bezeugt noch *transistorite* (1959) und *portefeuillite* (1960), GeorginPour 112 spricht von *initialite* (s. auch GilbertAspects 59); entsprechend gebildet sind *adjectivite* (Vie et Langage 1969, 483), *westernite* (ib. 612), *conférencite* und *séminarite* (beide Vie et Langage 1970, 205). Schon bei SVSuppl 1894 verzeichnet sind neben *patriotite* und *wagnérite* auch *boulevardite*, *garibaldite*, *ordurite* und *pigrite*. Vgl. etwa auch 1877 »Vient ensuite le drame du gigot. Douze habitants de Varaye (Var) ayant mangé du gigot dans la semaine sainte, sont pris d'une maladie inconnue qui ressemble à la rage avec douleurs d'entrailles et envies de dévorer perpétuellement de la viande et meurent la bouche pleine. Comment le père Antoine n'a-t-il pas fait une communication à l'Académie de médecine sur cette *gigotite* providentielle?«, Le Charivari, 4. 4. 1877, 2a; »On dément les bruits fâcheux qui avaient couru sur la santé de notre confrère Paul Feval. Il n'est atteint que d'une *cléricalité* [sic] aiguë«, ib., 28. 5. 1877, 4b; 1881 »Mon cher Bigarreau, la *légitimite* est une maladie de peau dont je ne guérirai jamais«, ib., 9. 2. 1881, 1c; »Qui expliquera jamais ces anomalies du cœur, ou plutôt du porte-monnaie humain? Il y a là une maladie: la *panurgite aiguë*, dont les effets bizarres n'ont pas été suffisamment étudiés«, ib., 23. 3. 1881, 2c; »La *scrutinite aiguë*, qui avait paru céder aux émollients, en ces temps derniers, reprend de l'âpreté«, ib., 2. 4. 1881, 1a. Entsprechende scherzhafte Bildungen im modernen Italienisch (*esposizionite*, *neologite*, *tunisite*) zitiert Junker 100f. Zur

bestimmen wollen, genügt es nicht, uns auf deren symbolbegrifflichen Inhalt[8] zu beschränken, wir müssen vielmehr auch jene affektiven Nuancen mitberücksichtigen, die als Symptom- und Signalfunktion erst zusammen mit der Symbolfunktion den gesamten Inhalt eines Monems oder einer Monemverbindung ausmachen. Erst so begreifen wir etwa den Inhalt von *mariageomanie* und sein Verhältnis zu »synonymen« Bezeichnungen. Während sich der medizinisch-fachsprachliche Terminus *gamomanie* als Bezeichnung einer 'impulsion morbide poussant certains déséquilibrés à multiplier les demandes en mariage' (s. Garnier-Delamare) schon symbolbegrifflich deutlich von *mariageomanie* unterscheidet, ist dieses nur sehr viel schwerer von dem gleichfalls nur vereinzelt bezeugten, auf neulateinischer Grundlage gebildeten *matrimoniomanie* zu trennen. Hinzu kommt aber noch mit identischem symbolbegrifflichem Inhalt die syntaktische Fügung *manie des mariages*, die sich gerade auf symptombegrifflicher Ebene von den beiden »Synonyma« unterscheidet. Während die präpositionale Verbindung als affektfreie Normalbezeichnung betrachtet werden kann[9], tritt, sobald wir die Fachsprache der Medizin verlassen, im Fall der Zusammensetzung auf neulateinischer Grundlage und in besonderem Maße bei der Ableitung auf französischer Grundlage zu dem symbolbegrifflich identischen Inhalt ein symptombegriffliches Sem hinzu, das *mariageomanie* gegenüber *manie des mariages* als humoristisch-affektive Bildung auszeichnet[10]. So hat zwar das Suffix -omanie heute die gleiche Zentral-

gleichen Erscheinung im Portugiesischen s. Delmira Maçãs, RPFil 14, 1966, 26; zu -*itis* im amerikanischen Englisch vgl. etwa H. L. Mencken, The American Language, Supplement I, New York 1945, 364; Hans Galinsky, Die Sprache des Amerikaners, Bd. II, Heidelberg 1952, 80.

[8] S. dazu und zum folgenden Kurt Baldinger, Structures et systèmes linguistiques, II. La »liberté« ou l'esprit de finesse, Travaux de Linguistique et de Littérature publiés par le Centre de Philologie et de Littératures romanes de l'Université de Strasbourg, V, 1, Strasbourg 1967, 132–139 sowie vor allem ders., La synonymie – Problèmes sémantiques et stylistiques, in: Probleme der Semantik, hg. v. W. Th. Elwert, ZFSL Beiheft, N. F., Heft 1, Wiesbaden 1968, 41–61.

[9] Affektfrei bedeutet dabei keineswegs frei von Werturteilen. Solche Werturteile sind jedoch, wie K. Baldinger (La synonymie, 56) ausdrücklich betont, Bestandteil des symbolbegrifflichen Inhalts und sind in den beiden Bildungen *mariageomanie* und *manie des mariages* gleichermaßen vorhanden.

[10] Vgl. ähnlich *sa manie pour les tulipes, pour les coquilles* (Molière, s. Li) neben *tulipomanie* und *conchyliomanie, la manie des vers* neben *la métromanie, manie de la danse* neben *dansomanie* u. a. – Zum affektiven Gehalt solcher suffixaler Bildungen s. auch HansenMakk 58, der im Anschluß an Spitzer in Bildungen wie e. *beerocracy* oder *weatherology* »eine formale wie inhaltliche Diskrepanz zwischen dem ›banalen‹ heimischen Stamm und der ›gelehrten‹ fremden Ableitungssilbe« sieht, »die diesen Prägungen den Beigeschmack des Lächerlichen und Spöttischen verleiht«. Ähnlich LewickaLangue 1,355 sowie Delmira Maçãs, Ironia e depreciação na língua portuguesa, RPFil 14, 1966–68, 13–127, speziell 25f. und 30. Vgl. allgemein auch W. Fleischer, Stilistische Aspekte der Wortbildung, Actes du Xe Congrès International des Linguistes (Bucarest, 28 août – 2 septembre 1967), III, Bucarest 1970, 483–488.

bedeutung 'goût excessif, déraisonnable' wie das Substantiv *manie* in seiner allgemeinsprachlichen Verwendung, unterscheidet sich aber wesentlich von diesem durch das immanent vorhandene humoristisch-affektive Element, das als differenzierender Faktor symbolbegrifflicher Synonyma in Erscheinung tritt[11].

Die Tatsache, daß die uns beschäftigenden Bildungen mit Ausnahme der Termini der medizinischen Fachsprache weitgehend ein solches humoristisch-affektives Element enthalten[12], veranlaßt uns indes, noch einmal auf die Frage der Lexikalisierung solcher Bildungen und ihrer Relevanz für die französische Wortbildung zurückzukommen. So unterscheidet A. G. Hatcher durchaus zu Recht zwischen »humorous coinages« und »serious formations«[13], doch können wir ihr nicht zustimmen, wenn sie zu den scherzhaften Bildungen schreibt:

> Such formations as these, whose copulative force is absolute and which arose in the absence of any direct parallel in the serious language, are nonsense-words o b e y i n g n o l a w s s a v e t h e w h i m s o f t h e i r c r e a t o r s , who played with the language, gaily forcing it to achieve the impossible – if only for the moment[14].

---

[11] Allerdings ist dabei noch zu berücksichtigen, daß trotz der weiter oben dargelegten Produktivität des Suffixes -*omanie* nicht in jedem Fall die Bildung eines solchen humoristisch-affektiven »Synonyms« möglich ist. So ist zwar neben dem 1877 bezeugten *manie des courses* (»Les chiens, eux aussi, saisis de la manie des courses«, Le Charivari, 9. 9. 1877) eine Ableitung **coursomanie* im 19. Jh. durchaus denkbar, doch bereiten schon größere lexikalische Einheiten beträchtliche und oft unüberwindliche Schwierigkeiten. Zwar ist eine Bildung *jardinomanie* möglich und auch tatsächlich belegt, doch wie sollte etwa die 1775 erschienene *Épitre sur la manie des jardins anglois* (s. Barbier) mit einer suffixalen Ableitung wiedergegeben werden?

[12] Ebenso kommt bei der Verwendung medizinisch-fachsprachlicher Termini in der Allgemeinsprache vielfach ein solches affektives Sem hinzu. Wieweit ein solcher affektiert-affektiver Gebrauch von fachsprachlichen Termini führen kann, zeigt etwa die nach *pyromane* gebildete Femininentsprechung *pyrowoman*, s. dazu Vie et Langage 1967, 115 sowie Jean Hennebert, Dites plutôt, Paris 1968, 10 (ebenso nach *nymphomane* gebildet *nymphowoman* bei San-Antonio, Les vacances de Bérurier, Paris 1969, 361; vgl. umgekehrt die Schreibungen *taximane*, *policemane* und *flicmane* bei Queneau, s. hier 90 n29). Zu ähnlichen Fällen von Umgestaltung aufgrund falscher Analyse wie etwa *carnipain* (nach *carnivore*), *hydroprêtre* (nach *hydrophobe*) u. a. s. Thérive 1,183f. – Auf ein ähnliches Verhältnis von ernsthaften Bildungen in der Fachsprache und humoristischen Bildungen in der Allgemeinsprache beim englischen Suffix -*ee* weist H. Koziol, Zur Aufnahme von Wortneubildungen im Englischen, Orbis 4, 1955, 452–458, speziell 457.

[13] Hatcher 3, 5, 6 et passim.

[14] Hatcher 5 (Sperrung von uns). Ähnlich heißt es wenig später zu derlei Bildungen: »Such formations as Aristophanes' 'bread and garlic selling hostess' [= σκορο-δο-πανδοκευτρι-αρτο-πῶλις] are pure improvisations, quite aberrant from the basic patterns of the language«, ib. 6. Angesichts dieser Haltung überrascht es um so mehr, daß Hatcher den gesamten modernen kopulativen Kompositions-

Gewiß sind solche scherzhaften Bildungen nur von kurzer Lebensdauer und unterscheiden sich in vieler Hinsicht von den »serious formations«. Daß sie aber außer den »whims of their creators« auch linguistischen Gesetzmäßigkeiten gehorchen, geht aus dem von Hatcher selbst dargestellten Material ebenso deutlich hervor wie aus unseren Überlegungen in den vorangehenden Kapiteln, in denen wir aufzuzeigen versuchten, daß auch diesen Bildungen ein – wenngleich in der Wortbildungslehre bisher meist vernachlässigtes – »basic pattern of the language« zugrundeliegt. Und wenn H. Koziol anläßlich der englischen Bildungen auf -ee schreibt:

> Ein beträchtlicher Teil der Neubildungen seit 1800 besteht jedoch aus nicht ernst gemeinten, sondern scherzhaften Bildungen und »nonce-words«. Die starke Zunahme der Neubildungen seit 1800 ist daher, soweit es sich nicht um Fachausdrücke handelt, der zunehmenden Neigung zum Spielen mit der Sprache zuzuschreiben[15],

so muß doch betont werden, daß auch das Spielen mit der Sprache sich im allgemeinen nicht ohne vorgegebene »Spielregeln«, sprich Wortbildungsmuster vollzieht[16].

Ähnliches gilt auch für die Ausführungen Marchands. Zwar schreibt dieser zu Recht

> The existence of individual creations outside established patterns is of course not denied. But the isolated does not count as representative of the structural system[17],

doch erscheint uns die daraus gezogene Schlußfolgerung keineswegs überzeugend:

> As a matter of fact, many of these neologisms are coined for the sheer pleasure of coining, as stunts. ... Countless grotesque words in -itis are incessantly coined, but none of them has so far passed into Standard American English. Their

---

typus letztlich auf eine solche humoristische Augenblicksbildung zurückführen möchte: »And, today, this pattern [!] has come to be accepted, on an international plane, for the creation of technical terminology: such medical formations as *pleuro-peritonitis, naso-pharyngitis, sclero-chloroiditis, neuro-myositis, tracheo-bronchitis; tracheo-laryngotomy; neuro-psychopathic* – as well as the French formation *sténodactylographe* (= stenographer and typist): these all go back to the burlesque improvisation βατραχομυομαχία!«, ib. 10. S. dazu auch die Kritik von Tauno Nurmela, NphM 57, 1956, 60–68.

[15] Orbis 4,456.

[16] Vgl. in diesem Sinne schon B. L. Whorf: »... die Wortbildung ist kein Akt entfesselter Phantasie: nicht einmal in den wildesten Ausbrüchen des Unsinns ist sie das. Sie ist vielmehr streng an die Verwendung bereits vorstrukturierter Materialien gebunden«, zit. nach J. Klare, BRPh 5, 1966, 171 n4.

[17] MarchandCat 9.

occurrence in newspapers, as I have already pointed out, proves nothing at all. Newspapers have a language of their own[18].

Gewiß sind spontane Schöpfungen auch für die Wortbildungslehre ohne Aussagewert, solange sie keinem Wortbildungsmuster entsprechen. Die zahlreichen grotesken Bildungen auf -itis aber zeigen gerade, daß sich ein solches Muster herausgebildet hat, so daß auch Marchands Haltung letztlich auf die bereits mehrfach erwähnte mangelnde Unterscheidung zwischen Lexikologie und Wortbildungslehre zurückzuführen ist[19].

Da nun aber Marchand die Eigenständigkeit der Pressesprache betont und diese entschieden von der Allgemeinsprache abhebt, soll abschließend auch darauf kurz eingegangen werden, zumal auch im Falle unserer Bildungen auf -(o)manie Zeitungen und Zeitschriften vielfach als Quellen dienten. Wenngleich sich die Gegenüberstellung von Pressesprache und Standard American English im Sinne Marchands nicht aufrechterhalten läßt, da dadurch nicht-lexikalisierte und lexikalisierte, d. h. einerseits wortbildungsmäßig, andererseits lexikologisch relevante Elemente auf die gleiche Ebene gestellt werden, so soll doch nicht die Existenz einer spezifischen Pressesprache bestritten werden. Unsere im ersten Teil der vorliegenden Untersuchung zusammengestellten Materialien aber zeigen – und entsprechende Untersuchungen zu e. -itis oder anderen Wortbildungselementen dieser Art würden gewiß zu ähnlichen Ergebnissen führen –, daß Ableitungen auf -omanie zwar in der Pressesprache häufig bezeugt, aber keineswegs auf diese beschränkt sind. Als Spezifikum des Suffixes gilt daher nicht seine Zugehörigkeit zur Pressesprache, sondern allein jenes humoristisch-affektive Element, das das auch in der Allgemeinsprache durchaus vitale und produktive Suffix von der symbolbegrifflich identischen, aber affektfreien Verbindung manie de unterscheidet.

---

[18] Ib. 9f.

[19] Zu Recht schreibt daher auch H. J. Wolf, Die Bildung der französischen Ethnica (Bewohnernamen), Genève – Paris 1964, 197: »Ein der Retorte entstammendes Geschöpf gibt gerade durch seine Gestalt die Möglichkeiten seines Schöpfers zu erkennen. Im Bereich der Bewohnernamen sind der Willkür zumindest durch das Suffix und eine Beziehung zwischen der Ortschaft und ihrem BN Schranken gesetzt«; zur Relevanz journalistischer Augenblicksbildungen für die Prinzipien der Wortbildung s. noch H. J. Wolf, RF 79, 1967, 170.

INVENTAR DER BILDUNGEN
AUF -(O)MANIE, -(O)MANE

[Das folgende Inventar enthält neben den französischen Bildungen auch die in der vorliegenden Untersuchung zitierten nichtfranzösischen Typen, soweit daneben keine französische Entsprechung nachgewiesen wurde. Im anderen Fall werden die Belege aus den übrigen Sprachen unter dem französischen Lemma subsumiert.]

Abbreviaturenmanie d. 89 n17
ablutiomanie 31 n88
Ablutomanie d. 31 n88
abréviomanie 89 n17
absinthomanie 6, *34*
acromania e. 32 n88
[admiramanie] s. admiromanie
admiromanie, -e 6, 52 n1, *63*, 64 n27,
    64 n29, 124, 141 n12
adressomanie *76*, 79
aéromanie, -e 52 n1, *57–58*, 127
Aëropetomanie d. 58 n51
aérostatimanie 44, *57*, 134
aerostatomanie s. aérostatimanie
agriculturomane *57*, 65
agromanie, -e 36 n3, 52 n1, *56*
aidoiomanie 28
alcoolomanie, -e 34
alcoomanie s. alcoolomanie
algébromanie *58*
algomanie 31 n88
[alphabetomanie] *38 n13*, 51 n1
aménomanie *24*, 123 n33
améric(an)omanie *48*, 52 n1, 84, 93,
    136 n51
Amerikamanie d. s. améric(an)omanie
amœnomie s. aménomanie
amphitriomanie *44*, 131
andromanie, -e *12–13*, *18*, 19, 102,
    116
androphonomania e. 32 n88
anecdotomanie, -e 52 n1, *64–65*
angélomanie 46
[Angermanie] 8
anglomanie, -e, -iaque, -iser, -isant,
    -isé(e), -iste, -man 5, 14 n47, 36 n3,
    39 n22, 40, 43, 44, 46, *48*, 49 n11,
    54 n19, 64 n27, 94, 113, 119, 122,

135, 143
anticomanie s. antiquomanie
anti-potichomane *71*, *75*
antiquomanie, -e 45 n16, 46, 52 n1,
    62, 84, 137 n2
aquariummanie *84*, 132 n30
arabomanie *51*, 83 n36
archéomanie 41
archomanie 16 n60
[Arimane] 7 n8
arithmomanie, -e, -iaque *29-30*, 58 n57
arlequinomanie 84
armorimanie *44*, 132
arsénomanie 52 n1
asthénomanie 31 n88
astromanie, -ique, -iser *13*, 108, 116
aumentomania it. 92 n48, 95 n8
auteuromanie 53, *63*
autodactylomanie 89 n17
autographomanie, -e *65*, 124
automania, -iac e. 92 n48
Autophonomanie d. 32 n88
bacchomanie 35 n109, *41 n39*
balletomanie, -e *56* n35, 84, *88*, 131
    n27, 134
ballettomane s. balletomanie
ballomanie [<ballon], -e, -iaque, -ipo-
    lis 9 n13, *58*, 131
ballomanie [<bal] 84
bancomania e. 114, 135
barbitomanie 35
batmanie s. batmanmanie
batmanmanie *87*, 132 n30, *135–136*
bazomanie rum. 92 n48
beatlemanie, -ia, -iaque *87–88*, *135–*
    136
béatomanie 40
belgicomanie *51*, 84

belgiomanie *39 n20*, 51 n24
bêtomane 84
bibliomanie, e-, -iaque *5, 6, 13–14*, 38, 52
    n1, *54*, 72 n20, 94, 108, 113, 116,
    135, 140
bibliothécomanie 84
[Birmanie] 8
bismuthomanie 35
blagomane s. blaguomanie
blaguomanie 84
blasonomane *5, 66–67*, 94, 113, 131
boisomanie 47
botanomanie, -e 57 n41
boulangeromanie *84*, 134
boulomane *84*, 88
bourlémanie 37
[Bra(c)hmane(s)] 7 n8
bricabracomanie; -iac e. *66*, 84, 92
    n48
bricomanie 66
brochuromanie 8, *53* n15, *79*, 84
bronzomanie 88
bruxomanie *30*, 31 n88
brycomanie 30 n84, *31 n88*
bureaumanie, -e *5, 52* n1, *61*, 122, 131,
    134–136
byronomaniac e. 92 n48
cabanelomanie 82
cacamanie *40*, 84 n48
cacodémonomanie 20 n26
cacomane 84
calcomania it.; -ía sp. *67* n1
callomania e. 32 n88
calypsomania e. 92 n48
caninomanie *39* n20
Cannabinomanie d. 35 *n107*
canotomanie, -e 83 n36
cantomanie, -e *55*
capillomanie 84
caporalomanie *84*, 143 n1
capoulomanie *85* n79
[Caramanie] 8
cartouchomanie 84
castromanie 41
catakouamanie 44
catinomanie, -e, -iaque 39
celomanía sp. 32 n88
celtomanie, -e *50*, 51
centenairomanie *5* n1, 86
chacromanie [sic] s. chæromanie
chacromonomanie [sic] 24 n49
chæromanie, -iaque *24 n49*, 27 n62
chambigeomanie 84
charlemaniaque 91

chassomanie, -e *41, 46, 84*, 123 n32
chéromanie *24 n49*, 31 n88
chiffromanie 89 n17
chinamania, -iac e. 88 n10
chinoiseriemanie *88*, 132
chiromanie, -e *28*, 84
chloralomanie 34
choré(o)manie 6, *26–27*, 131
choro-manie s. choré(o)manie
chrysomanie 22 n36
cinémanie, -e, -iaque *86-87*, 131, 132
    n30
cinématomanie 87
cinéromaniaque *87*, 132 n30
circomane 84
citatomanie rum. 92 n48
clastomanie 30
cleftomanie 91
[clépomanie] s. klepomanie
clepsimania it. 25 n52
cleptomanie s. kleptomanie
clinomanie 31 n88
clitorimanie *19*, 134 n41a
clitoromanie s. clitorimanie
clopémanie s. klopémanie
clubinomanie 52 n1, *59*, 123
[clubiomanie] 52 n1
clubomanie 45 n16, 52 n1, *59*
coachomanie 86 n96
cocaïnomanie, -e *34*, 137 n2
Cocomania d. 34 n102
cocoricocaïnomanie 91
cocoricomane 91 n42
codéinomanie 35
collection(n)omanie 31 n88, 32 n91,
    76
colombomane 84
comblomanie 82
compétitomane 90
conchyliomanie, -e *58, 62*, 145 n10
conciergeomanie 84
congressomanie 84
conquêtomanie 40
consiliomanie 84
contrepétomane 74 n30
coprolalomania e. 32 n88
copromanie 31 n88
cornomanie 40
[coursomanie] 146 n11
cranomanie *45, 46*, 59 n60
[criticomanie] 8, *51 n1*
crouomanie s. krouomanie
cubomanie 30
cuivromanie 84

culturomane 57
curiosimanie s. curiosomanie
curiosomanie *43*, 134
dacnomanie 31 n88
dacnomomanie 31 n88
dadamanie *65*, 131
daguerréotypomane 77 n47, *84*
damnomanie 25
dansomanie, -e 41, *45*, 46, *52* n1, *55*, 64 n27, 93, 123, 145 n10
dansomusicomane 56 n33
décadentomanie 84
décalcomanie *5*, *67–68*, *76–78*, 137–138, 142, 144
décalquomanie s. décalcomanie
décembromane 82
décombromane 82
décoromanie *46*, *78 n52*
démonomanie, -e, -iaque *11–12*, 14 n47, *20*, 35, 37, 102, 116, 117, 119, 125 n37, 137 n2, 144
déomanie *38*, *55*
députomanie, -e 60
destitutiomanie *84*, 131
dikémanie *31 n88*, 131
dioninomane 34 n104
diplomanie; -iac e. *89*, 92 n48, 132 n30
dipsomanie, -e, -iaque *26*, 30 n82, 125 n36
directomanie 84
discomanie 89 n17
domptomanie 81
donromanie 31 n88
dramomanie, -e 6 n6, 44, *51* n1, *52*, 63, 94, 124
dromokleptomanie 30 n82
dromomanie, -e 30
ducomanie *65*
duellomanie *44*, *84*, 124
ecomania e. 32 n88
egomania e. 32 n88
éleuthéromanie, -e *61–62*, 84, 141 n12
ellipsomanie, -e *39*, 86
embryomanie, -e 28
encromanie *78*, 86, 144
englishomanie *48 n8*, 84
entemania it. 92 n48
enthéomanie 28–29
entomania it. s. entemania
épimanie, -e *21*, 66
épiscomanie 60
épistolomanie 84
épithétomanie *65*
équitatiomanie 85 n79

équitomanie 45
éroticomanie *17*, 84
Erotographomanie, -e d. 31 n86
érotomanie, -e, -iaque 6, 14 n47, *16–17*, 19, 26 n56, 28 n67, 31 n86, 84, 93, 116
escargotomanie 84
escrimomanie *45*, 123 n32
espionomanie *84*, 131
éthéromanie, -e *5*, 26 n58, *34*, 66, 85, 94
étoilomanie 85 n79
étrangeomanie 40 n35
étrangéromanie *50*, 122, 135
euripidomanie 54
exoticomanie 22
expomanie 88
expositionomanie *82*, 88, 131
faiblomanie *52* n1
[fanambulomanie] s. funambulomanie
fandangomanie *46*, 56, 131
fauxdauphinomanie 38
fédéromanie s. turco-fédéromanie
feniciomania it. *51*
festivalomaniaque 92
festomanie 39, 85
fétichomanie 83
fichomanie 90
figarotimanie *54*, 134–135
filmania e. 92 n48, 132 n30
Flautomanie d. 56 n35
fleurimanie *37*, *57* n45, *72*, 111 n13, 134, 144
fleuromanie, -e 57
[flicmane] 90 *n29*, 146 n12
flicomanie 90, 123 n32
flipperomane 90
florimanie, -e 37, *43*, *57*, 61, 93, 111 n13, 134
foliomanie 64 n26
fonctionnomanie 85
foutromanie, -e 8, *41–42*, 72, 123
foxicomanie 92
francomanie 9, *50*, 64, 122
fullomanie 21
funambulomanie 46
fusiomanie *81*, 131
gadgetomanie 90, 123 n32
gallicomanie s. gallomanie
gallomanie, -e 9 n15, *50*, 64, 119, 122
gallomane [<gallus 'coq'] 41 n36
galonomanie 60, 123 n32, 131, 134
gaménomanie, -iaque 29 n75
gamomanie *29*, 145
garamonomanie *88*, 131

gastromanie, -e *16*, 85 n79, 100–102,
  107, 108, 116
gentilhomanie *79*, 85, 92 n46, 132 n30
gentleméloganomanie 92
géographomane 45 n16
[Germanie] 8
germanomanie, -e *39*, *48–49*, 85, 119
gigmania e. 132 n30
globomanie, -e 58
glossomanie, -e 31
gœthomanie *54*, 85
gold mania e. 136 n50
gouvernementomane 60, 66, 138-139
graffitomane 89
Graiomania e. *51*, 135
grammaniac e. 132 n30
grandomanie rum. 92 n48
graphomanie, -e, -iaque *31 n86*, 32
  n90, 51 n1, *53*, 143 n5
grécomanie *51*, 66, 85
grévomanie 5 n1, *86*, 127
guéridomanie *79*, 131
guerromanie 45
guillemetomanie 89
guillotinomanie 85
gynécomanie, -e *19*, 32 n92
habromanie *24 n49*, 31 n88
hachischomanie 34
harlemaniac e. 92 n48
harmoniomane 85
haschischomane s. hachischomanie
hebreomanía sp. 51
hématomanie, -e 29
héroïnomanie, -e 32 n94, *34*, 137 n2
hiéromanie, -e 30
hiltonmanie 90, 135–136
hippomanie, -e *13*, *62*, 116
hobbemamanie *79*, 132 n30
hôtelomanie 83
hydrodipsomania e. 32 n88
hydromanie, -e, -ique 27
hydrothérapomanie 81
hygiénomanie *85*, 92 n48
hypomanie 31 n88
hystéromanie, -e *18–19*, 127, 141 n12
iconomanie, -e, -ique 52 n1, *56*, 64
  n27, 93
idolomanie, -e 9 n16, *12*, 93, 97, 102,
  107, 116
igienomane it. s. hygiénomanie
indigomanie 66
ingmar-bergmanie *87*, 132 n30
ingvaeonomany fries. *40*, 51
inscriptiomanie, -e 64 n24

invitomanie 85
italianomanie 51
Italomania e. *51*, 135
janotmanie s. jeannomanie
jardinomanie, -e *57*, 61, 93, 131, 146
  n11
jeannomanie 44, *54*, 131, 134
jésuitomanie *13*, 35, 116
jourdainomanie 5, *54*, 86, 94, 113, 131
jumbomania e. 92 n48
kentomanie 33
[klepomanie] 25 n51
kleptomanie, -e, -iaque *25*, 27, 30 n82,
  84, 92, 93
klopémanie, -e, -ique 24, 131
krouomanie, -e 30
kurosawamanie *87*, 131
laboromanie 85
[lacomanie] s. laconomanie
laconomanie 51
lacrymanie, -e 43, *52*, 64 n27, 132 n30
latromanie 41 n39
lectomanie *51 n1*, 53 n15
lecturomane 53 n15, *63*
legmania e. 92 n48
légomanie 38, *59*
lépidoptéromanie 59 n58
léthéomanie 35 n108
léthomanie 46 n35
lettromanie 81
lexicomanie 66
littératuromanie 53 n10, *65*
littéromanie *53*, 64 n27, 64 n29
logomanie rum. 92 n48
londonomania e. 92 n48
lothairomanie *54* n24
lypémanie, -e, -iaque, -ique *23*, 24
  n49, 29 n76, 85, 131
magi-manie *26 n55*, 132
magnétismomanie 46, *59*, 79 n4
maiso-manie *44*, 131
malartromanie 81
malboroughmanie *54*, 131
manchomanie 85
manifestomanie 81
mantéomanie *55*, 86, 93, 100–102, 105,
  107, 108
mariageomanie 6, *63*, 93, 123, 138–139,
  142, 145
mascaradomanie 46, 123 n32
masturbomanie, -e 42 n41
matrimoniomanie, -e 46, *63 n20*, 93,
  145
médicomanie, -e *59*, 93

médiomanie 79
meetingomanie 85
mégalomanie, -e, -iaque *29*, 32 n89, 32 n91, 66, 85, 91, 92 n46, 94, 100–102, 126 n5, 143 n2
mégaullomanie 91
mélomanie, -e, -ique *5*, 6, 38, 44, 46, *55*, 65, 92 n46
mesméromanie 59
meteorologicomania e. 92 n48
méth(y)omanie 28
métramanie, -e s. métromanie 'fureur utérine'
métromanie 'fureur utérine', -iaque 7 n3, 14 n47, *18*, 19 n18, 19 n21, 32 n91
métromanie 'manie de composer des vers', -e 32 n91, *42–43*, 45, 47, 51 n1, 53, 65, 93, 145 n10
Mikromanie d. 32 n88
militantomanie 60 n73
minimanía sp. 1 n3, *89*
Minimanie d. 89 n15
mishomanie 92 n46
mitraillomanie 80
modimane *66*, 124 n35, 134–135
moliéromane 54
monologomanie 85
monomanie, -e, -iaque, se monomaniser 14 n47, *22-23*, 27, 28 n65, 38 n18, 45 n17, 46, 48, 66, 80, 91, 132 n29, 142, 143 n2
mono-oui-manie, -e *60*, 91
monumentomania it. 66 n51
morphéomanie, -e 33 n98
morphimane 33 n98
morphino-cocaïnomanie, -e 34 n102
morphinomanie, -e *5*, *33*, 66, 85, 93, 94
morphiomanie s. morphinomanie
morphomanie, -e 28
motocicletomanie rum. 92 n48
motomaniaque 90
mulberry mania e. 136 n50
mungomania e. 88 n9
musicomanie, -e *22*, 32 n90, 32 n91, 44, *45*, *55*, 85, 137 n2, 143
musomanie, -e *22*, 51 n1, *55 n31*
mystacromanie 89 n17
mythomanie, -e, -iaque 6, *30*, 94, 137 n2
naphtomanie 34
narcomanie, -e *32*, 93
[nasomanie] 37 n13

néomanie 46
nicotianomanie 35
noctimanie *41*, 134
nomo-manie 59
nosomanie, -e, -iaque *29*, 93, 143
nostomanie, -e *20-21*, 108
novellomanie 44
nudomanie 89
nymphomanie, -e, -iaque 6, 14 n47, *18*, 19 n, 28 n67, 85, 93, 108, 116, 137 n2, 146 n12
œnomanie, -e 26
œstromanie, -e, -iaque, -ique 6, 13, *18*, 93, 102, 116, 141 n12
oinomanie s. œnomanie
oligomanie, -iaque, -ique 27
omagiomanie rum. 92 n48
ombromanie, -e 74
oniomanie 30
onomatomanie *29*, 85
onychotillomanie 31 n88
opiomanie, -e *5*, *34*, 113, 142
opsomanie, -e 21
optimomanie 62
orchestramanie, -iaque, -ique s. orchestromanie
orchestromanie, -ique 27, 85
orchid(é)omane *57*, 85
oreximanie, -e *30-31*, 132-133
osmanomanie 80
othellomanie 83
Ovariomanie d. 19 n18
παιδομανία gr. 6
panachomane 82
panoramanomanie *83*, 132 n30
pantomimomanie 44, 53
papimanie, -e, -i(c)que, -esque *7–11*, 35, 119, 133-134
parodi(e-)manie 44, 53, 132
pathomanie, -e *25*, 93, 102 n6
patriomanie, -e, -iaque 52 n1, *59*, 64, 85, 143
pattomania it. 92 n48
pédomane 91
peinturomanie 44, 56, 85, 93, 123
péotillomanie 31 n88
pérégrinomanie, -e, -iaque, -ique *15*, 85, 108–109, 123, 135, 140–142
perroquettomanie 40 n28
pétalomanie 21 n32
pétitionomane 82
pétomanie, -e, contre- *73-74*, 91
phagomanie 31
pharmacomanie *22 n36*, 35, 89 n17

philanthropomanie, -e *55*, 61, 93
philopatridomanie, -iaque, -ique *21
n30*, 108
philopatriedomanie s. philopatridomanie
philopatrimanie s. philopatridomanie
philosomanie 44, *54*
philosophomanie 40, 51 n1, *54*, 124
philtromanie, -e 29 n76
Phonomanie d. 32 n88
photographomanie, -e 70, 76-77, 85,
132 n30
photomanie, -e 28 n65
phrenimania e. 24 n48
phullomanie s. fullomanie
phyllomanie s. fullomanie
physicomanie, -e 44, *57*
physionomanie 45
pianomanie, -e 47, 56 n35, *85*
pictomanie, -e *56*, 64 n27
pilotomanie 90, 123 n32
pilulomanie 89 n17
piquomane 33 n95
piscomane *85*, 111 n13
pistonomanie 85 n79
planomanie 31 n88
plantomanie, -e, -iaque, -ique *57*, 141
n12
plébiscitomanie 85
pliniomanie *54* n20
pnéomane 26 n58
poétomane 53 n10
poissomanie *69*, 78-79, 85 n80, 111
n13
polémomanie 60 n73
[policemane] 90 *n29*, 146 n12
poliçomanie 85
politicomanie, -e 38, 40, 41, 46, *59-60*,
78 n1, 85
polkamanie, -e 40 n28, 46, *56*, 131-132,
135, 136
polymanie, -iaque 27
populomanie *59*, 127
Poriomanie d. 32 n88
Pornographomanie d. 31 n86
portomanie 82
portraituromanie *56*, 85
postéromanie, -e *52* n1, *61*, 141 n12,
142 n16
potichomanie, -e, -er, -ide, anti- ∽ 42,
67-72, *75*, 76, 77-78, 88, 144
potomanie, -e *31* n88
poulomanie 66
pressomanie 80

prestidigitomanie 45 n17, *46*
procesoman rum. 92 n48
projectomanie 45
pruss(i)omanie *48*, 64, 85
publicitomanie 60 n73
punicomania it. *51*
pyromanie, -e *28*, *75*, 86, 137 n2, 146
n12
quadraturomane *58*
queenomania e. *114*, 135
radiomane it. 92 n48
ramamanie *89*, 123 n32, 132 n30
ramanie s. ramamanie
rampomanie 63
rappelomanie 82
ratomanie *38*, 131 n27
réformomanie 63-64
régimanie *44*, 132 n30
reportéromanie 85 n79
reptomane 91
républicomanie, -e, -iaque *59*, 64
Restifomane d. 64 n24
retouchomanie 85 n79
révolutionomane 60, 131
revolvéromanie 86
[Ridiculomanie] 8
rigolbochomanie 40 n28
rimomanie *44*, 53
rinkomanie; -iac e. *82 n24*, 86, 92 n48
rollsmanie 90, 135-136
romanomanie 32 n91, *50*, 86
Romanomanie d. 'Romanwuth' 50
n20
rosomane *57*
rubanomanie 40 *n28*, 80, 131
ruchomanie 79
russomanie *51*
saltatiomanie 44
[Satyricomanie] 8
satyrographomanie 31 n86
scamno-manie 40, 100-102, 105, 107,
108
scénariomanie, -e 87
scénomane 44, 45, *52*, 63
schizomanie 31 n88
scribble(o)mania e. *114*, 135, *136 n50*
scribomanie, -e 31 n88, *32 n90*, 32 n91,
51 n1, *53*, 64 n27, 64 n29, 93
scriptomanie, -man rum. 92 n48
sedalginoman rum. 92 n48
şedinţomanie, -man rum. 92 n48
sensiblomanie *55* n30
septentriomanie, -e *6*, 49 *n13*
[Septimanie] 8

sess(u)omania it. 92 n48
shakespearomanie, -e; -isch d. 39 n21, 54, 86
shakspearomane; -ie, -ist d. s. shakespearomanie
sifflomanie, -e 45, 74
siglomanie 89
silhouettomanie 71, 75
siphilomanie s. syphil(i)omanie
sitiomanie 29
sitomania e. 32 n88
skating-manie 81, 135 n48
skating-rinkomane 82
Slawomanie d. 39, 51
sociétomanie 86
soldatomanie 47 n44, 65, 134
somnifénomanie 34
sophomanie, -e 55, 93, 141 n12
soucoupomanie 88, 123 n32
spectromanie 83 n36
spiritomanie 83 n36
splinomanie 44, 123
sportmanomanie 38, 86 n96, 132 n30
sportsmanie 86 n96, 93, 132 n30, 135 n48
squandermania, -iac e. 92 n48
stampomanie 53, 86
statuomanie, -e 47, 66, 86, 93, 131 n26
strangéomanie, -e 50
[stultomanie] 8, 52 n1
Substratomanie d. s. sustratomanía
suffixoramanie 89 n16
suicidomanie 46, 93
sustratomanía sp. 39, 51
syndicatomanie 80
synochomania e. 24 n48
syphilimanie s. syphil(i)omanie
syphil(i)omanie, -e 26–27, 132–133, 143 n5
tabacomanie, -e 35 n109, 41 n39, 86
tabatièromanie 76
tableaumanie, -e, -ique 56, 66, 131, 135, 142
tangomanie, -e 56
tapotomanie 56 n35, 79
tartanomanie 79, 123 n32, 131
[Tasmanie] 8
taxicomanie 92
[taximane] 90 n29, 146 n12
telemacomanie 35, 37, 54, 116
télémanie 87
tempêtomane 90
templomanie 61
tendro-manie 66, 123 n32, 123 n33

testomanie 'manie de faire des testaments' 46
testomanie 'manie de faire des tests' 89 n17, 90, 123 n32
teutomanie, -e; -ismus d. 49, 66
textomane 90
théâtromanie, -e 44, 45, 46, 52, 86, 124
théomanie, -e, -iaque 6, 23, 26 n56
théosophomanie 55
thérapeumane 59 n59
tigridomanie 25
tiltomanie 89, 123 n32
timbrepostomanie 76
timbromanie, -e 76 n46, 86
timbro-postomanie s. timbrepostomanie
tiphomanie s. typhomanie
titillomanie 31 n88
tomomanie; -man d. 29 n73, 31 n88
toxicomanie, -e, -iaque 32, 92, 93
tragédomanie 53, 82
tragicomanie 51 n1, 53, 93
trahisomanie 60, 131, 134
trichomanie 30, 93
trichorrhexomanie 31 n88
trichotillomanie 29
tristimanie, -e 23–24, 93, 97, 106 n18, 123 n33, 125 n36, 133
trudeaumanie, -e 91, 123 n32, 131, 136
truffomanie 46
tulipomanie, -e; -iac e. 15–16, 47, 57, 116, 117, 119, 123–124, 125 n37, 135, 145 n10
turco-fédéromanie 39 n20, 49 n14
turcomanie, -e 8, 49, 86
typhomanie, -e 19, 93, 102, 108, 116, 135, 141 n12
typomanie, -e, -ique 53, 142 n16
tyran(n)omanie, -e 13, 35, 46, 60, 93, 116, 141 n12
utéromanie, -e 19
vaccinomanie 86, 131
valsomanie 56, 186
vaudevillomanie 45, 53, 123 n32
vedettomanie 87, 123 n32
vélocipédomanie, -e 46, 80, 86
vélomanie 86
ventomane 73
verbomanie, -e 6, 31, 137 n2
[Veromanie] 8
versaillomane 65
vignomanie, -e 57
villégiaturomanie 86
vitaminomania it. 92 n48
volomaniste 58 n55

voltairomanie 5 n1, *36*, *37*, *54*, 117–
    119, 144
voltéromanie s. voltairomanie
voyageomanie 46
wagnéromanie, -e 56 n35, *82*, 86
Wustmanie d. 132 n30

[Xenomanes] 7 n8
xénomanie, -e *15 n53*, 50 n16, 93
[xiphonomanie] 42
zélomanie 52 n1
zoomanie 31 n88

LITERATURVERZEICHNIS

[Aufgenommen sind nur die Titel, die in der vorliegenden Untersuchung abgekürzt zitiert werden. Zu weiteren, hier nicht aufgelösten Abkürzungen s. Walther von Wartburg, Französisches Etymologisches Wörterbuch. Eine darstellung des gallo-romanischen sprachschatzes. Beiheft (Ortsnamenregister – Literaturverzeichnis – Übersichtskarte), 2. Aufl., Tübingen 1950; id., Supplement zur 2. Auflage des Bibliographischen Beiheftes, redigiert von Margarete Hoffert, Basel 1957.]

Barbier = Ant.-Alex. Barbier, Dictionnaire des ouvrages anonymes. Troisième édition, revue et augmentée par MM. Olivier Barbier, René et Paul Billard, 4 vol., Paris 1872–1879.

BarbProc = Paul Barbier, Miscellanea Lexicographica. Etymological and Lexicographical Notes on the French Language and on the Romance Dialects of France, Proceedings of the Leeds Philosophical and Literary Society, Literary and Historical Section, vol. I–VI, Leeds 1925–1952.

BattAl = Carlo Battisti e Giovanni Alessio, Dizionario etimologico italiano, 5 vol., Firenze 1950–1957.

BlochRunk = Werner Blochwitz – Werner Runkewitz, Neologismen der französischen Gegenwartssprache unter besonderer Berücksichtigung des politischen Wortschatzes, Berlin 1971.

BN = Catalogue général des livres imprimés de la Bibliothèque Nationale. Auteurs, Paris seit 1897.

Brenner = Clarence D. Brenner, A Bibliographical List of Plays in the French Language, 1700–1789, Berkeley, California, 1947.

Brink = Verena Brink-Wehrli, Englische Mode- und Gesellschaftsausdrücke im Französischen; 19. Jahrhundert, Diss. Zürich, Horn, N.-Ö. 1961.

BuyssensMots = E. Buyssens, La classification des mots articulés, Linguistic Research in Belgium, ed. by Yvan Lebrun, Universa Wetteren 1966, 7–22.

BW = Oscar Bloch – Walther von Wartburg, Dictionnaire étymologique de la langue française, Paris ⁵1968.

Capuron 1806 = Joseph Capuron, Nouveau dictionnaire de médecine, de chirurgie, de physique, de chimie et d'histoire naturelle, Paris 1806.

Carstensen = Broder Carstensen, Englische Einflüsse auf die deutsche Sprache nach 1945, Heidelberg 1965.

Cioranescu XVII = Alexandre Cioranescu, Bibliographie de la littérature française du dix-septième siècle, 3 vol., Paris 1965–1966.

Cioranescu XVIII = Alexandre Cioranescu, Bibliographie de la littérature française du dix-huitième siècle, 3 vol., Paris 1969.

Corom = J. Corominas, Diccionario crítico etimológico de la lengua castellana, 4 vol., Bern 1954–1957.

CoromBr = J. Corominas, Breve diccionario etimológico de la lengua castellana, Madrid 1961.

CoseriuSincronía = Eugenio Coseriu, Sincronía, diacronía e historia. El problema del cambio lingüístico, Montevideo 1958.

CoseriuTeoría = Eugenio Coseriu, Teoría del lenguaje y lingüística general. Cinco estudios, Madrid 1962, ²1967.

DarmC = Arsène Darmesteter, Traité de la formation des mots composés dans la langue française comparée aux autres langues romanes et au latin, 2e éd., Paris 1894.

DarmN = A. Darmesteter, De la création actuelle de mots nouveaux dans la langue française et des lois qui la régissent, Paris 1877.

DatLex = Matériaux pour l'histoire du vocabulaire français, I. Datations et Documents lexicographiques, 1re série, vol. 1–3 (A–C), p. p. B. Quemada avec la collaboration de P. J. Wexler, Paris 1959–1965; 2e série, p. p. B. Quemada, Paris seit 1970 [= DatLex II].

DDM = Albert Dauzat, Jean Dubois et Henri Mitterand, Nouveau dictionnaire étymologique et historique, 2e édition revue et corrigée, Paris s. d. [1968].

DESM 1864–1889 = Dictionnaire encyclopédique des sciences médicales, publié sous la direction de MM. les docteurs Raige-Delorme et A. Dechambre, 100 vol., Paris 1864–1889.

DictAm = A Dictionary of Americanisms on Historical Principles, edited by Mitford M. Mathews, Chicago 1951.

DictDict 1837 = Dictionnaire des dictionnaires ou Vocabulaire universel et complet de la langue française, 2 vol., Bruxelles 1837 [zit. nach Ausgabe Maestricht 1838].

DictMéd 1821–1822 = Nouveau dictionnaire de médecine, chirurgie, pharmacie, physique, chimie, histoire naturelle, etc., par A. Béclard, Chomel, H. Cloquet, J. Cloquet, M. Orfila, 2 vol., Paris 1821–1822.

DictMéd 1822 Suppl = Id., Supplément.

DictMéd 1823 = Dictionnaire des termes de médecine, chirurgie, art vétérinaire, pharmacie, histoire naturelle, botanique, physique, chimie, etc.; par Bégin, Boisseau, Jourdan, Montgarny, Richard, Sanson et Dupuy, Paris 1823.

DictMédS 1830 = Supplément au Dictionnaire des termes de médecine, chirurgie, anatomie, art vétérinaire, histoire naturelle, physique, chimie, pharmacie, etc., de MM. Bégin, Boisseau, Jourdan, Montgarny, Richard, Sanson et Dupuy, Paris 1830.

DSM 1812–1822 = Dictionnaire des sciences médicales, par une société de médecins et de chirurgiens, 60 vol., Paris 1812–1822.

DuboisSuff = Jean Dubois, Etude sur la dérivation suffixale en français moderne et contemporain. Essai d'interprétation des mouvements observés dans le domaine de la morphologie des mots construits, Thèse complémentaire Lettres Paris, Paris 1962.

DuboisVoc = Jean Dubois, Le vocabulaire politique et social en France de 1869 à 1872. A travers les œuvres des écrivains, les revues et les journaux, Thèse Lettres Paris, Paris 1962.

ErbenWortb = Johannes Erben, Deutsche Wortbildung in synchronischer und diachronischer Sicht, Wirkendes Wort 14, 1964, 83–93.

Etiemble = Etiemble, Parlez-vous franglais, Paris 1964.

FestsMarchand = Wortbildung, Syntax und Morphologie. Festschrift zum 60. Geburtstag von Hans Marchand am 1. Oktober 1967, hg. v. H. E. Brekle und L. Lipka, The Hague 1968.

FestsWandr = Interlinguistica. Sprachvergleich und Übersetzung. Festschrift zum 60. Geburtstag von Mario Wandruszka, hg. v. K.-R. Bausch und H.-M. Gauger, Tübingen 1971.

FEW = Walther von Wartburg, Französisches Etymologisches Wörterbuch. Eine darstellung des galloromanischen sprachschatzes, Bonn-Leipzig-Basel seit 1922.

Fleischer = Wolfgang Fleischer, Wortbildung der deutschen Gegenwartssprache, Leipzig 1969.

Galliot = Marcel Galliot, Essai sur la langue de la réclame contemporaine, Toulouse 1955.

Garnier Arnoul = Cent ans de théâtre français (1750–1850). Pièces. Catalogue de la Librairie du Spectacle Garnier Arnoul, No 19, Été 1967.

Garnier-Delamare = Marcel Garnier – Valery Delamare, Dictionnaire des termes techniques de médecine, 18e édition revue et augmentée par Jean Delamare et Jacques Delamare, Paris 1965.

GeorginPour = René Georgin, Pour un meilleur français, Paris 1951.

GeorginProse = René Georgin, La prose d'aujourd'hui, Paris 1956.

GilbertAspects = Pierre Gilbert, Quelques aspects du vocabulaire français, Frankfurt/Main-Berlin-Bonn 1963.

GilbertNouv = Pierre Gilbert, Dictionnaire des mots nouveaux, Paris 1971.

GiraudCin = Jean Giraud, Le lexique français du cinéma des origines à 1930, Paris 1958.

Grimm = Correspondance littéraire, philosophique et critique, par Grimm, Diderot, Raynal, Meister, etc. Revue sur les textes originaux ... par Maurice Tourneux, 16 vol., Paris 1877–1882.

GuilbertAstr = Louis Guilbert, Le vocabulaire de l'astronautique. Enquête linguistique à travers la presse d'information à l'occasion de cinq exploits de cosmonautes, Rouen 1967.

GuilbertAv = Louis Guilbert, La formation du vocabulaire de l'aviation, Thèse Lettres Paris, Paris 1965.

HansenKomp = Klaus Hansen, Zur Analyse englischer Komposita, FestsMarchand 115–126.

HansenMakk = Klaus Hansen, Makkaronische Sprachformen – Hybride Wortbildungen, Zeitschrift für Anglistik und Amerikanistik 9, 1961, 49–64.

HansenWorttypen = Klaus Hansen, Die Bedeutung der Worttypenlehre für das Wörterbuch, Zeitschrift für Anglistik und Amerikanistik 14, 1966, 160–178.

HansenWortverschmelzungen = Klaus Hansen, Wortverschmelzungen, Zeitschrift für Anglistik und Amerikanistik 11, 1963, 117–142.

Haring-Leicke = Claus Haring – Karl Heinz Leicke, Wörterbuch der Psychiatrie und ihrer Grenzgebiete, Stuttgart 1968.

Harris = Zellig S. Harris, Methods in Structural Linguistics, Chicago 1951.

Hatcher = Anna Granville Hatcher, Modern English Word-Formation and Neo-Latin. A Study of the Origins of English (French, Italian, German) Copulative Compounds, Baltimore 1951.

Henzen = Walter Henzen, Deutsche Wortbildung. Dritte, durchgesehene und ergänzte Auflage, Tübingen 1965.

Hietsch = Otto Hietsch, Moderne englische Wortbildungselemente, Wiener Beiträge zur englischen Philologie 66, 1958, 81–101.

IndexSurgeon = Index-catalogue of the library of the Surgeon General's Office, United States Army (Army Medical Library), Washington 1880ff.

Juilland = Alphonse Juilland, Dictionnaire inverse de la langue française, The Hague 1965.

Junker = Albert Junker, Wachstum und Wandlungen im neuesten italienischen Wortschatz, Erlangen 1955.

KlugeM = Friedrich Kluge, Etymologisches Wörterbuch der deutschen Sprache, 20. Auflage bearbeitet von Walther Mitzka, Berlin 1967.

Lar 1960–1964 = Grand Larousse encyclopédique en dix volumes, Paris 1960–1964; Supplément, Paris 1969 [= LarSuppl 1969].

LarMens = Larousse mensuel illustré. Revue encyclopédique universelle. Publié sous la direction de Claude Augé, Paris 1907ff.

LarSuppl 1969 s. Lar 1960–1964.

LewickaCompSpont = Halina Lewicka, Composition spontanée et composition artificielle dans le français du XVIᵉ siècle (Les adjectifs composés), Actes du Xᵉ Congrès International de Linguistique et philologie romanes (Strasbourg, 23–28 avril 1962), p. p. Georges Straka, Paris 1965, t. II, 483–489.

LewickaLangue = Halina Lewicka, La langue et le style du théâtre comique français des XVᵉ et XVIᵉ siècles, I: La dérivation, Warszawa 1960; II: Les composés, Warszawa 1968.

LewickaRéflexions = Halina Lewicka, Réflexions théoriques sur la composition des mots en ancien et en moyen français, Kwartalnik Neofilologiczny 10, 1963, 131–142.

LiChing = Li Ching, Beiträge zur französischen Gegenwartssprache, Diss. Bonn 1964.

Lorenz = Catalogue général de la librairie française, rédigé par Otto Lorenz, Paris 1867ff.

MarchandAltern = H. Marchand, Esquisse d'une description des principales alternances dérivatives dans le français d'aujourd'hui, Studia Linguistica 5, 1951, 95–112.

MarchandCat = Hans Marchand, The Categories and Types of Present-Day English Word-Formation. A Synchronic-Diachronic Approach. Second, completely revised and enlarged edition, München 1969.

MarchandSynchrAnal = Hans Marchand, Synchronic Analysis and Word-Formation, Cahiers Ferdinand de Saussure 13, 1955, 7–18.

MartinetÉlém = André Martinet, Éléments de linguistique générale, Paris 1960.

Matoré = Georges Matoré, Le vocabulaire et la société sous Louis-Philippe, Genève-Lille 1951.

MLFrGr 2 = W. Meyer-Lübke, Historische Grammatik der französischen Sprache. Zweiter Teil: Wortbildungslehre, Heidelberg 1921.

MLPiel = Id. Zweite, durchgesehene und ergänzte Auflage von J. M. Piel, Heidelberg 1966.

Nicholson = George A. Nicholson, English Words with Native Roots and with Greek, Latin, or Romance Suffixes, Diss. Chicago, Chicago 1916.

Nyrop = Kr. Nyrop, Grammaire historique de la langue française, tome troisième (Quatrième partie: Formation des mots), Copenhague 1908, ²1936.

OxfDict = The Oxford English Dictionary, ed. by James A. H. Murray, Henry Bradley, W. A. Craigie, C. T. Onions; 12 vol. + Suppl., Oxford 1933.

Patin = Lettres choisies de feu M. Guy Patin, Docteur en Medecine, de la Faculté de Paris, & Professeur au Collége Royal, 5 vol., Roterdam 1725.

Pfohl 1911 = Ernst Pfohl, Neues Wörterbuch der französischen und deutschen Sprache für den Schul- und Handgebrauch, Leipzig 1911.

PolenzWortb = Peter von Polenz, Wortbildung als Wortsoziologie, in: Wortgeographie und Gesellschaft. Festgabe für Ludwig Erich Schmitt zum 60. Geburtstag am 10. Februar 1968, hg. von Walther Mitzka, Berlin 1968, 10–27.

Porot = Antoine Porot, Manuel alphabétique de psychiatrie clinique et thérapeutique, Paris ³1965.

Proschwitz = Gunnar von Proschwitz, Introduction à l'étude du vocabulaire de Beaumarchais, Stockholm 1956.

Raym 1824 = F. Raymond, Dictionnaire des termes appropriés aux arts et aux sciences, et des mots nouveaux que l'usage a consacrés; pouvant servir de supplément au Dictionnaire de l'Académie, ainsi qu'à la plupart des autres lexiques français: suivi d'un traité raisonné de ponctuation, Paris 1824.

Rheims = Maurice Rheims, Dictionnaire des mots sauvages (écrivains des XIXe et XXe siècles), Paris 1969.

Rob = Paul Robert, Dictionnaire alphabétique et analogique de la langue française. Les mots et les associations d'idées, 6 vol., Paris 1951–1964; Supplément, Paris 1970 [= RobSuppl].

RobPt = Paul Robert, Dictionnaire alphabétique et analogique de la langue française (Le Petit Robert), Paris 1967.

RobSuppl s. Rob.

Rohrer = Christian Rohrer, Die Wortzusammensetzung im modernen Französisch, Diss. Tübingen 1967.

Soleinne = Bibliothèque dramatique de Monsieur de Soleinne. Catalogue rédigé par P. L. Jacob, Bibliophile (Paul Lacroix), 6 vol., Paris 1843–1844.

Spycher = Peter C. Spycher, Die Struktur der Adjektive auf -ig und -lich in der deutschen Schriftsprache der Gegenwart. Ein Beitrag zur Darstellung der Ableitung vom Standpunkt der synchronischen Sprachwissenschaft, Orbis 4, 1955, 74–90; 5, 1956, 435–452; 6, 1957, 410–426.

SV = K. Sachs – C. Villatte, Encyklopädisches französisch-deutsches und deutsch-französisches Wörterbuch. Große Ausgabe, 2 Bde, Berlin 1869–1874.

SVSuppl 1894 = Französisch-deutsches Supplement-Lexikon. Eine Ergänzung zu Sachs-Villatte, Encyklopädisches Wörterbuch sowie zu allen bis jetzt erschienenen französisch-deutschen Wörterbüchern. Unter Mitwirkung von Prof. Dr. Césaire Villatte von Prof. Dr. Karl Sachs, Berlin 1894.

SVSuppl 1968 = Nachtrag 1968 zu Langenscheidts Großwörterbuch Französisch, Teil I Französisch-Deutsch, 4. Bearbeitung von Karl Moser, Berlin-München-Zürich 1968.

Thérive = André Thérive, Querelles de langage, 1re série, Paris 1929; 2e série, Paris 1933; 3e série, Paris 1940.

Togeby = Knud Togeby, Structure immanente de la langue française, Paris ²1965.

Tollemache = Federico Tollemache S. J., Le parole composte nella lingua italiana, Roma 1945.

WartburgEinf = W. v. Wartburg, Einführung in Problematik und Methodik der Sprachwissenschaft, Tübingen ²1962.

WartburgIneinandergreifen = W. v. Wartburg, Das Ineinandergreifen von deskriptiver und historischer Sprachwissenschaft (Berichte über die Verhandlungen der Sächsischen Akademie der Wissenschaften zu Leipzig, Phil.-hist. Klasse, 83. Band, 1931, 1. Heft), Leipzig 1931.

Weller = Emil Weller, Die falschen und fingierten Druckorte. Repertorium der seit Erfindung der Buchdruckerkunst unter falscher Firma erschienenen deutschen, lateinischen und französischen Schriften, 2 Bde, Leipzig ²1864.

Wicks = Charles Beaumont Wicks, The Parisian Stage. Alphabetical Indexes of Plays and Authors, Part I (1800–1815), Alabama 1950; Part II (1816–1830), Alabama 1953; Part III (1831–1850) [by Charles Beaumont Wicks and Jerome W. Schweitzer], Alabama 1961; Part IV (1851–1875), with Cumulative Index of Authors 1800–1875, Alabama 1967.

Zastrow = Dieter Zastrow, Entstehung und Ausbildung des französischen Vokabulars der Luftfahrt mit Fahrzeugen »leichter als Luft« (Ballon, Luftschiff) von den Anfängen bis 1910, Tübingen 1963.